Le traité du plaisir

Du même auteur
aux Éditions J'ai lu

Le traité des caresses, *J'ai lu* 7004
Amour et calories, *J'ai lu* 7139
La fidélité et le couple, *J'ai lu* 7226
Le traité du désir, *J'ai lu* 7167

DR GÉRARD LELEU

Le traité du plaisir

ou
comment caresser la vie
dans le bon sens

J'AI LU
Bien-être

« Sans le plaisir, qui passe par le corps, le plaisir d'être vivant, la vie devient la lugubre nécessité de la survie. »

LOWEN, *Le Plaisir*

« Les grands efforts sont rares ; et il ne faut proposer aux hommes que ce qui leur est facile et même, quand cela est possible, ce qui leur est agréable. »

BRILLAT-SAVARIN, *Physiologie du goût*

« Rien ne peut égaler le fonctionnement harmonieux de nos sens pour nous donner un sentiment de bien-être. »

Ruth WINTER, *Le Livre des odeurs*

« Le plaisir… c'est un don que Dieu fait à ceux qui s'identifient à la vie en jouissant de sa splendeur et de sa beauté. En retour, la vie leur donne en partage l'amour. »

LOWEN, *Le Plaisir*

Introduction

Trente années de pratique médicale m'ont confirmé ce que les plus illustres auteurs – de Freud à Balint, de Groddeck à Lacan – avaient affirmé : l'anxiété est bien la mère de tous les maux ; et il n'est point de maladies qui ne prennent racine dans l'angoisse.

Aussi, mon combat de médecin, pour âpre qu'il fût, fut souvent vain ; car ce mal, qui se glisse au plus intime de l'être dès ses premiers vagissements, peut-être même dès sa conception, est une hydre invincible. Décapitée ici, resurgissant là, disparaissant du ventre pour réapparaître dans le dos ou dans la tête, elle se jouait de mes ordonnances, et continuait de grimacer derrière chaque maladie.

Face à l'anxiété, que fait le commun des mortels ? Il boit, il mange, il fume, il rêve de caresses et il suce son pouce quand il est enfant. Bref, il s'accorde un plaisir. Quant à ceux qui croient se hisser du commun et qui, pour chasser l'angoisse, cogitent, créent ou prient, c'est toujours l'agréable – certes supérieur – qu'ils recherchent ; ce qui ne les empêche pas de recourir également aux plaisirs terrestres. Que l'on soit manœuvre ou polytechnicien, quand s'abat l'adversité, c'est toujours par le boire, le manger, le fumer ou la caresse qu'on tient bon.

Et nous, médecins, que faisons-nous de l'anxiété que nous offre l'interminable cortège des plaignants ? Nous lui opposons des tranquillisants. Ce n'est guère plus efficace et tout aussi néfaste que l'us ou l'abus des plaisirs cités. Et nous complétons nos prescriptions d'exhortations péremptoires à renoncer auxdits plaisirs : tu ne mangeras point, etc. Combien de mes confrères se sont demandé pourquoi cette femme, cet homme mangeait, buvait, fumait de la sorte ? et ce qu'il adviendra d'eux, quand, dépouillés de leurs défenses, ils seront exposés de plein fouet aux stress ?

Sait-on, par exemple, ce que deviennent ceux à qui on a interdit le tabac ? Les uns sombrent dans la dépression, les autres sont victimes d'un infarctus du myocarde ou d'un ulcère d'estomac. D'autres encore qui, pour se protéger, se sont rabattus sur les mets, deviennent obèses et diabétiques. On ne supprime pas impunément un plaisir.

C'est pourquoi je suis extrêmement inquiet quant aux recommandations du Comité des sages, composé de cinq professeurs de l'université de Paris chargés de conseiller le ministère de la Santé. À les entendre, il faudrait mettre le tabac hors la loi, rendre l'alcool quasiment inaccessible et prohiber pratiquement les tranquillisants.

D'avoir longuement et intimement fréquenté les hommes et entendu leurs plaintes, je penche pour plus d'indulgence. Conservons ces plaisirs qui nous rendent la vie supportable, mais gardons-nous de leur abus. Pour en tirer le meilleur parti, il nous faut développer nos sens, raffiner nos sensations, et étendre, au-delà des agréments quotidiens, le champ des plaisirs. Car la science confirme ce que l'indulgence inspire : le plaisir bien compris peut être le meilleur remède à l'anxiété, et la condition d'une bonne santé.

1

Anxiété, mère de tous les maux

Nul ne peut vivre sans ressentir, plus ou moins fréquemment, plus ou moins fort, cette émotion pénible, caractérisée par l'attente d'un danger, précis ou indéfini, et accompagnée de malaises physiques, qu'est l'anxiété. Simple inquiétude lorsque le danger est vague ou lointain, elle se fait angoisse lorsque la menace est grave et imminente, panique quand le péril est terrible et présent.

Un certain degré d'anxiété est « normal » : émotion banale que chacun peut éprouver devant une difficulté réelle. Peu pénible, elle s'accompagne de troubles physiques légers. Vécu inéluctable de la condition humaine, elle peut être bénéfique. Face à des situations imprévues, à des conflits, elle force le psychisme à développer des attitudes nouvelles. C'est un facteur d'adaptation, de progrès. L'anxiété est pathologique lorsqu'elle est trop pénible à supporter et qu'elle s'accompagne d'une souffrance physique intense ; d'autant qu'elle survient alors pour des dangers minimes ou même hors de toute menace objective. Elle n'a que des effets négatifs : elle désoriente, elle inhibe. Cette anxiété-là constitue le phénomène central des états dépressifs, des névroses et des psychoses. L'anxiété provoque une contracture des muscles striés ; nos mâchoires se serrent, nos poings se ferment, notre gorge se noue (c'est la fameuse « boule à la gorge » ; « anxiété » et « angoisse » viennent du grec *agko* et du latin *angere* qui signifient « serrer », « étrangler »). Notre cou, notre dos se tendent et, crispé, notre thorax nous oppresse. Les contractions affectent également les muscles des viscères : crampes gastriques ou vésiculaires entraînant douleurs et nausées, spasmes intestinaux provoquant coliques ou diarrhées, contractions de la vessie conduisant à des envies d'uriner.

Muscle admirable mais sensible, le cœur se contracte violemment, s'accélère, présente quelques « ratés » (les palpitations ressenties correspondent à des extrasystoles). La gaine musculaire de nos vaisseaux se resserre. Cette vasoconstriction, quand elle touche les organes des sens, brouille notre vue, fait siffler nos oreilles et nous donne des vertiges ; quand elle affecte nos méninges, elle nous cause des maux de tête. Résultat de l'emballement de notre cœur et de la constriction de nos artères, notre tension artérielle s'élève. À ces manifestations spasmodiques s'associent des modifications des sécrétions ; par exemple, l'estomac sécrète un suc plus acide. L'ensemble de ces réactions correspond à une excitation du système sympathique et à une libération d'adrénaline.

Lorsque nous sommes victimes d'une action physique ou psychique brutale – « une agression » – notre organisme se met en état de tension aiguë – *stress* en anglais – et répond par des modifications brusques de notre système nerveux et de nos humeurs, destinées à augmenter notre résistance et à faciliter notre adaptation – « la réaction d'alarme ». Il se produit en particulier une excitation du système sympathique et de l'axe glandulaire hypothalamus-hypophyse-surrénales, aboutissant à une décharge d'adrénaline. Notons que ces mêmes bouleversements accompagnent l'anxiété ; mais l'anxiété n'est-elle pas une forme d'agression ? Et toute agression elle-même n'est-elle pas source d'anxiété ?

Si les menaces d'agression ou les agressions sont fortes ou si, moins importantes, elles sont répétées et si notre résistance est faible, nous développerons une maladie « psychosomatique » : les organes affectés par les réactions physiques liées à l'anxiété ou à l'agression en deviennent malades. Les troubles sont d'abord « fonctionnels ». Les organes fonctionnent mal mais ils ne sont pas lésés : douleurs dorsales, crampes d'estomac, spasmes de la vésicule ou du côlon, troubles du rythme cardiaque, maux de tête, etc. L'auscultation du médecin, comme les divers examens techniques qu'il demande, ne décèlent aucune lésion. « C'est nerveux », dit-il ; ce qui ne veut pas dire « imaginaire ». Vous souffrez bel et bien du dysfonctionnement (contracture, spasme, inflammation, trouble de la sécrétion) d'un organe dont la structure est par ailleurs saine.

L'erreur serait de ne vouloir soigner que le viscère, alors que celui-ci ne fait qu'exprimer l'anxiété. Il faut savoir décrypter le langage du corps et découvrir l'anxiété originelle et ce qui la nourrit. Les plaintes des organes ne sont que des messages : l'intestin crie mais c'est l'âme qui gémit.

À la longue – ou d'emblée si l'agression ou l'émotion a été violente – les troubles, de « fonctionnels », deviennent « organiques ». Les organes se détériorent, des lésions apparaissent dans leur structure : aux contractures des muscles du dos succèdent des rhumatismes ; aux crampes d'estomac, l'ulcère ; aux spasmes du côlon, des diverticules ; à l'oppression respiratoire, de l'asthme ; aux serrements de cœur, une coronarite, voire un infarctus ; aux poussées de tension, une hypertension chronique. Les infections elles-mêmes se développeraient sur des terrains minés par l'anxiété, par baisse de l'immunité. Et le cancer ? On sait maintenant que le stress accélère la prolifération tumorale.

Tout praticien de terrain vous dira que la plupart des consultants souffrent de troubles psychosomatiques (60 à 80 %). En juin 1985, *La Lettre de la prévention* a publié un sondage : parmi les personnes qui déclaraient avoir consulté un médecin parce qu'elles étaient anxieuses, 48 % seulement avaient confié au praticien le vrai motif de leur démarche : l'anxiété. Vraisemblablement les 52 % restant avaient dû parler de leur estomac ou de leur migraine.

Les statistiques de l'Assurance maladie confirment que 60 % des ordonnances comportent la prescription d'un tranquillisant ou d'un somnifère.

L'ANXIÉTÉ, PHÉNOMÈNE DU SIÈCLE

Certes, de tout temps, l'homme a connu l'anxiété. Ce mal dut apparaître quand la conscience atteignit un niveau humain (sûrement chez l'Homo sapiens, peut-être même chez l'Homo erectus). À toutes les époques, des menaces ont pesé sur l'homme et des chagrins l'ont affecté. Nul ne saura jamais les frayeurs et les tourments des hommes préhistoriques – bien que l'on puisse les imaginer. En revanche, on sait ce qu'ont enduré les hommes depuis les temps historiques (leurs peurs, leurs peines, leurs famines, leurs maladies, leurs guerres).

Pourtant, je suis sûr qu'entre le lever et le coucher du soleil, l'homme de Cro-Magnon ou le hobereau du XVIIIe siècle accumulaient moins de stress que l'homme contemporain, certains jours, en une traversée de Paris en voiture ou en une heure de chantier ou de bureau. Aux dangers anciens qui, pour la plupart, se perpétuent (mais sous une forme différente), la civilisation contemporaine a ajouté des menaces d'une autre nature et sans cesse croissantes. Jamais les humains n'ont été exposés à autant d'agressions et de nuisances et n'ont subi des stress aussi forts.

Santé : les peurs

Les menaces qui pèsent sur la santé ont toujours été une source d'inquiétude pour l'homme. En dépit des progrès de la médecine, cette inquiétude persiste, voire s'amplifie. À peine était-on débarrassé d'un grand nombre de maladies, dont beaucoup sévissaient sous forme de pandémies ou d'épidémies apocalyptiques, que d'autres, créées ou amplifiées par la civilisation elle-même, apparaissaient : le cancer, le sida, les affections cardio-vasculaires, les pathologies engendrées par la pollution, les accidents ou les catastrophes liés aux déplacements (route, rail, avion) et à l'activité professionnelle (industrie, agriculture). Comble d'ironie, voilà que la médecine elle-même, par ses traitements, engendre des maladies (pathologie dite iatrogène). Le progrès, apparemment, reprend d'une main ce qu'il donne de l'autre.

Être mortel

Source d'angoisse, également vieille comme l'humanité, mais réactualisée, la prise de conscience, par tout être, qu'il est mortel. « *L'homme vit adossé à sa mort comme le causeur à sa cheminée* », écrivait Paul Valéry. À partir de ce constat, naissent les réflexions sur la destinée humaine (ses origines, son sens, son aboutissement), la peur de l'absurdité, la crainte du néant. Cette angoisse dite métaphysique (Kierkegaard, 1844) ou existentielle (Heidegger, 1917), ou encore existentialiste (Sartre), était autrefois compensée par les religions et un système de valeurs morales qui répondaient aux interrogations et donnaient un sens à la vie. En outre, l'individu était sécurisé par un encadrement, autoritaire ou chaleureux : la famille, le clan, le clergé.

Dieu est mort, la patrie dépassée, la famille éclatée ; seul et nu, face au néant, l'individu ne peut rien contre l'angoisse qui monte du plus profond de lui.

Le plus cruel

La cruauté de ses semblables me semble être, pour l'homme contemporain, une source d'anxiété très réelle. Si elle se concevait « naturellement » à l'aube de l'humanité, sa persistance et *a fortiori* son regain dans notre monde civilisé ont de quoi étonner.

Chaque étape de l'évolution des animaux a ajouté un « plus » à l'organisation de leur système nerveux, sans effacer le « plus » de l'étape précédente. Tant et si bien que chez l'homme, sommet de cette progression, s'additionnent tous les suppléments de l'histoire neuronale. C'est pourquoi nous sommes équipés d'un cerveau à trois étages. Au niveau inférieur se situe le cerveau le plus ancien, celui dont étaient pourvus les reptiles, c'est l'archéo-encéphale, lieu de l'instinct et des pulsions (agressives, orales, sexuelles, etc.). Au niveau moyen se situe le cerveau des mammifères ou mésencéphale, centre des émotions et de l'affectivité. Au niveau supérieur s'épanouit le néocortex, siège des facultés intellectuelles et du contrôle des niveaux sous-jacents ; le cortex lui-même comporte un hémisphère gauche, siège de l'analyse, de la logique, de la raison et du calcul, et un hémisphère droit, support de la synthèse, de l'intuition, de l'émotion, de la création et de l'imaginaire.

Parmi les pulsions qui continuent d'animer l'homme, issue de son cerveau reptilien et héritée de ses lointains ancêtres, la pulsion agressive est l'une des plus fortes. Comparée à celle des autres espèces animales, l'agressivité humaine est la plus terrible. L'animal n'est agressif envers les membres de sa propre espèce que dans trois circonstances : la défense du territoire, la prise de commande du groupe par le mâle dominant et la conquête de la femelle convoitée. Les luttes, du reste, aboutissent rarement à la mort du vaincu.

L'homme a le monopole du meurtre de ses semblables et plus spécialement de ce meurtre collectif qu'est la guerre. Il tue par intérêt, il trucide par passion amoureuse, il assassine par fanatisme idéologique, il exécute par obéissance à une hiérarchie. Il tue aussi par sadisme, car il a également le monopole de la torture. Si l'histoire de l'humanité ne fut qu'une suite de crimes et d'exactions, c'est notre époque qui a produit les plus grands massacres : Mao, Staline, Hitler, Pol Pot, Khomeiny et consorts en furent les instigateurs ; les rapports d'Amnesty International montrent que plus que jamais les despotes et les clans règnent par la terreur ; les informations des médias nous apprennent que le crime crapuleux ou organisé envahit irrésistiblement les villes. Jamais, sans doute, la vie humaine n'a eu moins de prix, jamais la souffrance n'a été à ce point utilisée pour imposer une domination, pour s'approprier des biens.

Pourtant on aurait pu croire qu'en développant son intelligence, l'homme réussirait à dominer ses pulsions. Hélas, l'intelligence s'est mise au service du mal : elle permet à l'homme d'inventer les armes les plus terribles, d'organiser les batailles les plus meurtrières, de concevoir les tortures les plus raffinées, les traques les plus implacables. La conjonction d'une agressivité majeure et d'une intelligence supérieure fait de l'homme un être plus que jamais redoutable et redouté.

C'est que « *la civilisation n'a plaqué qu'une pellicule d'automatisme social sur le comportement instinctif du primate prédateur, chasseur, tueur et cannibale qui a duré plusieurs millions d'années et qui est prêt à resurgir sous le costume de l'honnête homme. Pour s'en convaincre, nous n'avons qu'à palper l'énorme racine de nos canines supérieures, vestige des crocs de l'ancêtre* », souligne Costagliola dans *L'Angoisse*.

Si son intelligence brillante ne peut l'emporter sur son vieil instinct sanguinaire, c'est qu'il y a dans le cerveau de l'homme des processus qui favorisent son agressivité. Parmi ces processus, le plus efficace et le plus terrible à notre époque est celui qui mène à l'élaboration d'une idéologie. Un jour, chez un individu au cerveau détraqué, naît une idée délirante, c'est-à-dire une idée fausse, en totale opposition avec la réalité et le bon sens. Organisant ses fantasmes autour de cette idée, cet individu construit une idéologie. Il lui sera facile de la faire admettre à ses contemporains et de les entraîner dans un délire collectif. Sous le couvert de cette idéologie, l'instinct agressif s'exercera sans limites. Sacrées seront les guerres, glorieux les meurtres. Comment cela est-il possible ? Assurément le cerveau humain est porteur de tares qui le font agir ainsi.

Tout d'abord, il n'est pas toujours capable de distinguer le réel de l'imaginaire, il se laisse abuser : « *Aucune disposition dans le cerveau ne permet de distinguer l'imaginaire de la réalité, le subjectif de l'objectif* », écrit Edgar Morin dans *Le Paradigme perdu : la nature humaine*. Ensuite, il est « suggestionnable » et se laisse facilement contaminer par des idées. Il est aussi fondamentalement grégaire, il imite sans réfléchir le comportement d'autrui. Enfin, il est « soumissionnable », il obéit à toutes les injonctions d'une autorité : c'est l'effet Miligan. Souvenez-vous du film *I comme Icare*. Si un chef dit à un homme de pousser une manette, l'homme la poussera, même si son geste provoque une souffrance chez l'être placé en face de lui. Si un chef lui dit d'arrêter des juifs, il les arrêtera ; de conduire une locomotive qui emporte un train bourré de juifs, il la conduira ; d'assassiner ces juifs dans des chambres à gaz, il les assassinera. « *Le malheur de notre espèce n'est pas un excès d'agressivité, mais une aptitude excessive au dévouement fanatique... L'homicide, sans raison égoïste... est le phénomène dominant de l'histoire* », écrit Arthur Koestler dans *Janus*.

Tous les États se servent de ces prédispositions pour imposer leur volonté. La servilité, la suggestibilité, la grégarité et la lâcheté sont les forces principales des nations comme des armées. Prenez un brave citoyen qui ne ferait pas de mal à une mouche, mettez-lui une tenue léopard et vous obtiendrez un tueur-violeur-pilleur. Prenez-en un autre, nommez-le fonctionnaire et vous obtiendrez un sadique qui usera de son pouvoir pour torturer mentalement ses semblables, les acculant éventuellement au désespoir et au suicide.

Décidément, il y a quelque chose de tordu, de raté dans le cerveau humain. « *À un moment des derniers stades décisifs de l'évolution biologique de l'Homo sapiens, une erreur a dû se produire... il y a un défaut de construction virtuellement fatal dans... les circuits de notre système nerveux. Telle est l'hypothèse horrible mais plausible que doivent affronter toutes les recherches sérieuses sur la condition humaine* », écrit encore Arthur Koestler.

Bien souvent ses décisions vont à l'encontre de sa nature et de la nature. « *L'Homo sapiens, seul être doué de raison, est le seul qui puisse suspendre son existence à des choses déraisonnables* », constatait Henri Bergson. « *L'homme a le privilège de la sottise, il n'y a pas d'animal qui agisse contre les lois de sa nature* », précisait également Édouard Herriot.

Médias : le pilonnage

Parmi les causes nouvelles de stress, le matraquage de notre système nerveux par les médias me semble la plus nocive. Les informations écrites, parlées ou montrées sont assenées sur un mode « sensationnel » : il s'agit d'attirer l'attention et de provoquer une émotion forte en dramatisant des événements déjà tragiques en eux-mêmes. La concurrence oblige à cette pénible surenchère du spectaculaire qui atteint souvent l'insoutenable.

Au sensationnel s'ajoute la profusion : les feuilles, les ondes, les écrans débordent de nouvelles, de jour comme de nuit. À la télé, quand s'éteint l'information, surgissent les fictions, suites ininterrompues de poursuites, de coups de feu, de coups de poing, de cris d'épouvante, de collisions de véhicules, qui nous infligent autant d'émotions artificielles, superflues et toxiques. La sollicitation effrénée de notre système limbique est l'une des raisons du déséquilibre psychique de nos contemporains.

Travail et stress

On connaît les nuisances liées au travail moderne : le bruit, les cadences, la monotonie, la promiscuité, la claustration, la rupture des rythmes biologiques, les multiples dangers. S'y ajoutent, en cette décennie, de nouvelles agressions : la pollution radioactive, le photostress des écrans informatiques et l'accélération des innovations techniques. Les changements trop rapides génèrent la peur de ne pouvoir faire face et exposent au risque d'épuisement, tant le pouvoir d'adaptation de l'homme approche de son point critique.

L'emploi, de nos jours, est également un facteur d'angoisse. Ceux qui en ont un craignent de le perdre. Ceux qui n'en ont pas désespèrent d'en trouver. Les jeunes chômeurs se sentent rejetés de la société ; les vieux (ceux qui ont plus de 40 ans !) s'en sentent à jamais exclus.

Surpopulation

Dans la ville où nous nous sommes établis, nous subissons autant de stress que sur notre lieu de travail. L'usage du terme « agglomération » en dit long : une telle agglutination d'individus ne peut qu'engendrer agressivité et angoisse. Il y a, en matière de population, une densité optimale. Au-delà, il faut que le groupe éclate, sous peine de voir ses membres s'opposer violemment.

Chez les animaux, ces faits sont établis : les abeilles essaiment quand le seuil critique de population est atteint ; les rats s'entre-tuent quand leur nombre s'accroît dans un espace donné (Calhoun). Chez l'homme, on peut observer des comportements similaires : les tribus primitives se scindent quand le nombre de leurs membres devient trop important ; les habitants des villes surpeuplées développent une agressivité excessive, n'hésitant pas, par exemple, à attaquer à coups de poing ou à l'arme à feu les fauteurs de bruit.

Frustrations

L'envie de posséder plus de biens, plus d'argent, engendre à son tour l'anxiété. D'une part, elle crée entre les individus des tensions (convoitise, conflit d'appropriation, exploitation des uns, domination des autres). D'autre part, elle crée chez l'individu de pénibles frustrations. Or, notre société produit de plus en plus d'objets nouveaux et, en les vantant, la publicité attise l'instinct de possession. Elle crée même des besoins nouveaux. Personne ne pouvant acquérir tout ce qui est offert, chacun est frustré et donc anxieux. D'autant que notre société consumériste est foncièrement matérialiste et n'offre d'autre but que d'« avoir ».

Chacun pour soi

Ce qui me semble nouveau et particulièrement anxiogène dans notre société, c'est la dégradation des relations interhumaines. Réduites pour les bébés mis en crèche, appauvries dans les familles accaparées par la télévision, raréfiées pour les « vieux » relégués dans les maisons de retraite, elles sont tendues pour les employés des entreprises menacées de fermeture et dures pour les collaborateurs des firmes engagées dans la compétition. Les relations d'affaires, d'échanges courtois qu'elles étaient, sont devenues de cyniques parties de poker. Les relations de voisinage sont inexistantes. Mobilisés dans une lutte sans pitié pour l'argent ou phagocytés par les étranges lucarnes, nous sommes devenus des tueurs et des schizophrènes. La chaleur humaine s'est retirée de notre monde. C'est aussi pour cela que l'anxiété s'étend.

L'inhibition de l'action

La plupart des facteurs d'anxiété précédemment décrits agissent selon un mécanisme psychologique bien décrit par Henri Laborit dans son ouvrage *L'Inhibition de l'action*. Pour vivre pleinement – être bien dans sa peau – l'homme doit pouvoir agir librement. Agir pour obtenir le plaisir, garant de la satisfaction de ses besoins fondamentaux et donc de la préservation de son équilibre biologique. Agir pour fuir le déplaisir, témoin que quelque chose le menace. Si l'action est impossible, le sujet se met en état « d'attente en tension ». Si la tension perdure, survient le stress et son cortège de perturbations neuro-endocrino-immuno-biologiques, d'où découlent troubles psychosomatiques et états dépressifs. Laborit affirme que l'inhibition de l'action est à l'origine de la pathologie, en particulier de celle qui sévit à notre époque.

En effet, de façon perverse, les invitations à agir (jouir ou fuir) se multiplient en même temps que les impossibilités à le faire :

1. les incitations à jouir s'amplifient. Nos besoins élémentaires (manger, boire, faire l'amour, etc.) sont sollicités à chaque instant : la rue, les vitrines, les informations des médias, la publicité sous toutes ses formes, les œuvres de fiction de toutes sortes nous proposent sans relâche les meilleurs mets, les boissons les plus exquises, les filles les plus appétissantes. S'y ajoutent les appels incessants à combler les nouveaux désirs : essentiellement posséder des biens de consommation toujours plus nombreux, plus modernes, plus « mode » ;

2. les raisons de fuir s'accumulent : le travail moderne (à l'usine comme au bureau), l'habitat urbain, le trafic ont atteint la limite du supportable. La déshumanisation de la société, ses injustices, la cruauté des êtres, de même que les informations terrifiantes qu'on nous assène (le cancer, le sida, Tchernobyl, le trou d'ozone, etc.), donnent envie de s'enfuir on ne sait où, par exemple dans une campagne retirée pour y élever des chèvres, ou dans ces îles vantées par les « tours operators ».

Rêves inaccessibles ou éphémères évasions, car fuir, comme jouir, nous est trop souvent impossible. Le manque d'argent est apparemment ce qui nous empêche d'agir à notre guise. En réalité, c'est le plus souvent en nous que se trouvent les entraves. Ce sont les multiples interdits et obligations de la société civile et de la religion que nous avons intériorisés et qui par conditionnement, culpabilisation, complexes, devoirs et peurs bloquent nos actions, brisent nos essors. Leur prêtant main-forte, les représentants de l'organisation sociale : parents, prêtres, chefs de tous rangs, fonctionnaires de tous poils, veillent à l'observation des interdits et à l'accomplissement des obligations. La structure de la société constitue elle-même une répression à toute démarche. Que peut, seul face à un système économique cynique, le travailleur exploité ? Que peut, seul face à une administration fiscale féroce, l'artisan rançonné ? Que peut, seul face à une justice inerte, le justiciable lésé ? Le poids écrasant et inébranlable de la société nous terrasse.

Sans doute pourrions-nous parler : exprimer nos émotions (notre colère, notre peine, notre amour, notre haine) et nos désirs ; ce serait une façon d'agir et donc un moyen de sortir de l'inhibition. Mais combien d'entre nous osent « verbaliser », dire à leur conjoint ou à leurs parents « ce qu'ils ont sur le cœur », se confier à un ami ou à un thérapeute, crier leur ressentiment à la face d'un patron, hurler des slogans dans des défilés ? Nous avons peur : peur des sanctions, peur de perdre notre emploi, peur des violences, peur de perdre l'amour, peur d'être plus seuls encore. Et à supposer que nous parlions, à quoi cela servirait-il ? La famille n'écoute que la télé, les amis sont surmenés, les prêtres décimés, les médecins pressés, les concierges portugaises et les gouvernants sourds sinon muets.

Alors l'impuissance et la peur nous paralysent. Il ne nous reste plus qu'à nous retenir et subir. C'est, selon Laborit, cette impossibilité de contrôler notre environnement et de dire « non », jointe à notre incapacité d'accéder au plaisir vrai et d'esquiver le déplaisir, qui engendre l'angoisse et la pathologie contemporaines.

2

Dieu est mort, vive le Valium

« *Vivre, c'est jouer aux quatre coins avec son angoisse.* » Depuis que l'homme est homme, il se débat sans répit pour échapper à l'emprise de ce mal.

C'est d'abord et d'instinct au fond de nous-mêmes que nous cherchons des ressources, dans les processus de défense dont notre psychisme s'est doté. Nous pouvons fuir dans une action, comme l'a montré Laborit (nous savons que c'est l'inhibition de notre activité qui entretient l'angoisse). Nous pouvons aussi, selon un mécanisme décrit par Adler, « compenser » nos frustrations et nos peines, en mangeant par exemple ; ce qui constitue une agréable régression au stade oral de notre enfance. Nous pouvons encore « sublimer », si nous en croyons Freud, c'est-à-dire nous adonner à des activités nobles (artistiques, altruistes, religieuses). Ces processus reviennent à transférer l'énergie des pulsions redoutées (sexuelle, de mort, etc.) sur des actions acceptées.

L'aide des hommes

Spontanément, l'homme a dû chercher l'apaisement auprès de ses semblables et d'abord les plus proches : parents, conjoints, enfants, amis. Les mâles protégeaient, les femmes chérissaient, les anciens parlaient d'expérience. S'il le fallait, on s'adressait au chef, il avait tant d'assurance, de pouvoir.

Parfois, dans le pays, un homme savait mieux que tous disserter sur la vie et l'amour ; on allait alors consulter ce sage. Sorciers, gourous, modestes ermites, penseurs, philosophes, ils se sont efforcés d'éclairer ceux qui les consultaient, de donner un sens à leur vie. Leurs conseils, leurs pensées, leurs préceptes ont guidé et réconforté leurs contemporains. Tous, ils faisaient de la psychothérapie avant la lettre.

Notons que conseillers et consolateurs offrent souvent, en plus du réconfort moral, le confort d'un breuvage tonique ou apaisant, mais toujours agréable et, s'il s'agit d'une femme (mère, amante, prostituée sacrée), de délicieux contacts.

De nos jours, les pères, les amis, les voisins, les concierges, les coiffeurs, les masseurs, en écoutant, en rassurant, font aussi de la psychothérapie sans le savoir. Cependant, quand l'angoisse est par trop insoutenable, nous allons consulter un psychothérapeute patenté : un spécialiste de cette nouvelle science qu'est la « psychologie ». La psychanalyse, la première des psychothérapies élaborées, demeure la voie radicale. De nouvelles méthodes ont vu le jour ces dernières années : l'analyse transactionnelle, la bioénergie, la gestaltthérapie, le cri primal, la méditation transcendantale, l'hypnose, le rebirth, etc. Elles prétendent extirper les racines de l'anxiété ou donner les moyens de la contrôler.

Récemment, sont apparues des méthodes dont l'objectif est de substituer à l'angoisse un état de conscience paisible et agréable. Niveau intermédiaire entre la veille et le sommeil, il est caractérisé par l'apparition dans le cerveau d'ondes subvigiles alpha. Parmi ces « méthodes de bien-être », citons la relaxation, la sophrologie, la musicothérapie, le massage californien, le biofeedback cérébral, l'inducteur d'ondes alpha et le caisson d'isolation sensorielle.

Dieu

Et s'il existait un être plus fort que le père, plus sage que le plus sage des gourous, plus intelligent que le plus intelligent des psychothérapeutes ? Et s'il existait un monde sans angoisse ?

L'espoir qu'un être supérieur pouvait les protéger dut germer précocement dans l'esprit de nos lointains ancêtres. De même que le rêve d'un monde qui ne connaîtrait ni le mal ni la mort. De cet espoir et de ce rêve naquirent les religions. L'homme n'a rien trouvé de mieux pour lutter contre le mal de vivre, il n'est pas de meilleur opium. Les religions résolvent l'angoisse philosophique en donnant à la vie une origine : Dieu ; un but : Dieu ; une issue : Dieu. Elles donnent même un sens aux souffrances : ce sont des épreuves dont il faut triompher pour mériter la Vie éternelle.

En l'an zéro de notre ère, naquit en Galilée un prophète qui se disait fils de Dieu. Il proposa aux juifs, ses compatriotes, et au-delà d'eux à toute l'humanité, deux préceptes révolutionnaires qui auraient dû être les meilleurs antidotes de l'angoisse des hommes : « *Aimez-vous les uns les autres* » et « *Heureux vous qui êtes pauvres.* »

Le précepte d'amour de son prochain devait être le contrepoids de notre terrible agressivité. Il est en quelque sorte la correction de cette tare mentale dont, selon Arthur Koestler, notre cerveau serait atteint. Tout se passe comme si le Créateur, ayant constaté l'usage que nous faisions de notre encéphale, avait dépêché un messager, le Christ, porteur de la « notice d'utilisation ».

Le précepte de pauvreté, pendant de l'instinct de propriété, devait nous éviter les affres de la société de consommation, les luttes sociales et les guerres entre nations. « *Tant que tout le monde voudra avoir plus, il y aura nécessairement formation de classes et par conséquent lutte de classes, et il y aura forcément des guerres internationales. La cupidité et la paix sont inconciliables* », affirme Erich Fromm dans son livre *Avoir ou être*.

Sans doute ces préceptes chrétiens sont-ils les meilleurs remèdes à l'anxiété, mais le monde occidental lui-même ne les a jamais vraiment appliqués. « *La conversion de l'Europe n'a été en grande partie qu'un simulacre* », déplore Erich Fromm. L'Église n'a pas su faire triompher le message d'amour. Pire, elle a même inspiré l'agressivité : guerres de religions, Croisades, Inquisition... Par ailleurs, elle a trop souvent pris le parti des possédants et du pouvoir. Si Dieu est grand, les hommes sont faibles, même ceux que le Très Haut a désignés pour être ses représentants : les prêtres. Pourtant en tant que psychothérapeutes leur rôle est facile, ils peuvent tout expliquer et tout promettre. Mais, s'il est possible d'amender un individu, il semble trop difficile de transformer l'humanité.

Notons que toutes les religions, celles d'Orient comme celles d'Occident, assurent aux fidèles qui le méritent l'obtention, en ce monde ou en l'autre, d'un état agréable : nirvana, félicité, béatitude. Ce bien-être à venir est, me semble-t-il, une forme de plaisir suprême. Notons aussi que le monde futur est décrit comme un paradis foisonnant de doux plaisirs. Notons enfin que la méditation et la contemplation des divinités aboutissent à l'extase mystique, transport euphorique que Lacan avait osé, parlant de sainte Thérèse d'Avila, comparer à l'orgasme.

Les drogues

Très vite l'homme dut découvrir, dans la nature, les plantes qui apaisent ses peurs et ses douleurs. Le hasard lui offrit les feuilles ou les racines qui, mâchées, infusées ou fumées, le calmaient. D'autres le stimulaient, l'excitaient, l'euphorisaient. Bref, des plantes qui agissaient sur sa conscience : on les appela des « drogues ». Le café, le thé, l'alcool à petites doses, le tabac, le bétel sont des drogues douces ; l'alcool à doses importantes, le peyotl, l'opium, la cocaïne, l'héroïne sont des drogues dures – qui lèsent le système nerveux. Certains hommes approfondirent leur connaissance des plantes : sorciers, sorcières, prêtres, apothicaires, médecins, ils excellèrent dans la préparation et l'utilisation des remèdes ; ce sont eux que l'on consulte quand l'angoisse nous tenaille.

De nos jours la science, alliée à l'industrie, nous offre une multitude de substances « psychotropes ». Les savants ont découvert que le cerveau produisait un grand nombre de molécules (neurotransmetteurs, neuro-hormones) dont les interactions déterminaient notre état psychique, la teinte de notre humeur. Les firmes ont raffiné les substances traditionnelles ou ont synthétisé de nouveaux corps.

Ceux qui apaisent notre anxiété sont dits « tranquillisants » ou « anxiolytiques ».

La consommation de tranquillisants est importante dans les pays occidentaux, là où sévit dans toute son ampleur le mal du siècle. Par ailleurs Dieu étant mort, les prêtres rares, les sages ou autres gourous disparus, les gens ne savent plus à quel saint se confier. Alors, ils vont voir le médecin. Ils en attendent beaucoup, trop même : une psychothérapie d'une part, mais nous ne pouvons la pratiquer par manque de formation et faute de temps ; un traitement d'autre part, cela nous connaissons, mais il s'avère qu'aucune pilule ne peut guérir un mal d'amour, effacer un deuil ou faire chanter un chômeur. Nul comprimé ne remplacera une caresse, un emploi... La chimiothérapie ne résout pas les problèmes psychologiques.

La France détient le record mondial de consommation d'anxiolytiques : 90 millions de boîtes de benzodiazépine ont été vendues en 1984 ; 1,8 milliard de francs ont été dépensés pour les acquérir. Au palmarès des tranquillisants la R.F.A. vient en deuxième position, suivie de la Grande-Bretagne, de l'Italie et des États-Unis. Cinq fois moins peuplée que ces derniers, la France consomme deux fois plus de sédatifs. Comment la France, pays de la douceur de vivre et par ailleurs championne de la consommation de cet autre tranquillisant qu'est l'alcool, peut-elle détenir aussi ce record-là ?

Certains tentent de minimiser les faits en rappelant que les Français n'utilisent que 60 % des médicaments délivrés (enquête du *Monde* de 1979). Mais alors pourquoi en achètent-ils tant ? En vérité l'acquisition d'un tranquillisant ne leur coûte rien ou si peu : le prix des médicaments est le plus bas d'Europe, leur achat remboursé en totalité par les assurances sociales que complètent les mutuelles ;

ou mieux, grâce au tiers payant, leur obtention est gratuite.

Mais, objectez-vous, si les Français « achètent » beaucoup de tranquillisants, c'est que leurs médecins en prescrivent, ces drogues n'étant délivrées que sur ordonnance ! Cela est vrai, mais leur recrutement, leur formation et leurs honoraires condamnent les praticiens à agir ainsi. L'accès aux études médicales est, depuis quelques décennies, réservé aux « matheux » ; ceux-ci, le plus souvent recalés des grandes écoles, n'ont pas l'humanisme de leurs prédécesseurs qui, eux, avaient fait leurs « humanités ». Au contraire, ils abordent leur cursus avec un esprit scientiste et une mentalité d'hommes d'affaires.

Au cours de leurs études, la faculté aussi bien que l'hôpital privilégient le versant organique de la maladie, au détriment de l'aspect psychosomatique. Pas de cours de psychosomatique, de psychologie, de sexologie. En conséquence, l'enseignement de la thérapeutique se limite aux médicaments, à l'exclusion des « médecines douces » et des psychothérapies. Alors, quand ils s'installent, les médecins considèrent que toute maladie n'est que dérèglement d'organes et d'humeurs, que seul un médicament peut amender. Ces travers seront encouragés par la modicité des honoraires conventionnels ; véritables primes stakhanovistes, ils incitent à pratiquer des actes expéditifs. Faute d'écouter, les médecins ne peuvent prendre la mesure de l'anxiété qui a généré les troubles ni en analyser les causes. Aussi, ils ordonnent moult examens techniques, aussi coûteux qu'inutiles, et ils prescrivent force traitements symptomatiques, dont les tranquillisants. Le Valium, *« c'est pas cher, c'est facile et ça peut rapporter gros »*, à condition d'abattre cinquante actes par jour.

Il est une dernière cause à l'abus des anxiolytiques de synthèse : ce sont les campagnes malhabiles, voire terrorisantes, contre le tabac et l'alcool. Elles ont détourné un certain nombre de citoyens de leurs tranquillisants habituels sans pour autant résoudre leur anxiété, les contraignant à recourir aux drogues pharmaceutiques. Or, l'abus de celles-ci ne vaut guère mieux que celui du tabac et de l'alcool, en raison des risques iatrogènes.

Notons que, selon les pharmacologues, les benzodiazépines, par exemple le Valium, provoqueraient la libération, au niveau des récepteurs cérébraux, de substances endogènes apparentées aux endomorphines. Or, nous verrons que les endomorphines sont les molécules du bien-être et du plaisir.

Guérir de plaisir

Si l'on prend quelque recul et que l'on observe l'ensemble des tactiques qu'utilise l'homme pour échapper à l'anxiété, on s'aperçoit qu'elles consistent, pour la plupart, à lui substituer non point un état neutre, mais un état agréable, un plaisir. C'est évident pour l'usage des stupéfiants et de l'alcool ; c'est vrai aussi de l'utilisation de certains psychotropes qui stimulent la bonne humeur (les « thymoanaleptiques«, dits « pilules du bonheur ») ; c'est incontestable pour le recours aux aliments et au tabac ; c'est enfin vrai pour des pratiques plus nobles comme le sport, l'amour, la création, la religion. Toutes procurent un bonheur permanent qui s'exacerbe en moment de bonheur absolu. Le sportif a ses vertiges, l'amant ses orgasmes, le créateur ses ivresses et le croyant ses extases. Tout se passe donc comme si le plaisir était l'antidote de l'anxiété.

En recherchant l'agréable, l'homme ne fait qu'imiter la nature qui gratifie d'un plaisir tous les actes « naturels » : manger, boire, respirer, s'endormir, s'activer, déféquer (souvenez-vous de Pline l'Ancien : « *Post defecationem, omne animal lætat* »). « *Nature,* affirme Montaigne, *a naturellement observé que les actes qui nous sont les plus nécessaires nous sont enjoints non seulement par la raison, mais par la volupté.* »

La nature nous ayant appris le plaisir, il est normal que nous cherchions à le recréer, en particulier pour compenser nos peines.

3

Le plaisir : rôle du cerveau et des sens

Le plaisir n'est pas une simple sensation subjective, c'est une réalité biologique qui a ses centres propres dans le cerveau et ses molécules particulières.

Les centres du plaisir

Où se situent les centres du plaisir ?

Un jour de 1954, des chercheurs américains, Old et Milner, observaient un rat dont ils stimulaient le cerveau par l'intermédiaire d'électrodes fichées dans différentes zones cérébrales. Ils remarquèrent la curieuse insistance que manifestait l'animal à revenir sans cesse à l'endroit où il avait subi une stimulation électrique, comme s'il semblait y attendre quelque chose. Nos chercheurs supposèrent que l'électrode correspondante avait déclenché une sensation agréable. Peut-être était-elle plantée dans un centre générateur de plaisir ?

Ils prirent un autre rat et fichèrent une micro-électrode dans une zone voisine de celle choisie lors de l'expérience primitive. Dans la cage, ils installèrent une pédale dont la pression fortuite par l'animal devait provoquer une impulsion électrique. Si cette impulsion déclenchait une sensation agréable, il était à parier que le rat ne cesserait d'appuyer sur la pédale ; ils pourraient en conclure que l'électrode stimulait une zone de plaisir. D'abord rien ne se produisit ; ils répétèrent l'expérience sur de nombreux rats, fichant l'électrode en des points différents. Un soir, les chercheurs virent un animal s'acharner sur la pédale ; nul doute, il autostimulait son centre du plaisir : l'électrode était alors placée dans l'hypothalamus en un point précis.

Le centre hédonique est donc situé dans l'hypothalamus, c'est-à-dire dans l'archéo-cerveau. Il est mitoyen des centres vitaux, ceux de la faim, de la soif et de l'accouplement entre autres. Toutefois, il en est bien distinct : le rat repu, abreuvé ou satisfait sexuellement persiste à s'autostimuler. Il existe évidemment des connexions étroites entre centres hédoniques et vitaux ; ainsi s'explique que le plaisir accompagne les actes naturels.

D'autres expériences ont porté sur le système limbique, formation située dans le méso-cerveau, c'est-à-dire au deuxième étage de l'encéphale (voir figure 1). Ce système étant le siège des émotions, on pouvait prévoir qu'il jouait un rôle dans le plaisir – le plaisir n'est-il pas une émotion ? Des chercheurs prirent un singe et lui enlevèrent les centres limbiques ; l'animal devint totalement placide. Si on lui offrait des mets dont il se détournait habituellement, il les mangeait. Si on lui présentait des congénères du même sexe ou des animaux d'espèces différentes, il tentait de s'accoupler avec eux. L'animal avait conservé ses comportements automatiques, mais il avait perdu la notion de l'agréable et du désagréable. Avec d'autres singes, les chercheurs procédèrent à des expériences inverses en excitant leurs centres limbiques : les animaux manifestèrent les signes d'un vif contentement et une excitation joyeuse.

Chez l'homme, peu d'expériences ont été faites. Trois au total. La première consista, à la faveur d'une intervention de neurochirurgie, à instiller une microdose d'acétylcholine dans le septum des centres limbiques ; l'opéré, conscient, ressentit une intense sensation de plaisir sexuel. Les deux autres consistèrent, chez des sujets porteurs d'une électrode placée dans le même septum, à enregistrer l'activité électrique de cette zone au cours de l'orgasme, plaisir intense s'il en est. On observa alors un orage électrique, semblable à une minicrise d'épilepsie.

On sait maintenant que la sensation de plaisir et son expression s'appuient sur un véritable « système du plaisir » dont le substratum anatomique comprend plusieurs centres : l'hypothalamus, les centres limbiques et le cortex préfrontal droit. Les centres limbiques sont eux-mêmes faits d'une constellation de noyaux : l'amygdale, l'hippocampe, le gyrus circulaire, le gyrus hippocampique et le septum. Chaque noyau limbique est spécialisé dans un rôle hédonique ou émotionnel : l'hippocampe donnerait la teinte affective des activités orales ou sexuelles ; l'amygdale serait le siège de la mémoire émotionnelle, c'est-à-dire de la qualité émotionnelle d'un souvenir, le septum serait le centre de l'orgasme (voir figure 1).

Les molécules du plaisir

Les cellules nerveuses comportent des prolongements destinés à rencontrer les prolongements des autres neurones. Toutefois, les extrémités ne se touchent pas et laissent un intervalle vide, la

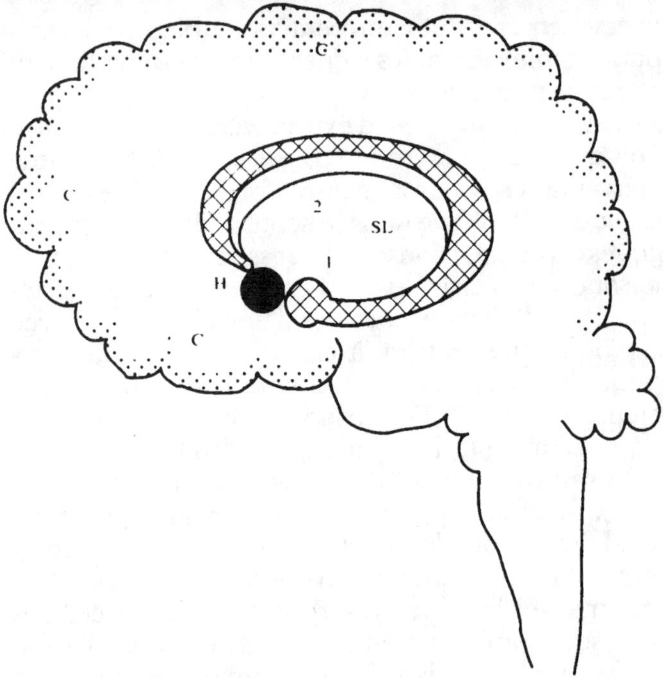

Cortex « C » — Néo-cerveau

Système limbique « SL » — Méso-cerveau
1) amygdale
2) septum

Hypothalamus « H » — Archéo-cerveau

Figure 1

synapse ; aussi l'influx nerveux (le courant électrique) qui parcourt les neurones ne peut se propager par continuité ; la transmission se fera donc par un phénomène chimique. Quand arrive l'influx, les extrémités neuronales libèrent dans la synapse une substance, un neurotransmetteur qui, lui, va exciter les extrémités neuronales opposées et y faire renaître l'influx. En moins d'un millième de seconde, chaque impulsion électrique libère dans chaque synapse trois millions de molécules de neurotransmetteurs. (Le cerveau comprend 30 milliards de neurones ; chaque millimètre cube de substance cérébrale comprend 150 000 neurones qui établissent au total 60 millions de contacts.)

Le neurotransmetteur des synapses de l'hypothalamus est la dopamine. Les neurotransmetteurs du système limbique sont nombreux. La sérotonine serait la substance des émotions agréables, l'adrénaline celle de la récompense, l'acétylcholine celle de l'orgasme. Ces mêmes neurotransmetteurs sont libérés en d'autres points de l'organisme, pour d'autres tâches.

En plus de ces neurotransmetteurs, libérés au niveau des synapses des centres et qui n'en sortent pas, les centres limbiques sécrètent d'autres molécules : les neuro-hormones du plaisir qui, elles, passent dans le sang et se diffusent dans l'ensemble de l'encéphale et de l'organisme. Ainsi le cerveau se comporte comme une véritable glande. Ces neuro-hormones sont des neuropeptides. Les mieux connues sont les endomorphines (alpha, bêta et gamma) et les enképhalines. Il en existe bien d'autres : le L.H.R.H., le V.I.P., la G.A.B.A., etc. Toutes sont responsables d'états agréables – bien-être, joie, plaisir – ou ont un effet tranquillisant.

Les endomorphines sont sécrétées par les centres limbiques, le thalamus, l'hypophyse, la moelle et l'intestin. Elles ont une action anti-douleur, tranquillisante (surtout les alpha et les bêta), euphorisante (surtout les bêta) et anti-agressivité (surtout les gamma). De plus, elles stimulent les facultés intellectuelles. On les appelle « endomorphines », car elles ont sur notre organisme les mêmes effets que les opiacés (effets antalgiques et effets euphorisants). Ayant une structure moléculaire analogue, endomorphines et morphine se fixent sur les mêmes cellules réceptrices ; elles sont, vis-à-vis des récepteurs, comme une clef et son double en regard d'une serrure.

Quand survient le plaisir, le cerveau sécrète ses substances hédoniques – neurotransmetteurs et neuro-hormones. Pendant le jogging, par exemple, le taux d'endomorphines s'accroît au moment où les coureurs trouvent leur second souffle et filent comme s'ils avaient des ailes ; les endomorphines anesthésient alors les douleurs de l'effort et produisent le vertige qui porte ces sportifs. Une élévation du taux d'endomorphines a été également constatée pendant les séances de gymnastique « aérobic ». Au cours de l'orgasme, cette élévation est considérable. Le même phénomène accompagne toutes les activités agréables. On peut dire que neurotransmetteurs et neuro-hormones sont les substrats chimiques d'états aussi différents que l'ivresse du sportif, le bonheur de l'amoureux, l'euphorie du créateur et l'extase du mystique.

Inversement le déplaisir s'accompagne d'une diminution des substances hédoniques. Chez les enfants que l'on sépare de leur mère, on observe une baisse d'endomorphines. Chez les déprimés, on constate une réduction de la sérotonine.

Le système du plaisir est branché en dérivation sur les circuits de nos divers processus mentaux (pulsions, idées, souvenirs, informations sensorielles) auxquels il donne une coloration affective ; car ces processus sont affectivement neutres. L'hypothalamus, centre du plaisir, les colore de façon manichéenne : blanc ou noir, agréable ou désagréable. Les centres limbiques, siège des émotions, sont plus nuancés, ils teignent les processus de toutes les couleurs du prisme affectif, de l'agrément le plus léger à l'euphorie extrême.

Présenter le système du plaisir comme un système qui « colore » les diverses activités cérébrales n'est pas déplacé : chaque émotion n'a-t-elle pas une traduction colorée ? Ne dit-on pas « voir la vie en rose », « voir rouge », « broyer du noir » ?... Nous aurions pu également parler de « température » : les émotions ne s'expriment-elles pas aussi selon une échelle thermique, comme en témoignent les expressions « garder la tête froide », « recevoir un accueil tiède », « brûler d'amour » ?

À quoi sert le plaisir ?

Le plaisir rend agréables nos actes et nos activités. À l'utilité, qui ne suffirait sans doute pas toujours à nous décider à agir, il associe l'agrément qui, lui, est tellement plus motivant. Donc le plaisir facilite l'action.

Voilà que quelque chose – la poussée d'une pulsion, un souvenir, une stimulation sensorielle – nous invite à entreprendre une action que nous n'avons jamais réalisée ; les circonstances le permettant, nous passons à l'acte et nous obtenons un plaisir ; nous mémorisons alors la gratification liée à l'acte.

Lorsque nous serons à nouveau sollicités, nous agirons avec plus d'allant. En renforçant la motivation par la perspective d'une récompense, le système de plaisir favorise l'action. La faim me tenaille (motivation), je vois une pomme (tentation), je désire la pomme (désir), je croque la pomme (action), et j'éprouve du plaisir. Quand j'aurai de nouveau faim, je me précipiterai allègrement sur la pomme. Au contraire, si j'avais gobé un œuf avarié, je n'aurais pas renouvelé le geste.

À la longue le sujet établira dans sa mémoire émotionnelle, située dans l'amygdale limbique, un catalogue des plaisirs liés à chaque sollicitation et action. À peine une envie, un souvenir, une sensation surgissent-ils, qu'ils évoquent une émotion, un plaisir, et inspirent une démarche, avant même tout raisonnement. À l'instant où je perçois tel parfum, je ressens une joie car c'est le parfum de la femme que j'aime et je me précipite à sa recherche.

Un autre rôle du plaisir est de faciliter la mémorisation. On ne retient bien que ce qui nous a ému. Les bons maîtres sont ceux qui savent établir des liens affectifs avec leurs élèves et dont les démonstrations s'efforcent de toucher leur sensibilité. On peut apprendre « par cœur », on apprend mieux avec son cœur.

Le plaisir est donc la condition essentielle de l'apprentissage. Le rat qui, appuyant sur une pédale bleue, reçoit un morceau de fromage, saura ce qu'il faut faire lorsque la faim surviendra. Celui qui, touchant une pédale rouge, reçoit une décharge électrique, l'évitera désormais. D'une façon générale, si l'action entreprise aboutit à un bon résultat, le système limbique décerne une récompense, le plaisir ; dès lors l'individu s'efforcera d'agir de la même façon. Si l'action n'aboutit pas, désormais il évitera d'agir de la sorte. Ainsi, grâce à ce système récompense-punition, nous apprenons les comportements efficaces et bénéfiques.

Le plaisir pour survivre

Au-delà de ce rôle biologique, le plaisir, selon moi, a une fonction métaphysique. Il nous permet d'assumer notre existence, le milieu dans lequel nous sommes plongés dès notre naissance nous semblant parfois si hostile, comportant tant de menaces, et nous infligeant tant de stress, de désagréments et de douleurs. Aussi, à longueur de vie, nous recherchons les moyens d'échapper à ces conditions pénibles ou à les adoucir. Nous ne pouvons survivre que si, chaque jour, nous trouvons ce moyen.

Les drogues que la nature nous offre ou que les laboratoires synthétisent, par leurs effets apaisants, antalgiques ou hédoniques, nous permettent d'oublier, transitoirement, la dure réalité. C'est pourquoi de tout temps, sous toutes les latitudes et dans toutes les sociétés, les hommes ont utilisé de telles substances.

Il est d'autres sortes de drogues que nous utilisons, celles-là en permanence. Ce sont nos drogues internes, celles que sécrète notre cerveau : la dopamine, la sérotonine, l'adrénaline, l'acétylcholine et surtout les endomorphines. Pour déclencher leur production, nous « masturbons » allègrement hypothalamus et centres limbiques : manger, danser, prier, faire l'amour, créer, pratiquer un sport, assister à un concert, visiter une exposition ne sont que diverses façons d'obtenir nos « alcools cérébraux ». « *Qu'importe le flacon, pourvu qu'on ait l'ivresse !* » Est drogue toute activité inutile à la vie mais utile à la survie, c'est-à-dire capable de nous faire oublier notre terrible condition.

Toute activité peut se faire « drogue », particulièrement quand elle devient « passion ». Cet état permanent d'excitation mentale, lié à une activité excessive, a pour effet de maintenir élevé le taux d'endomorphines. Si d'aventure l'excitation diminuait, le niveau des neuro-hormones baisserait et les « passionnés » ressentiraient le « manque ». Véritables toxicomanes du sport, de l'amour ou de la création, ils sont devenus « dépendants » de leur activité. « *L'homme, seul animal à assumer sa mort, est aussi le seul à créer et à se droguer* », précise Castagliola *(ibid.)*. Et à se droguer en créant.

Si fondamentalement, pour toutes nos activités hédoniques, la démarche est la même – recourir à nos drogues internes – il existe toutefois entre elles des différences de qualité : les unes sont égoïstes, improductives ou vulgaires, les autres sont altruistes, créatives ou nobles.

Certains êtres ont des possibilités restreintes de sécréter des endomorphines. Cette déficience est rarement congénitale et plus rarement acquise par épuisement. Elle est presque toujours la conséquence de la répression du plaisir. Lorsque ces « insuffisants hédoniques », ces « handicapés du plaisir » doivent affronter des épreuves, ils font appel aux drogues extérieures : l'alcool, les médicaments, les stupéfiants. Sur cette galère, nous utilisons les drogues que nous pouvons. « *Cette crainte de la douleur fait que l'homme se jette avec élan du côté opposé et s'attache au petit nombre de plaisirs que la nature a mis dans son lot* », explique Brillat-Savarin dans *La Physiologie du goût*.

Le plaisir apaise l'angoisse existentielle, calme l'anxiété liée aux circonstances, anesthésie la douleur, récompense les efforts. Le plaisir n'est pas un

« à-côté » de la vie, c'est le moteur même de la vie. L'espoir de jouir fait vivre, l'obtention du plaisir reconduit le contrat vital. Le plaisir est à l'esprit ce que l'oxygène est au corps, sans lui la vie est impossible, c'est un calvaire qui n'a d'autre issue que la mort, spontanée ou par suicide.

Qu'en pense ce cher Sigmund ?

1. Tension et plaisir

Du fond de notre « inconscient », le « ça », jaillissent nos pulsions, forces qui nous poussent à accomplir certaines actions qui nous tendent vers un but appelé « objet » de la pulsion. Nous les ressentons comme une tension psychique et physique, que l'on appelle désir ou besoin. C'est un état d'excitation agréable si le but semble facilement ou rapidement accessible. Il devient pénible lorsque l'accès au but s'avère difficile ou tardif. Il se fait douloureux et angoissant quand le but demeure hors de portée. Dès que le but est obtenu, la tension diminue et le sujet ressent un bien-être. Le plaisir naît donc de la réduction de la tension, le déplaisir de sa persistance ou de son accroissement. Autrement dit, le plaisir est la satisfaction d'un désir, le déplaisir son insatisfaction durable.

Le plus souvent, les regains de pulsions sont provoqués par une stimulation venue du monde extérieur : l'odeur d'un mets, la voix de la femme aimée, la vue de notre ennemi. Les manifestations pulsionnelles peuvent également procéder de l'inconscient : un rêve d'agapes nous réveille et nous voilà sur le point d'enfreindre notre régime, un fantasme érotique nous traverse et nous voilà désirant en pensée telle actrice, un souvenir pénible nous revient et nous voudrions étriper notre percepteur. Les tensions pulsionnelles ont parfois pour origine des modifications physiologiques de notre organisme qui engendrent des besoins : la fringale de onze heures est déclenchée par une hypoglycémie, l'exacerbation de la sensualité féminine au moment de l'ovulation est provoquée par une augmentation des hormones F.S.H. et H.L.

2. Le principe de plaisir

Comment allons-nous réagir face à nos pulsions ? Notre premier mouvement serait de prendre notre plaisir. Nous obéirions en cela au « principe de plaisir ». C'est une loi de psychanalyse qui pourrait s'énoncer ainsi : toute l'activité psychique a pour but de procurer du plaisir et d'éviter le déplaisir. Autrement dit, plaisir et déplaisir motivent, consciemment et inconsciemment, notre conduite.

Nos pulsions cherchent donc à se satisfaire au plus vite, c'est alors qu'elles se confrontent à la réalité, qui autorise ou non leur accomplissement. Le principe de plaisir est ainsi « régulé » par le « principe de réalité » qui se définit ainsi : pour atteindre leur but, nos pulsions doivent se résoudre à tenir compte de l'état réel du monde extérieur. Dès lors, que vont faire nos chères pulsions ?

Les plus téméraires tentent une sortie en pleine conscience et, ayant reçu une volée de bois vert, se replient dans nos profondeurs : les désirs « refoulés » forment alors des « complexes », redoutables entraves à la recherche du plaisir. Les plus malicieuses renoncent à accéder telles quelles à la surface, mais dans le secret de l'inconscient, elles se travestissent : c'est sous forme de fantasmes qu'elles font irruption dans le champ de la conscience et cherchent à se satisfaire. Les plus puissantes, voulant se réaliser à tout prix, entreprennent ou de transformer notre appareil psychique pour l'adapter à la réalité ou de modifier le monde extérieur : de leurs efforts naissent et se développent la pensée humaine, l'attention, le jugement, la mémoire, la créativité. C'est ainsi qu'apparaît et se structure notre « moi ».

3. Pulsions et plaisirs

Les pulsions « partielles » comprennent la pulsion orale qui nous pousse à manger, la pulsion sexuelle qui nous invite à faire l'amour. Elles ont une source organique : la zone érogène correspondante, et un but spécifique : la satisfaction de cette zone. Les plaisirs que nous offrent les pulsions partielles sont de deux sortes :

– « les plaisirs de fonction » sont ceux que l'on tire de l'accomplissement d'une fonction vitale : manger, but de la pulsion orale et réalisation de la fonction alimentaire ; faire l'amour, but de la pulsion sexuelle et réalisation de la fonction de reproduction (ou, si l'on n'a pas l'intention de procréer, réalisation de la fonction amoureuse) ;

– « les plaisirs d'organe », eux, sont ceux que l'on obtient de la satisfaction d'une zone érogène sans viser l'accomplissement d'une fonction : déguster une gorgée de vin, sucer son pouce, se masturber solitairement sont des plaisirs d'organe ; ils sont détachés de la fonction sur laquelle ils s'étaient et détachés de l'instinct de conservation. Autrement dit, ce sont des plaisirs auto-érotiques, recherchés pour eux-mêmes.

Plus une civilisation est évoluée, plus elle recherche et raffine les plaisirs d'organe : la culture consiste à détacher la jouissance de sa contrainte corporelle, animale, pour en faire un acte « gratuit », un pur plaisir. L'homme cultivé ne subit pas son plaisir, il le choisit et en tire la quintessence : tel est celui qui flatte son palais avec un vin fin ou un sorbet, hors le but de se nourrir (*« boire sans avoir soif,* disait Brillat-Savarin, *est un privilège de l'homme »*, *ibid.*) ou qui caresse une peau *« pour le plaisir »*, sans intention de coïter ; ou qui hume un parfum, admire une toile, écoute une symphonie. Il jouit de ses organes, de ses sens, sans user de leur fonction vitale ou cognitive.

La « pulsion d'autoconservation » est appelée couramment « instinct de conservation ». Elle nous dicte en toute circonstance les comportements nécessaires à la sauvegarde de l'intégrité du corps et à la conservation de la vie. Plus précisément, elle nous inspire les actions destinées à satisfaire les besoins fondamentaux liés aux fonctions corporelles vitales : respirer, manger, boire, exonérer, uriner, toutes actions agréables. *« Le plaisir est associé au bien-être qui naît lorsque cette même intégrité est assurée* [...] *Le plaisir peut donc se définir comme la sensation qui naît de la régularité du processus continu de la vie »*, écrit Lowen dans *Le Plaisir*.

À l'inverse, la « pulsion d'autodestruction » tend à supprimer tout plaisir en nous réduisant à néant. La « pulsion d'agression » nous pousse à détruire « l'objet » de la pulsion, c'est-à-dire un autre individu. Et la « pulsion d'emprise », appelée communément « instinct de possession » ou « instinct de domination », vise à s'approprier « l'objet », au besoin par la force ; elle double la pulsion sexuelle pour s'assurer la maîtrise de l'objet, en vue de l'accomplissement de l'acte sexuel. La cruauté et le sadisme peuvent être des expressions de la pulsion d'emprise (violenter pour posséder encore plus) ou de la pulsion d'agression (faire souffrir pour détruire).

Ces différentes pulsions peuvent se regrouper en deux grands courants : la « pulsion de vie » ou

« libido » ou « pulsion d'Éros » qui comprend les pulsions sexuelles et d'autoconservation et tend à conserver et à agrandir les unités vitales existantes ; la « pulsion de mort » qui englobe les pulsions d'autodestruction et d'agression et qui vise à anéantir les êtres vivants.

Cette incursion dans le domaine de la psychanalyse confirme l'importance fondamentale du plaisir. Il est une donnée incontournable de la fonction mentale. Il est aussi un élément dynamique du développement psychique, avance Raoul Vaneigem dans son *Livre des plaisirs*.

LE PLAISIR ET LES SENS

Le plaisir a pour origine une sollicitation de nos sens. Il nous faut donc connaître les secrets de notre sensibilité.

Au commencement était la cellule. Pour survivre, ce premier être vivant devait savoir ce qu'il y avait de bon et de mauvais dans le milieu où il se trouvait ; il fallait donc que toute la surface de sa membrane soit « sensible ».

À l'autre extrémité de l'évolution, se trouve l'homme. Pour survivre, il doit également connaître les qualités du milieu ambiant ; son corps est donc aussi entouré d'une membrane sensible. Cette sensibilité s'étend à toute la surface de sa peau, au total 18 000 cm^2, bourrés de récepteurs sensibles aux contacts et à la température. Par endroits, la peau ménage de petits hublots sensibles à d'autres stimulations : la surface sensible aux radiations électromagnétiques, qui composent la lumière visible, s'appelle l'œil ; celle sensible aux vibrations de l'air, qui constituent le son, se nomme l'ouïe ; celle sensible aux molécules chimiques dispersées dans l'air, dans les liquides ou dans les solides, correspond à l'odorat et au goût. La peau et ses hublots forment les organes des sens.

Chaque organe des sens est un assemblage de cellules sensitives qui ont le pouvoir de détecter une qualité du milieu ambiant et de transmettre l'information au cerveau. Pour cela, elles transforment les émissions du milieu extérieur – radiations, vibrations, molécules, etc. – en une onde électrique. La magie de nos sens est de transmuter un phénomène extérieur en un phénomène intérieur qu'interprétera notre conscience (voir figure 2).

Les aires cérébrales

L'information sensorielle emprunte des neurones et aboutit aux aires sensitives situées à la surface du cortex, hormis les stimulations gustatives et olfactives qui, elles, sont reçues par le rhinencéphale, situé dans les centres limbiques.

Les aires où se projettent les messages, dites aires de projection primaire, sont le siège d'un phénomène de conscience simple : la sensation – par exemple, « c'est froid », dit l'aire tactile, « c'est blanc », dit l'aire visuelle. Autour de ces aires se trouvent des aires d'association, reliées aux autres aires de projection et à différentes parties du cerveau (le système de la mémoire, le système du plaisir, etc.) ; elles sont le siège d'un phénomène de conscience complexe : la perception ; par exemple : « ceci, qui est froid et qui est blanc, est la neige ». Le miracle de la conscience, c'est de transformer des ondes électriques en contacts, sons, couleurs, odeurs, saveurs et, à partir de ces sensations, de reconstruire la réalité extérieure sous forme de représentations mentales.

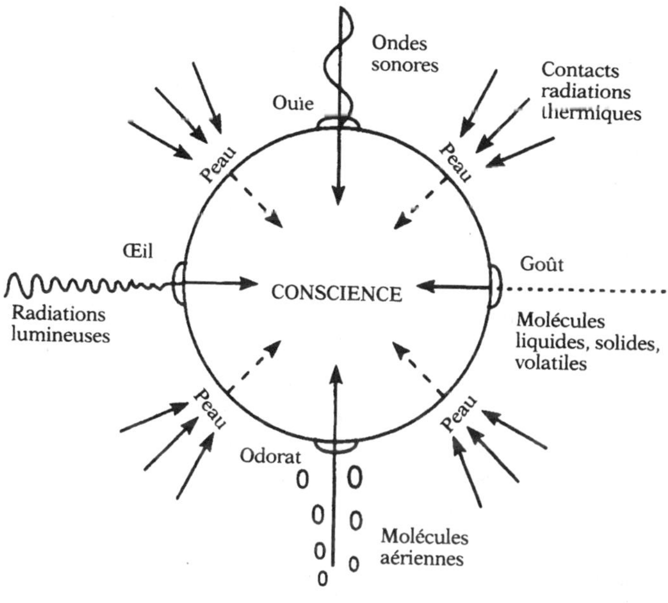
Ondes
sonores
Contacts
radiations
thermiques
Ouie
Peau
Peau
Œil
Goût
CONSCIENCE
Radiations
lumineuses
Molécules
liquides, solides,
volatiles
Peau
Peau
Odorat
Molécules
aériennes

Figure 2

Je sens donc je suis

Ne croyez pas que les trains d'ondes qui, issues de notre surface sensorielle, convergent vers le cerveau ne sont que des appoints pour notre conscience. Non, elles créent la conscience. J'ai bien dit « créer ». Vous protestez, et citez Gide : « *Crois-tu donc que je ne suis qu'un rendez-vous de sensations ?* » (*Les Nourritures terrestres.*) Alors permettez-moi d'emprunter à Freud ma réponse : « *La conscience est un phénomène de surface* [...] *Le moi est la projection d'une surface sur une surface* », et d'énoncer ce vieil adage : « *Nil est in intellectu quod non fuerit sensu* » (« Rien n'est dans l'intellect qui ne fut d'abord dans les sens ») ; et, pour finir, d'en appeler à Paul Chauchard : « *Il faut dire non : "Je pense donc je suis", mais : "Je sens donc je suis"* [...] *Notre psychisme est lié à l'utilisation des messages de nos sens* [...] *Le développement des hémisphères de la série des vertébrés est lié à leurs sens.* » (*Les Messages de nos sens.*)

Si l'homme est devenu supérieur aux animaux, c'est à ses sens qu'il le doit. Il a la sensorialité la plus développée du monde animal. Dans chaque espèce, seuls un ou deux sens, particulièrement épanouis en raison du mode de vie, sont plus performants que ceux de l'homme : l'odorat pour le chien, la vision pour l'aigle par exemple ; certains animaux perçoivent même des ondes que l'homme ne peut détecter : les abeilles voient les ultra-violets, les chauves-souris entendent les ultra-sons. Mais aucune espèce ne possède l'usage concomitant de ses cinq sens d'une manière aussi efficace.

La conscience est bien le fruit de la sensation, de nombreuses expériences le prouvent. Si, chez un animal, on sectionne toutes les fibres sensitives du cerveau, il s'endort : sans sensation, pas de conscience.

Si on maintient de jeunes singes, dès la naissance, dans l'obscurité, ils seront aveugles ; mieux, l'aire visuelle de leur cerveau, faute de sensations lumineuses, s'atrophiera. « *La construction même de l'architecture cérébrale est liée à son fonctionnement* », écrit Paul Chauchard *(ibid.)*.

Chez l'homme, aucune expérience n'a été faite. Cependant on constate qu'un individu placé dans un lieu calme s'endort fréquemment. Une torture pratiquée en notre siècle de progrès, la « privation sensorielle », confirme l'importance de la sensation : la cellule est maintenue dans l'obscurité 24 heures sur 24 ou illuminée 24 heures sur 24, les murs étant blancs ; la cellule est insonorisée ; le gardien muet ; la température est invariable, trop chaude ou trop froide ; la nourriture est insipide. Pas d'interrogatoires, pas de nouvelles. Cette privation sensorielle « *permet de détruire rapidement une personnalité sans laisser de traces* [...] *Pour se maintenir les systèmes vivants doivent fonctionner* [...] *Dans cette abolition totale de l'espace et du temps, le prisonnier va sombrer* [...] *par impossibilité plus élémentaire, plus physiologique, on pourrait dire plus animale, de faire fonctionner son système neurosensoriel* », écrit le professeur François Jacob[1].

Je sens donc je ressens

Les informations transmises ont finalement un but très manichéen : il s'agit de savoir si le milieu est favorable ou défavorable. Cependant, cette connaissance n'est ni abstraite ni neutre, elle est au contraire fortement teintée d'affectivité : c'est agréable ou c'est désa-

1. François JACOB, rapport du colloque d'Amnesty International de janvier 1985, *in Tonus* n° 93, 9 juillet 1985.

gréable. C'est pourquoi on peut dire : « Je sens donc je ressens. » Nous savons en effet que les voies sensitives sont branchées en dérivation sur les centres émotionnels (système limbique) et sur les centres hédoniques (hypothalamus) ; ces connexions expliquent la coloration affective des sensations[1].

L'émotion qui accompagne la sensation contribue également à l'élaboration de la conscience. Même les idées soi-disant abstraites ne sont pas dépourvues d'une teinte affective : la pensée ne peut être désincarnée. Et quand le psychisme conçoit une action, ce qui le détermine c'est encore l'émotion ; l'idée d'un plaisir n'enclenche l'action que parce qu'elle est « émouvante ».

Il faut enfin savoir que les informations ne partent pas seulement de la surface de notre sphère, mais aussi de son intérieur. Nous sentons ce qui se passe dans nos muscles, dans nos articulations et dans nos viscères. La sensibilité interne est la cénesthésie. Ces sensations sont également agréables ou désagréables. La santé, c'est plus que « le silence des organes », c'est un état de bien-être. Ce qu'on exprime en disant : « Je me sens bien. »

Notre exquise sensibilité et le plaisir qui lui est attaché ont fait de nous des humains. Être sensible est l'une des richesses de notre *anima*, ce pôle féminin de notre personnalité. Il faudra tout faire pour la sauvegarder.

1. PIÉRON, *La Sensation, guide de vie.*

4

Les ennemis du plaisir

Code pénal, code civil, règles, règlements, arrêtés, commandements de Dieu, commandements de l'Église, guide des bonnes manières... des interdits innombrables jalonnent chaque instant de notre vie. Intériorisés dans notre conscience, ils nous entravent en permanence. Rappelés du dehors par d'incessants avertissements (panneaux, affiches, avis, mises en demeure, verdicts, sermons, injonctions, admonestations, procès-verbaux, jugements, sanctions), ils brisent nos élans. Notre existence est un perpétuel slalom entre lois et tabous. Que nous reste-t-il de liberté, de plaisir ?

Les interdits émanent des pouvoirs, en particulier des pouvoirs religieux, civils et médicaux. Les ennemis du plaisir se recrutent donc chez leurs serviteurs : prêtres, fonctionnaires (en toge, en uniforme ou en complet-veston...), enseignants et médecins. Ces partisans de l'ordre établi se liguent bien souvent contre lui.

Église et plaisir

Voilà plus de 6 000 ans que la religion judéo-chrétienne réprime le plaisir. Son Dieu est un maître terrible, répressif, irascible, vengeur. Même quand il devint, dans le Nouveau Testament, Dieu le Père, il ne fut jamais paternel. La Terre, qu'il avait créée bonne et belle, devait être une vallée de larmes. Les hommes, qu'il avait faits sensibles et avides, devaient renoncer à ses délices. Pour plaire au Créateur des plaisirs terrestres, il ne fallait pas y goûter. Enfreindre la volonté de Dieu, c'était commettre un péché : jouir de son palais était péché de gourmandise, jouir de sa peau était péché de luxure... Le péché, c'est ce que les prêtres inventèrent pour dissuader les hommes d'être heureux dans leur chair. Le pécheur perd l'amour de Dieu et l'espoir de vivre éternellement près de Lui. Il perd aussi l'estime des hommes. Honte à lui !

Nos désirs et nos plaisirs culpabilisés, il nous fallut y renoncer et renier notre corps, source de ces envies et lieu de ces bonheurs. Il nous fallut même le nier et, pour cela, l'annihiler. On le couvrit d'opprobre, on l'écrasa de labeur et on le mortifia jusqu'à ce qu'il ne fût plus qu'une carcasse souffrante. Le modèle proposé aux judéo-chrétiens fut réellement monstrueux : être un pur esprit, c'est-à-dire un être rejetant une part de lui-même, son corps en tant que réalité joyeuse.

Le dressage commence dès l'enfance. Un enfant ne naît ni bon, ni mauvais, il naît naturel ; et son instinct « animal » l'entraîne naturellement à rechercher son plaisir et à éviter la douleur. Pour l'éduquer, le détourner de ses penchants, le procédé fut imparable : faire du corps un objet de honte et humilier celui qui en avait tiré des sensations par trop agréables. Or, *« une humiliation est souvent un traumatisme plus grave qu'une blessure physique. La plaie qu'elle laisse guérit rarement d'elle-même »*, écrit Alexander Lowen *(ibid.)*.

Le plus grave c'est que les prêtres, obsédés par le péché de jouissance, ayant fait de la lutte contre les plaisirs une priorité, en oublièrent souvent de diffuser le message d'amour : seul, pourtant, il aurait pu sauver les hommes, non tant de la géhenne à venir que de l'enfer auquel, de leur vivant, les condamnait leur cruauté. Que les péchés de luxure et de gourmandise fussent réputés aussi « capitaux » que la haine ou le manque d'amour fit perdre à notre espèce plusieurs siècles.

Les prêtres sont-ils fondés à condamner le plaisir ? Y a-t-il dans les Écritures, sources de la pensée judéo-chrétienne, des prescriptions à l'encontre du plaisir ? Dieu, y est-il écrit, fit l'homme à son image ; Dieu étant un pur esprit, l'homme doit tendre à être un pur esprit et pour cela se détacher de la chair et des plaisirs qu'elle nous procure. Les animaux, créatures sans âme, jouissant sans vergogne, jouir est donc se conduire bestialement, autrement dit comme des êtres sans âme. L'animalité, et donc le plaisir, sont aux antipodes de la divinité, modèle de l'humanité.

Les Écritures nous apprennent également ce qu'il advint au premier homme quand il voulut s'accorder un premier plaisir, la dégustation d'un fruit : il fut chassé du paradis terrestre et condamné aux travaux forcés à perpétuité et à la souffrance. « *Tu travailleras à la sueur de ton front* »… « *Tu enfanteras dans la douleur.* » Le châtiment de ce péché originel, péché de gourmandise ou péché de luxure selon les époques, servit à dissuader le peuple de jouir. Si vous goûtez aux nourritures terrestres, vous serez vous aussi exclu du paradis. Cette utilisation de la Genèse fut un abus de confiance, puisqu'en réalité le fruit interdit n'était ni une pomme ni un sexe, mais le fruit de la connaissance ! Y goûter était péché d'orgueil. Ce qui a perdu Adam, c'est d'avoir voulu être aussi savant que Dieu.

En vérité, rien dans les textes sacrés ne s'oppose au plaisir. Ce qu'en disent les prêtres n'est qu'interprétation. La question devient alors : pourquoi les prêtres s'acharnent-ils contre la jouissance ? Il semble que, sous couvert de spiritualité, leurs motivations soient bien temporelles. En ce qui concerne la jouissance sexuelle, nous avons démontré, dans *La Mâle Peur*[1], que c'est la peur inavouée de la femme qui détermina les anathèmes de cette conspiration d'hommes célibataires qu'est le clergé. Pour le plaisir en général, sexuel et non sexuel, c'est leur volonté de puissance et, subséquemment, leur obsession de l'ordre, qui entraînèrent l'hostilité des religieux ; ils craignaient que le plaisir ne contrarie leur pouvoir et ne suscite l'indiscipline.

À partir du moment où, sortis de la clandestinité, les chrétiens s'érigèrent en institution, l'Église, ils ne se départirent plus d'un activisme hégémonique. Reniant l'idéal révolutionnaire prêché par le Christ, ils n'hésitèrent pas, pour asseoir leur emprise, à s'allier avec les États, leur foi devenant religion officielle. Par cette alliance, l'Église et l'État se renforçaient mutuellement. Ils avaient les mêmes soucis : la cohésion et la soumission, l'une de ses ouailles, l'autre de ses sujets. Ils utilisaient les mêmes moyens : une organisation hiérarchique, la promulgation de dogmes ou de lois, la répression des désobéissances. Hiérarchie, règlements et châtiments étaient étrangement superposables. La soumission à l'autorité, le devoir d'État, la fidélité au conjoint, l'interdit de vol et de meurtre (à moins qu'ils ne soient perpétrés dans l'intérêt des pouvoirs), etc. sont des règles communes à l'Église et à l'État. Quand elles se sépareront, ces institutions demeureront des alliés objectifs, tous deux étant les gardiens du même ordre.

1. Gérard Leleu, *La Mâle Peur*, éd. J'ai lu, n° 7026.

Le plaisir s'oppose-t-il à l'ordre ? Pour ce qui concerne les dirigeants, le plaisir, contraire à l'austérité qui sied au pouvoir, compromet leur respectabilité ; par ailleurs, c'est une expérience qui souvent prédispose à la compréhension, à la compassion et à l'indulgence. Pour ce qui concerne les sujets, la jouissance est un ferment d'indiscipline, voire d'anarchie : l'homme qui cultive sa sensualité prend pleinement conscience de son corps et de ses exigences, ce qui contribue à renforcer sa personnalité, lui permet d'affirmer son existence et l'incite à plus d'indépendance. Or le pouvoir a besoin d'êtres serviles et disponibles. Le plaisir, de plus, détourne du travail et ramollit les résolutions, or le pouvoir a besoin de travailleurs productifs. Le plaisir, enfin, réduit l'agressivité et le pouvoir a besoin de guerriers.

Erich Fromm, dans *Avoir ou être*, avait admirablement dénoncé la collusion de l'Église et de l'État : « *L'Église dès ses débuts s'est adaptée à un ordre social qui exigeait, pour pouvoir fonctionner, la stricte obéissance des individus aux lois... Pour que l'État fonctionne convenablement, cette peur* [de l'autorité] *n'est pas une sauvegarde suffisante : le citoyen doit encore intérioriser cette peur et transformer la désobéissance en une catégorie morale et religieuse : "le péché."* »

État et plaisir

Avant la Révolution française de 1789, la législation civile, qu'avait élaborée la royauté, calquait la législation religieuse. Elle s'inspirait des commandements de Dieu et de l'Église, elle copiait le droit canon. On y retrouvait les mêmes interdits, en particulier en ce qui concernait le plaisir. Ce qui était péché pour les prêtres était délit ou crime pour les juges : par exemple, l'adultère était un délit puni de prison, certaines pratiques sexuelles, comme la sodomie, un crime conduisant au bûcher.

Au décours de la Révolution, l'État se sépara de l'Église et s'octroya le Code Napoléon, qui sévit encore. Il reconduisait, pour l'essentiel, les lois de l'Ancien Régime ; il en différait seulement par l'apparence de liberté et d'égalité offerte aux citoyens. Très imprégné de christianisme, il réglementait sévèrement les « mœurs », le mariage, etc. et maintenait la femme dans un état de tutelle. Ces dernières décennies, sous la pression de l'opinion, les gouvernements ont procédé à des réformes du Code impérial.

La religion industrielle

Tandis que la religion perdait de son influence et que la législation civile se libéralisait, une autre religion naissait, qu'Erich Fromm *(ibid.)* appela la « *religion industrielle* ». Apparue au cours du XXe siècle, elle bat son plein de nos jours. Tout en elle est contraire au plaisir.

Païenne, elle propose, comme but suprême, la possession du maximum de biens et d'objets manufacturés. Pour fabriquer le plus possible de « produits » et pour en acquérir le plus grand nombre, la religion industrielle hisse le travail au rang de valeur première. L'homme industriel passera les deux tiers de sa vie éveillée à travailler.

Il travaille sans plaisir car ce qu'il fait offre peu d'intérêt, ne lui permettant pas d'épanouir les riches potentialités de son corps et de son esprit. De plus, son travail le confine dans des locaux-usines, bureaux, véhicules – où il n'a aucun contact avec la nature. Or, nous verrons que la nature, à travers notre corps, est la source de tous les plaisirs. Son labeur terminé, il n'a souvent ni le temps, ni le goût, ni les moyens de cultiver sa sensualité. Du reste la ville où il se trouve le tient éloigné de la nature. « Boulot-auto-dodo », ainsi se résume son existence.

Par définition, l'homme industriel privilégie « l'avoir » sur « l'être ». Il veut « avoir » une voiture, une télévision, une chaîne hi-fi, une résidence secondaire, des voyages organisés. S'il veut « avoir » des biens, ce n'est pas tant pour en jouir que pour « paraître » : il veut offrir l'image de quelqu'un capable de les acquérir. « Avoir », c'est aussi « avoir une belle situation », « avoir du succès », « avoir une médaille ». Réussir sa vie, c'est accumuler les acquisitions et les distinctions. Il ne vise que des succès matériels ou des succès de prestige.

Erich Fromm *(ibid.)* décrit un type d'homme industriel qu'il appelle *« l'homme de marketing »*. Cet individu se considère lui-même comme un bien de consommation : *« L'être humain devient une marchandise sur le marché des personnalités* [...] *Ce qui importe, pour l'individu, ce ne sont ni sa vie ni son bonheur, c'est de devenir négociable* [...] *Le succès dépend de l'art avec lequel les individus savent se vendre sur le marché. » « L'homme de marketing »* n'a pas de personnalité authentique, il est ce que l'on désire qu'il soit.

Cet homme est un « cérébral ». L'activité de son encéphale se limite à des considérations scientifiques et économiques, à l'exclusion de toute manifestation affective et émotionnelle ; sa raison est dissociée de son cœur, sa pensée de son corps. *« Cette scission entre le corps et l'âme est devenue partie intégrante de notre culture »*, fustige Lowen *(ibid.)*. Les psychiatres diraient que cet homme est « schizoïde ». Par un curieux détour, la religion industrielle aboutit au même résultat que la religion chrétienne. Mais n'en est-elle pas la fille ?

Le mode de vie de l'homme industriel ne lui offre guère de réel plaisir. La possession de gadgets et de biens ne lui apporte que des plaisirs artificiels et éphémères ; en tout cas pas le bonheur escompté. « *Nous avons confondu le bien-être et la consommation matérielle* », constate Marilyn Ferguson dans *Les Enfants du Verseau*[1]. De même, le succès et le pouvoir n'apportent que des satisfactions momentanées. Paraître, c'est-à-dire poursuivre un bon reflet de soi dans le regard d'autrui, est à la longue décevant. Un jour, on se jauge à nouveau de l'intérieur et l'on doit s'avouer ce que l'on s'efforçait de se cacher : le statut social n'est pas une preuve véritable de qualités personnelles, la recherche du succès est un signe d'insuffisance du moi, la volonté de puissance est la compensation du vide de sa vie intérieure. Et l'on cesse de nourrir l'illusion que le succès et le pouvoir apportent le bonheur.

Le plaisir authentique, l'accomplissement de soi, c'est dans « l'être » qu'on le trouve. « Être », c'est accepter toutes les composantes de son psychisme, la raison certes, mais aussi l'affectivité, la sensibilité et l'instinct, et les épanouir également. « Être », c'est habiter son corps, recueillir toutes les sensations qu'il offre et en jouir, en tirer profit. Alors, de l'émergence des pulsions naît le plaisir. Le plaisir authentique se découvre à travers le corps, c'est une harmonie entre l'homme et le milieu naturel.

Le meurtre d'un enfant

« *Les êtres humains, au contraire des insectes, commencent papillon et finissent cocon* [...] *L'éducation allopathique produit l'équivalent de la maladie iatro-*

1. Marilyn Ferguson, *Les Enfants du Verseau*, éd. J'ai lu, n° 4029.

gène causée par les médecins [...] *Nous les appellerons des maladies pédagogiques. Un enfant arrivé à l'école intact se heurte à un stress qui suffit à restreindre en permanence son esprit d'aventure.* » Ces déclarations de Marilyn Ferguson *(ibid.)* ne devraient pas nous surprendre. Le microcosme scolaire est un modèle réduit de la société. On y enseigne les valeurs qui ont cours au-dehors.

L'école est une structure autoritaire, austère et répressive, privée de toute relation interpersonnelle authentique, de toute communication vraie. On s'y emploie à inculquer aux élèves des interdits séculaires, à leur imprimer les marques de la servilité. L'éducation apprend à l'enfant à se méfier de ses sentiments et de son corps, à cesser de croire que le plaisir est un but, à justifier ses actes par des raisons. Il s'agit de réprimer le cerveau droit, celui de l'émotion, de l'intuition et de la créativité ; c'est-à-dire que l'on s'efforce d'y étouffer la vocation naturelle de l'enfant au bonheur. Son avidité pour le plaisir, sa fraîcheur sensorielle, sa spontanéité émotionnelle, sa créativité, tout ce qui le prédisposait à vivre pleinement s'éteindra peu à peu.

L'enseignement consiste, à partir de programmes rigides, à gaver l'élève d'informations livresques ; il privilégie la pensée abstraite, vise la performance intellectuelle. Cette formation s'adresse au cerveau gauche, cerveau de la raison, de la logique et du calcul. L'âge de raison, comme son nom l'indique, marque le moment à partir duquel les sentiments et le plaisir ne doivent absolument plus motiver les actions.

Les enseignants sont eux-mêmes des représentants de la religion industrielle, dont les fausses valeurs ont été transformées en objectifs. Les « Écoles Normales », comme leur nom l'indique, apprennent à former des petits Français N.F. – Normes Françaises –

bons citoyens, bons employés, bons consommateurs. Tant pis pour ceux qui ne rentrent pas dans les normes : ânonne ou crève ! L'échec scolaire n'est pas le problème des maîtres. Marilyn Ferguson *(ibid.)* dénonce : « *Les écoles ont calibré les cerveaux... faisant des " ratés " de ceux dont les dons ne figurent pas sur la liste des talents* », c'est-à-dire les originaux, les imaginatifs, les sensibles, les amoureux de la nature et de ses plaisirs, les bien-vivants.

Les maîtres pourraient-ils y changer quelque chose ? Hélas, veillent les vigiles de l'Inspection académique. Malheur aux éducateurs idéalistes, aux rebelles qui refusent d'être des « *tueurs de rêves* », selon le mot de Bruner. Leurs velléités de novation sont aussitôt brisées par les instruments de la hiérarchie : absence de promotion, décote d'amour, refus de mutation, stagnation des rémunérations. Chacun rentre dans le rang, ravalant sa vocation, et vieillit au sein d'un troupeau sans illusion et sans espoir, dont ne s'échappe aucun cri de révolte ou de désespoir. La « grande muette », c'est aussi l'armée des enseignants.

Les élèves en échec ne doivent attendre aucun secours des conseillers d'orientation et autres psychologues. Ce sont les auxiliaires du « triage », un triage cynique comme ceux des hôpitaux du front où l'on fait deux tas : les « encore-vivants » et les « presque-morts », irrécupérables, qu'il faut abandonner (« *morietur* », disent les instructions militaires). Ils donnent le coup de goupillon « psy » aux décisions iniques du conseil de classe ; ils sont sa bonne conscience.

La dictature des médecins

« *Puisque je tiens les docteurs à diplômes, je ne veux pas mourir sans leur reprocher l'extrême sévérité dont ils usent envers leurs malades* [...] *Dès qu'on a le mal-*

heur de tomber dans leurs mains, il faut subir une kyrielle de défenses et renoncer à tout ce que nos habitudes ont d'agréable [...] *Il faut qu'ils sachent bien, ces ordonnateurs sévères, que leurs prescriptions restent presque toujours sans effet...* » Ainsi s'exprimait Brillat-Savarin *(ibid.)* en 1825.

Les interdits des médecins ont pour but la préservation de la santé. Hélas, ils se révèlent bien souvent antinomiques du plaisir. Les interdits concernent principalement l'alimentation : « Ne mangez pas ceci si vous êtes diabétique, cela si vous êtes goutteux, cela encore si vous êtes obèse. Et ne mangez rien si vous êtes les trois à la fois. » Et « ne mangez pas de graisse animale, ne buvez pas d'alcool », etc. Les interdits s'adressent également à d'autres activités : « Ne fumez pas, ne veillez pas, n'abusez pas du sexe, ne vous baignez pas après les repas, ne vous exposez pas trop au soleil, faites du sport... »

La plupart de ces règles sont fondées ; leur observance éviterait bien des déplaisirs et prolongerait le plaisir de vivre. Cependant les médecins n'ont pas toujours la façon de les dire ; aussi leurs interdictions, mal perçues, sont mal suivies.

Autoritaires, ils tentent d'imposer leurs diktats en menaçant les patients des pires complications. Ceux-ci suivent de mauvaise grâce ces tyrans, quand ils ne se rebiffent pas et, fatalistes, perpétuent leurs mauvaises habitudes. Ils adhéreraient plus sûrement aux directives médicales si leur nécessité était exposée avec plus de pédagogie.

Moralisateurs, les disciples d'Esculape reprochent aux contrevenants de « manquer de volonté », alors que c'est souvent par excès d'anxiété que les êtres s'accordent les plaisirs défendus. En matière d'obésité, par exemple, les praticiens se contentent de prescrire des régimes de misère accompagnés d'exhortations moralisatrices. À les entendre, la minceur serait une vertu ; alors que ce qui fait manger, trop ou mal, la plupart des gens, c'est l'anxiété et les fantasmes, liés à la symbolique alimentaire et à l'image du corps.

Négatifs, les héritiers d'Hippocrate interdisent mais ne proposent pas. Rares sont ceux qui suggèrent de remplacer par d'autres joies les plaisirs supprimés. Reprenons l'exemple de l'obésité : il ne suffit pas de dire « ne mangez pas ceci », ni même d'ajouter « mangez cela », il faut également enseigner l'art de manger agréablement. Il faut aussi aider les gens à trouver d'autres attitudes, d'autres activités anti-angoisse en tenant compte de leurs goûts, de leurs prédispositions : ce sera la musique pour les uns, le sport pour les autres, etc. Ce qui me choque, c'est l'inconséquence de cette attitude, car ceux à qui l'on interdit de manger – comme de fumer, de boire, etc. – sans se préoccuper de l'anxiété qui sous-tend leur comportement, risquent de sombrer dans la dépression ou de se jeter sur d'autres drogues.

En réalité les médecins aiment le pouvoir. Et quelle autorité vous confère le droit d'interdire ! Quelle illusion de puissance donne la faculté de modifier les rythmes du corps, sa morphologie, la composition de ses humeurs et d'influer sur le psychisme ! Car ce pouvoir, ils l'exercent dans un but : rectifier des anomalies. Ils n'ont de cesse qu'ils ne ramènent « à la normale » la composition du sang, le rythme du cœur, le poids des êtres et leurs pensées. Fondamentalement normalisateurs, bien qu'individualistes, ce sont des partisans de l'ordre. Voilà pourquoi les médecins sont les ennemis du plaisir, source de désordre et de résistance à leur pouvoir.

L'emprise croissante du pouvoir médical est inquiétante. Il suit les progrès de la science et bénéficie de plus en plus du renfort de l'État. Celui-ci lui taille les lois nécessaires à l'exercice de son pouvoir. En retour, la médecine collabore à la mise sous tutelle du citoyen, en participant au contrôle de sa vie quotidienne (embauche, souscription d'une assurance, permis de conduire, pratique d'un sport, etc.). Médecine et État se sont alliés pour réprimer les conduites contraires à la santé, comme d'antan Église et royauté pour interdire les conduites contraires à leur morale. Cette alliance, qui incite le corps médical à abuser de son autorité, menace nos libertés, entre autres celle de jouir.

Nous n'irons plus au bois

En 1968, un vent de liberté et de plaisir parcourut le monde. « Il est interdit d'interdire », « Faites l'amour et pas la guerre »... Les graffiti de mai sont bien effacés, sur les murs et dans les cœurs. À leur place s'inscrit, implacable, un mot d'ordre : « Faites des affaires et pas l'amour ». Les étudiants étudient, les travailleurs travaillent – du moins ceux qui ont un emploi. Au Japon, les lycées sont de véritables écoles militaires où l'on dresse les futurs managers. C'est la guerre économique qui en a décidé. Le monde est un immense marché, la compétition est sans pitié. La civilisation industrielle et patriarcale a imposé sa loi d'airain à tous les États. Même les pays de l'Est sont contraints de s'y soumettre. Dans le sillage du libéralisme économique triomphant a surgi une contre-révolution conservatrice et antisexuelle, soutenue à point nommé par l'efflorescence des maladies sexuellement transmissibles. Ne prêche-t-on pas la chasteté en Californie ? Nous n'irons plus au bois, les plaisirs sont coupés. Voilà pourquoi vous êtes obligé de vous tranquilliser avec des gélules.

Vous me trouvez injuste ? N'avons-nous pas un ministère des Loisirs ? L'État ne nous offre-t-il pas toutes sortes de jeux (lotos, loterie, P.M.U., etc.) ; la télévision, des divertissements innombrables ? N'avons-nous pas moult tournois de foot et de rugby ? Et le Tour de France ? Et le Club Méditerranée ?

Jeux de cirque que tout cela. Nouvel opium du peuple. Le plaisir c'est autre chose.

LES EFFETS D'UN MANQUE

La plupart de nos maux viennent de la répression de nos plaisirs et de nos émotions.

Dès l'enfance le dressage anti-plaisir commence, œuvre des parents et des enseignants. Il s'appuie sur un système récompense-punition inverse de celui de notre nature. Si l'action menée par l'enfant aboutit à un résultat qui déplaît aux parents et aux maîtres, il récolte une punition ; désormais il évitera cette attitude. Si le résultat plaît aux « grandes personnes », l'enfant échappe au châtiment et éventuellement il obtient une récompense. À la longue, seules les conduites conformes à l'opinion des adultes seront conservées.

Les punitions peuvent être physiques : elles consistent couramment à infliger une douleur (gifle, fessée, coups). Elles sont plus souvent d'ordre psychique : ce sont la culpabilisation (« Tu devrais avoir honte »), la dévalorisation (« Tu es un bon à rien »), le retrait d'amour (« Je ne t'aime plus »), la privation de plaisir (de dessert, de sortie), la menace d'un danger fantasmatique (mise à la cave, intervention de loups, ogres ou sorcières). Parfois les châtiments physiques sont imbriqués aux tortures morales : fessée devant des tiers, mise au piquet en classe, mise au pilori. La présence d'un public renforce la punition et aggrave ses conséquences.

Un corps prison

Au cours de notre enfance, nos diverses pulsions cherchaient à se réaliser, nos émotions multiples à s'exprimer. Chaque fois qu'elles déplaisaient aux adultes, elles étaient réprimées. Par peur, l'enfant a retenu ses désirs, étouffé ses joies, contenu ses colères, caché ses tristesses et ses peurs, rentré ses questions. Il a renoncé à s'extérioriser. Dans son corps se sont accumulés des milliers d'impulsions bloquées, des milliers de gestes suspendus.

Chaque muscle, chaque aponévrose, chaque ligament, chaque viscère a conservé la mémoire des élans brisés. Les muscles contractés, les tissus raidis emprisonnent notre corps dans une « *cuirasse caractérielle* », selon l'expression de Reich. Devenues chroniques, les tensions prédominent en certaines zones, variables selon les individus, formant, par exemple, des anneaux de contracture au niveau du front, du cou, du thorax, du bassin, etc. Ces crispations modèlent le corps et le figent dans des attitudes particulières. On peut donc décrire des types morphologiques différents en fonction de la répartition et de l'intensité des contractures : c'est l'objet de la morphopsychologie. Notez que les rigidités s'accompagnent de douleurs. Nombre d'algies cervicales, dorsales ou lombaires ne sont que des plaisirs bloqués.

Les contractures touchent aussi les muscles des viscères. Ces spasmes provoquent « la boule » à la gorge, le point au cœur, le nœud à l'estomac, les crises vésiculaires, la constipation, etc. À la longue, ces troubles fonctionnels se transforment en troubles organiques : infarctus, ulcère d'estomac, etc. Nous retrouvons ici le cortège des maladies psychosomatiques.

Méfaits sur le mental

La répression a des conséquences psychologiques dramatiques et définitives.

La culpabilisation des émotions et du plaisir persistera : tout sentiment, toute jouissance ne pourra s'éprouver sans honte. La dévalorisation du sujet qui s'était permis de désirer ou de s'exprimer engendrera une indélébile mésestime de soi. Le retrait d'amour réitéré peut entraîner un sentiment d'insécurité incurable. Les menaces proférées associeront pour toujours la peur au plaisir : peur d'un châtiment immanent, peur d'être humilié, de corrompre son cœur, d'oublier ses devoirs, peur d'être fasciné, d'être entraîné sur des voies inconnues et dangereuses.

Très vite l'enfant s'aperçoit que l'affirmation de ce qu'il est, un être sensible et avide, rencontre la désapprobation des parents et l'expose à des châtiments. Inversement la négation de sa sensibilité et de ses désirs lui vaut l'approbation des tiers et le met à l'abri des conflits. C'est pourquoi il renie sa vraie nature, son vrai moi et se construit une image à l'usage des autres, un moi social : il affecte d'être maître de ses émotions ; il affecte de faire triompher la raison, fait semblant d'être un enfant « convenable », pur (sens catéchismal), dur, courageux, travailleur, bref : « raisonnable ».

Cette façade, à la longue, l'enfant l'adopte pour lui-même. Il trouve vraiment honteux de jouir et de sentir. Il hait son corps, source de tentations et d'émotions. Il a fait sien l'idéal d'être un pur esprit. Chez l'adulte la façade sociale sera maintenue et embellie. Il s'efforcera d'être une personne exemplaire sinon admirable, appréciée sinon admirée.

À force d'être étouffée, la sensibilité de l'enfant est appauvrie. Il ne sent plus réellement qu'il est un être désirant, jouissant, joyeux, ou irrité ; il ne perçoit plus le monde comme une mine de sensations, un pactole de plaisirs. De toutes les émotions, celle du plaisir étant la plus combattue, il devient inapte au plaisir.

L'atrophie de la vie émotionnelle perdure, entretenue par toutes les peurs, les hontes intériorisées et les raideurs musculaires qui entravent à jamais l'expression des émotions.

Cet enfant, cet adulte délirent. Ils ont perdu le contact avec la réalité, c'est-à-dire avec leur corps et ce que leur corps éprouve du monde extérieur. Il n'est pas ce qu'il est – sensible – et est ce qu'il n'est pas – insensible. Il vit dans l'illusion que le bien-être vient du sacrifice de sa nature, que le bonheur vient de l'appréciation des autres. Alors que bien-être et bonheur sont des états intérieurs qui résultent de l'épanouissement de la sensibilité et de la sensualité. « *Cesse de croire, si tu l'as jamais cru, que la sagesse est dans la résignation. Ou cesse de prétendre à la sagesse* », recommandait Gide *(ibid.)*.

La déroute

Une personnalité aussi artificielle est particulièrement exposée à la « dépression ». Son énergie vitale est saignée à blanc : une part de ses forces est bloquée dans les zones de tension, une autre part est engagée contre les pulsions, une dernière est gaspillée dans les efforts pour paraître. Enfin l'absence de plaisir le prive de l'effet tranquillisant et euphorisant de ses drogues internes, le prive aussi de la relance de la circulation énergétique qu'induisent les expériences hédoniques.

Il sombre lorsque survient la désillusion, lorsqu'il prend conscience du vide hors de lui et, ce qui est pire, en lui. Il constate que les admirations et les récompenses escomptées ne viennent pas ou, si elles viennent, ne le comblent pas. Il s'aperçoit qu'il est un personnage fictif qui ne peut être authentiquement heureux.

Les interdits sont bien à l'origine de la plupart de nos maux. Toute maladie étant une perte de plaisir, toute thérapeutique devra en apporter. Guérir de plaisir, c'est opposer à l'angoisse et à la douleur le plaisir accepté, recherché, raffiné, comme le propose la nature qui a mis en nous le principe de plaisir, des neurones qui distillent de précieux élixirs et d'admirables organes des sens.

5

Nos sens en péril : la décadence

Humains, nous appartenons à une espèce qui s'est hissée au sommet de l'échelle animale. Pour atteindre ce niveau de perfection, l'évolution a effectué un long, un très long travail de création et de sélection.

Tout a commencé, il y a 4 000 millions d'années ; la terre, notre berceau, issue d'une nuée incandescente, s'étant suffisamment refroidie, apparurent les premières protéines, substrat matériel de toute vie. Il y a 3 000 millions d'années, les premières cellules, éléments constitutifs de tout être vivant, virent le jour. À moins 60 millions d'années, le premier singe – notre maquette, en somme – apparut. À moins 3 millions d'années, le premier hominidé, un Australopithèque – un vrai prototype, celui-là – se profila. À moins 500 000 ans, notre véritable ancêtre se pointait : l'Homo sapiens. Enfin, il y a 40 000 ans, toutes les conditions favorables étant réunies, celui dont la terre avait préparé la venue depuis des milliards d'années : l'Homme, de son vrai nom « Homo sapiens sapiens », apparut. Fruit de la nature, il était exactement adapté à un milieu parfaitement fait pour lui.

Longtemps, l'homme vécut à l'état de nature, en harmonie étroite avec son milieu naturel. Puis, peu à peu, il se mit à le modifier, inaugurant l'ère du progrès – qui ne s'arrêtera plus. Pour importants et admirables que furent les inventions et les travaux des hommes préhistoriques et des civilisations antérieures à Jésus-Christ, ils ne modifièrent pas fondamentalement la surface de la terre ni les relations de l'homme et de la nature. Pas plus du reste que ceux des dix-huit siècles après Jésus-Christ. C'est au cours du XIXe siècle que le progrès s'accéléra, pour véritablement s'emballer dans les dernières décennies. Aujourd'hui, à chaque heure, il se fait plus de découvertes, il se réalise plus de transformations qu'au cours des précédents 100 000 ans.

Hélas, ces progrès nous éloignent de plus en plus de la nature qui nous avait engendrés et à laquelle nous étions si bien accordés. Nous vivons dans des villes ; dans ce milieu artificiel, notre corps se nourrit d'aliments artificiels et nos sens sont sollicités par des stimulations artificielles. Nous avons de moins en moins de contact avec les éléments naturels. Pire, nous détruisons peu à peu la nature. Nous imposons au globe des transformations irrémédiables. Nous chamboulons sa configuration, déplaçant les fleuves, rasant les forêts, recouvrant la glèbe de béton et d'asphalte. Nous saturons de toxiques et de déchets le sol, les rivières, la mer, le ciel. Nous exterminons les animaux sauvages et dénaturons les animaux domestiques. Bientôt, notre planète n'aura plus rien à voir avec celle qui nous a donné le jour. C'est à peine si les conditions favorables à la vie subsisteront.

Au total, « le progrès » fulgurant nous a arrachés en quelques années du milieu qui, à quelques détails près, était le nôtre depuis des millénaires pour nous jeter dans un monde synthétique. L'enfant d'une « tour » est plus éloigné de son paysan d'aïeul que ce dernier de l'homme préhistorique. Or, notre sensibilité est conçue pour recevoir des stimulations naturelles, provenant d'un milieu naturel, fait d'éléments naturels. Elle s'était parfaitement adaptée au monde extérieur ; c'est du reste pour l'appréhender que notre corps s'était pourvu de sens ; réciproquement, c'est le milieu ambiant qui avait façonné nos organes sensoriels.

Maintenant que nous survivons dans un monde artificiel, notre sensibilité est mise à rude épreuve. Elle est privée des sollicitations justes et variées qui la maintenaient en bon état de marche et entretenaient heureusement notre conscience. Et, surtout, elle est exposée à des stimulations nouvelles, fades, sans agréments ou au contraire désagréables, voire traumatisantes et douloureuses. Nos sens, mis à mal, s'émousseront avant de dégénérer. Paul Chauchard nous avertit : « *Les précieux mécanismes, construits en substance vivante, sont éminemment fragiles et, sous de nombreuses causes, pourront être lésés irrévocablement ; l'emploi abusif de nos organes des sens pouvant entraîner leur usure prématurée, spécialement pour l'œil que notre vie civilisée soumet à rude épreuve.* » *(ibid.)*

Nos yeux, il est vrai, sont particulièrement agressés : la lumière artificielle, les écrans informatiques, les écrans télévisuels, les phares des voitures constituent autant de violences. Dans nos narines s'engouffrent les gaz, les fumées, les poussières rejetés par les usines, les véhicules, les habitations. Notre palais est contraint de recevoir des mets et des boissons frelatés ou des ersatz de nourriture insipides ou franchement mauvais. Notre peau n'a de contact qu'avec des produits synthétiques : béton, acier, plastique, nylon, matériaux inertes et nocifs.

Nos oreilles subissent de terribles attaques. Dans la nature il n'y a pas de bruit, il y a des chants et des sons ; même les rugissements des animaux ou l'éclat du tonnerre, s'ils peuvent nous effrayer, ne peuvent détériorer notre ouïe. Dans nos villes, chez nous, au travail, dans la rue, les bruits nous assaillent, produits par les émetteurs de paroles et de musique et les moteurs (le XXe siècle aura été celui du « moteur à explosion » ! Les hommes des siècles à venir, s'il y en a, en riront...). Le bruit détruit véritablement les cellules auditives : chez les ouvriers soumis à des bruits permanents et chez les porteurs de walkman, l'audiogramme révèle des zones d'insensibilité. Chez un animal à qui l'on fait entendre un son intense et prolongé, l'audiogramme présente des lacunes et l'autopsie montre des lésions des cellules de Corti.

La dénaturation

L'effet, sur nos sens, d'un environnement dégradé est plus grave que vous ne le soupçonnez : à terme cette évolution menace l'espèce humaine. En vertu d'une implacable loi de l'évolution – « la fonction créé l'organe » –, plus un système sensoriel est sollicité, plus il se développe ; mais s'il ne travaille pas ou s'il travaille anormalement, il régresse. Autrement dit, c'est le bon usage des récepteurs sensoriels qui les maintient en état de marche et, mieux encore, accroît leur capacité. En outre, ce sont les messages émis par les récepteurs qui assurent le bon fonctionnement des aires cérébrales sensitives correspondantes et, bien plus, induisent leur développement. Inversement, faute de stimulations appropriées et plaisantes, les organes des sens s'émoussent et dégénèrent : le cerveau les suit.

Cette loi est démontrée chez l'animal : un singe entraîné peut différencier des nuances de couleurs qu'un singe ordinaire ne discerne pas. Inversement, un chien placé dès sa naissance dans un lieu obscur devient aveugle et son aire cérébrale occipitale, siège de la vision, s'atrophie. Cette loi se vérifie chez l'humain : les tisserands de la Manufacture des Gobelins sont capables de distinguer 14 000 nuances de couleurs[1]; le sujet normal quelques centaines. Le musicien distingue 7 500 tonalités, l'homme ordinaire 4 000. Les « taste-vin » et les « nez » de l'industrie du parfum sont susceptibles de discerner des centaines de sensations qui échappent au commun des mortels. Inversement, par privation sensorielle – la torture blanche – on casse la sensibilité des prisonniers. Et par affadissement des sensations, on émousse la sensualité de nos contemporains : les bébés nourris avec les insipides petits pots vendus en pharmacie se contenteront, adolescents, de l'innommable mangeaille des « fast-foods » ; et, adultes, se satisferont, entre autres, de pains à la consistance caoutchouteuse ou de viandes blanches tellement insipides qu'on ne saurait dire si c'est du veau, du porc ou de la dinde. Faute d'avoir connu la vraie saveur des mets, notre palais ne deviendra guère plus exigeant que le siphon d'un évier.

Ce qui rend dramatiques les menaces qui pèsent sur nos sens, c'est que cette loi – la fonction crée l'organe – s'applique non seulement à l'histoire de l'individu (ontogenèse), mais aussi à l'histoire de l'espèce (phylogenèse). Si, dans le passé, la loi a joué en notre faveur, déterminant le spectaculaire essor

1. Paul Chauchard, *ibid.*

de nos prédécesseurs, elle pourrait, demain, être la cause de notre régression.

Pour prendre la mesure de la puissance de cette loi appliquée à la phylogenèse, sachez, pour ce qui est des animaux, que c'est elle qui a pourvu les espèces qui vivent la nuit d'une ouïe fine ; et c'est elle qui a doté la faune cavernicole, dont la vision est inexistante, d'une pellicule extrêmement sensible aux vibrations de l'eau. En ce qui concerne l'homme, c'est elle qui a présidé au prodigieux développement du cerveau. Sous la formidable poussée des sens en expansion, le cerveau a triplé de volume en quelques millions d'années. En effet l'hominisation se caractérisa par une efflorescence considérable des sensibilités, toujours plus fines, plus étendues (seul l'odorat périclita, mais le toucher prit une importance primordiale). Ce qui entraîna la multiplication des opérations cérébrales – sentiments, plaisirs, réflexions. Ainsi, sensibilité et encéphale progressèrent de concert.

Le crâne du premier hominidé, l'Australopithèque, qui vivait 4 millions d'années avant notre ère, avait une contenance de 400 cm^3 ; le crâne de l'Homo habilis, 3 millions d'années avant nous, une contenance de 650 cm^3 ; le crâne de l'Homo erectus, 1,5 million d'années avant nous, une contenance de 1 000 cm^3. Le crâne de l'Homo sapiens, 500 000 ans avant nous, une contenance de 1 500 cm^3. Entre l'Homo erectus et l'Homo sapiens, les progrès ont été extraordinaires en regard de l'évolution : le million d'années qui les sépara ne représente que 50 000 générations. Plus important que l'accroissement de volume fut l'accroissement de la surface cérébrale ; il se réalisa par plissement, car les fonctions corticales se développèrent plus vite que le crâne ne s'agrandissait. L'expansion porta particulièrement sur le lobe frontal.

Ce fut donc sous la pression des sensations que le cortex s'agrandit et se plissa, et par l'inflation des émotions et des plaisirs que le lobe frontal s'accrut. Toutefois, il faut ajouter que le développement de l'habileté manuelle et du langage a également contribué à l'extension du cerveau. Mais ne sont-ils pas eux-mêmes sources de sensations et de plaisirs ?

Décadence

Si la sensibilité a joué un tel rôle dans le développement du cerveau humain et de l'humanité, on peut craindre que la dégradation des stimuli de la vie moderne ne fasse régresser l'encéphale et l'espèce humaine. C'est d'autant plus probable que, selon Jean-Pierre Changeux[1], l'extraordinaire progrès qui a abouti à l'Homo sapiens s'est arrêté. Toutes les études montrent que l'évolution du cerveau s'est subitement stoppée il y a 500 000 ans ; son volume n'a pas changé (1 500 cm^3 pour l'Homo sapiens et l'Homo sapiens sapiens) ; sa morphologie, ses plissements, ses sillons, ses vaisseaux (tous décelables par les empreintes endocrâniennes) se sont figés. On ne connaît pas la cause de cette cassure. Quoi qu'il en soit, l'évolution ayant cessé de faire croître son cerveau, l'homme doit faire avec ce qu'il a, et heureusement il est fort riche.

Sur ses 30 milliards de neurones, il n'en exploite que 10 milliards. C'est vrai, confirme Coppens[2], l'évolution biologique a toujours été en avance sur l'évolution technique et culturelle. Voyez nos lointains ancêtres ; chez eux, le décalage entre les possibilités du cerveau – qu'on peut déduire de sa

1. *L'Homme neuronal.*
2. Yves Coppens, cité par J.-P. Changeux *(ibid.)*.

morphologie – et de la technologie des outils était considérable. On retrouve les galets à facettes inventés par l'Homo habilis (3 millions d'années avant notre ère, 650 cm^3 de volume crânien) chez l'Homo erectus (1,5 million d'années avant notre ère, 1 000 cm^3 de volume crânien) ; et les haches acheuléennes de l'Homo erectus chez l'Homo sapiens (500 000 années avant notre ère, 1 500 cm^3 de volume crânien). De nos jours ce décalage se réduit, l'accroissement considérable des informations et des acquisitions techniques mettant sans cesse en jeu de nouveaux neurones. Cependant notre réserve de neurones vierges étant considérable sinon illimitée, le déploiement des possibilités de notre cerveau continuera malgré sa stagnation morphologique. Reste à savoir ce que l'homme fera des cellules disponibles, à quel objectif il les affectera.

Cette affectation obéira aux lois de la biologie et de la génétique, en particulier à la loi de « stabilisation sélective » de Jean-Pierre Changeux (*ibid.*) : *« C'est la capacité du système nerveux d'autosélectionner les circuits utiles. Ne subsistent en activité que ceux qui font preuve de leur utilité et de leur efficacité, c'est-à-dire ceux qui remplissent au mieux leur rôle : s'adapter à l'environnement* [...] *La structuration sélective de l'encéphale par l'environnement se renouvelle à chaque génération. »*

On voit tout de suite le danger qui menace notre sensibilité, nos plaisirs et l'humanité : les sollicitations sensorielles naturelles diminuant continûment, aucune part de la réserve de neurones vierges ne sera affectée à la sensibilité naturelle. Cela constitue une régression relative qui s'ajoute à la régression absolue par perte des neurones anciens affectés à la sensibilité, perte due à la nocivité des stimuli contemporains. Au total, c'est une décadence importante de nos fonctions sensitives et hédoniques qui nous guette.

Mais alors à quelles activités sera destinée la dernière part du gâteau neuronal ? Il est probable, compte tenu de leur prépondérance dans la civilisation industrielle, que la raison et la volonté de puissance en bénéficieront. Ce qui aboutira à un déséquilibre de notre psychisme. Il en sera fini de la race humaine telle que nous la connaissons.

« *Une dysharmonie profonde n'est-elle pas en train de se creuser entre le cerveau de l'homme et le monde qui l'entoure ? On peut se le demander. Les architectures dans lesquelles il se parque, les conditions de travail auxquelles il s'est soumis, les menaces de destruction totale qu'il fait peser sur ses congénères* [...] *sont-elles favorables à* [...] *un fonctionnement équilibré de son encéphale ? On peut en douter. Après avoir dévasté la nature qui l'entoure, l'homme n'est-il pas en train de dévaster son propre cerveau ?* » s'inquiète Jean-Pierre Changeux (*ibid.*).

Oui, assurément. La civilisation nous ayant fait sortir de la nature, l'évolution engendrera un monstre à tête froide : « *l'homme cybernétique* », expression que j'emprunte à Erich Fromm.

L'homme cybernétique

L'avènement de l'homme cybernétique est l'aboutissement de la guerre des quatre cerveaux : l'archéo-cerveau (siège des pulsions), le méso-cerveau (siège des émotions et du plaisir), le néo-cortex droit (siège de la synthèse, de l'intuition, de la créativité, de l'imaginaire et de l'émotion) et le néo-cortex gauche (siège de l'analyse, de la logique, de la raison, de la volonté et du calcul).

Jusqu'alors, dans notre culture occidentale, le cerveau gauche tendait à dominer les autres formations, mais sans pouvoir les réduire au silence. L'homme chrétien comme l'homme industriel pouvaient encore éprouver quelques émotions et laisser vaquer leur imagination. L'amour, les arts, les religions subsistaient. Chez l'homme cybernétique, le cortex gauche imposera sa loi. Ce sera un « cérébral », un être rationaliste, froid calculateur, matérialiste cupide, réductionniste impénitent, dominateur, ambitieux, insensible, cynique. Avec lui commence le règne de la raison pure et de la pensée objective.

L'homme cybernétique a pour la nature le plus grand mépris, elle représente une mine de matières premières, un réservoir d'énergie, rien de plus. Il accélérera le processus de destruction de la terre. À sa place, il érigera un monde de stuc, à son image et à sa convenance.

L'homme cybernétique se détache encore plus radicalement de son corps, de ses sensations, de ses émotions et de ses plaisirs. L'homme chrétien reniait son corps car il était source de péchés ; l'homme industriel l'exploitait comme un maître son esclave ; l'Homo cyberneticus ne le sent plus et refuse de le sentir. Mais il s'en sert : soit comme d'un bel écrin pour son moi, soit comme d'une mécanique bien rodée. Du reste, il le confie aux faiseurs de muscles qui lui donnent la top silhouette. Non, il ne néglige pas son corps, il le chosifie.

La vie affective de cet être s'est totalement atrophiée : sa raison censure toute émotion ; son manque de contact avec la nature et son corps le prive de toute sensation.

Que devient le plaisir lorsque l'on vit loin de la nature et hors de son corps, lorsque l'intellect résume la personnalité ? Il n'est plus qu'une jouissance égoïste, voire hygiénique, une recherche de performances, une satisfaction d'orgueil. Il cesse d'être une communion avec la nature, une béatification du corps, une relation à l'autre, un échange, un partage. Faire l'amour n'est que l'assouvissement technique d'une pulsion et l'affirmation d'une domination et non plus la fusion avec un être et au-delà de lui avec le monde. Faire du ski n'est qu'une course de vitesse et une démonstration de puissance et non la célébration de la splendeur des montagnes.

La créativité de l'homme cybernétique est réduite car la pensée créatrice prend sa source dans les émotions du corps, la quête du plaisir et le génie de la nature. De plus, le cerveau gauche devient stérile quand il se coupe des intuitions, de l'imagination, des fantaisies et des vues d'ensemble du cerveau droit. Les arts, tels que nous les entendons, disparaîtront. Que peut un artiste quand il a perdu le contact avec sa chair et les forces cosmiques ? Faute d'inspiration, il fait appel à la technique : ce sont les ordinateurs qui créeront et réaliseront les œuvres, toutes abstraites. Les images, les formes, les sonorités seront inédites, chatoyantes, brillantes, mais elles n'émouvront pas. Du reste, elles ne seront pas destinées à toucher les êtres, mais à meubler l'espace visuel et sonore. Alors qu'importe si elles n'ont pas d'âme !

À l'ère cybernétique, les relations entre les hommes se dégradent. Sans la chaleur des sentiments, sans le piment du plaisir, les êtres ne peuvent communiquer. Une mère ne peut comprendre son enfant « objectivement ». Si elle interprète correctement ses cris, c'est qu'elle sent « instinctivement » ce dont il a besoin. Un médecin ne peut saisir par son seul intellect la demande de son patient, seules son intuition et sa sympathie, dans leur beau sens étymologique, permettent un échange réel et efficace. On ne peut établir avec autrui une relation « objective » qu'en le réduisant au statut d'objet. Quand la raison a ses raisons que le cœur ne connaît pas, quand la logique et la volonté de domination l'emportent, les relations humaines ne peuvent qu'être des épreuves de force ; dans ce cas la raison du plus fort est toujours la meilleure. Quand l'intérêt est le seul but, quand le froid calcul et l'intelligence manipulatrice commandent, les relations humaines se résument à l'exploitation des plus faibles.

Incapable de jouir de la vie, incapable d'aimer les autres, l'homme cybernétique n'a que des objectifs matérialistes : posséder, produire, faire avancer la science. Ce dernier dessein serait louable s'il avait comme finalité l'épanouissement de l'homme. Hélas, les recherches scientifiques servent surtout la technologie et aboutissent à l'asservissement de l'homme par les machines, à l'exploitation et à la destruction de la nature. Pourtant, plus que d'un progrès technique, l'humanité a un urgent besoin d'un progrès de conscience : essentiellement l'acquisition d'une morale naturelle, la résolution de l'anxiété et le respect de la nature.

L'homme cybernétique ne croit plus ni en Dieu ni au diable. Pour lui la vie n'est que le fruit du hasard, la pensée le résultat de quelques flux d'ions. Il ne croit pas en l'âme. Du reste, il n'a pas d'âme, *« car l'âme*, affirme Lowen, *est une ouverture et une communion avec les autres et avec la nature »* (*ibid.*).

Quand les hommes cybernétiques se seront emparés de l'État, quand des superénarques remplaceront les élus, le pays sera asservi. Une administration omnipotente, omniprésente organisera et standardisera la vie des citoyens, leur travail, leurs logements, leurs transports, leur sexualité, leur naissance, leur mort et leurs « plaisirs ».

Peu à peu la population se scindera : d'un côté une caste d'êtres cybernétiques supérieurs qui occuperont les postes de commande, de l'autre la masse des gens « normaux » affectés aux tâches d'exécution. La cassure ne cessera de s'accentuer. Par manipulations génétiques se créeront des cerveaux gauches de plus en plus purs. Ces monstres mettront leur intelligence supérieure au service d'une agressivité persistante, qu'aucune sensibilité ne viendra plus tempérer. Un conflit titanesque entre deux groupes rivaux d'hommes cybernétiques supérieurs mettra un terme à l'aventure humaine. Ainsi se réalisera la prophétie d'Anouilh : *« L'intelligence, notre déesse – on s'en apercevra sur des ruines – ne peut rien seule. »*

Cette apocalypse n'est pas pour demain, dites-vous ? Mais ne voyez-vous pas que cette évolution terrifiante est bien entamée ? Déjà, la plupart d'entre nous ont quitté leur environnement naturel, déjà nous sentons ou ressentons moins, déjà nous calculons et rationalisons trop. Le cynisme envahit le monde, le désordre gagne les esprits.

Vous vous rassurez en vous rappelant que l'évolution est lente, les modifications génétiques insensibles ? Détrompez-vous, à la conception classique de l'évolution lente comme un glacier, s'oppose la notion nouvelle de « sauts génétiques » ; les transformations ne demanderaient pas forcément des millions d'années ; elles pourraient se faire en quelques générations. Les enfants de vos enfants peut-être... Du reste regardez autour de vous : ne connaissez-vous pas déjà des prototypes de ces monstres ?

Puissions-nous, avant qu'il ne soit trop tard, entendre l'avertissement de Schweitzer : *« L'homme est devenu un surhomme, mais le surhomme avec la puissance surhumaine ne s'est pas haussé au niveau de la raison surhumaine. Plus sa puissance grandit, plus l'homme s'appauvrit* [...] *Nos consciences doivent s'éveiller au fait que plus nous devenons des surhommes, plus nous sommes inhumains.* » (*Décadence et restauration de la civilisation.*)

6

La renaissance par le sensualisme

Puisque la régression de notre sensibilité menace notre cerveau, puisque la régression du plaisir nous rend malades, puisque le plaisir est le meilleur remède contre l'anxiété : sentons, ressentons, jouissons. Redécouvrons la prodigalité de notre corps et à travers lui la générosité de la nature. Savourons nos sensations, au lieu de les négliger. En un mot, redevenons sensuels. Mais je voudrais que l'on fasse de la sensualité plus qu'un mode de vie : une philosophie. Nous l'appellerions le « sensualisme ».

Le terme a déjà été utilisé au XVIIIe siècle ; il désignait la doctrine de Locke et de Condillac selon laquelle toute connaissance dérive des sensations. Cette thèse est exacte, mais sa dénomination impropre ; il aurait fallu dire : « sensationnisme », comme le faisait remarquer Sainte-Beuve qui précisait : « *Le mot sensualisme appelle naturellement l'idée d'un matérialisme pratique qui sacrifie aux jouissances des sens.* » Il rendait ainsi le terme « sensualisme » à la sensualité qui est, selon le Robert, « *le tempérament, les appétits et les goûts d'une personne sensuelle* ». Est sensuelle une personne « *portée à rechercher et à goûter tout ce qui flatte les sens»*, confirme ce dictionnaire. Justes, ces définitions ont cependant une connotation péjorative que je récuse ; la sensualité ne relève pas du matérialisme. Le sensualisme, nous le verrons, est une morale. « *La sensualité est la condition mystérieuse, mais nécessaire et créatrice, du développement intellectuel. Ceux qui n'ont pas senti, jusqu'à leur limite, les exigences de la chair sont incapables de comprendre toute l'étendue des exigences de l'esprit* », soutient Louÿs dans *Aphrodite.*

Ce que n'est pas le sensualisme

Il n'est pas une inflation de la sensibilité étouffant la raison, ce qui instaurerait un nouveau déséquilibre. C'est un rééquilibrage entre le cerveau gauche et le cerveau droit, entre le néo-cortex et les cerveaux anciens, entre l'intellect et le corps. « *Tout être humain est à la fois un animal et un porteur de culture. Quand ces deux forces opposées opèrent* [...] *leur fusion-création, il devient un animal culture. La culture est une superstructure érigée sur la base de sa nature animale et destinée à rehausser celle-ci.* » (Alexander Lowen, *Le Plaisir.*)

Il n'est pas non plus l'abandon à un hédonisme débridé qu'aucune autodiscipline ne freinerait, livrant le sujet à une vie dionysiaque ponctuée d'orgies.

Il n'est pas non plus le culte d'un corps réduit à ses apparences, l'adoration d'une musculature hypertrophiée, l'adulation d'une peau « cosmétiquée ». Le sensualisme c'est, en opposition au corps méprisé de l'homme chrétien et au corps exploité du travailleur, l'avènement d'un corps habité, radieux, glorieux.

Il n'est surtout pas la poursuite de plaisirs frelatés tels que nous en offre la « civilisation des loisirs ». « *L'important aujourd'hui,* écrit Lobsenz, *c'est d'avoir l'air de s'amuser* [...] *après un travail forcé, ne sont possibles que des loisirs forcés... on s'adonne à des plaisirs "artificiels", à des jouissances "organisées".* [...] *Derrière le manque de gaieté se cache une inaptitude croissante au vrai plaisir.* » *(Is anybody happy)*

« *Notre type de poursuite du bonheur ne produit pas le bien-être. Notre société est composée de gens notoirement malheureux, de gens solitaires, anxieux, déprimés, destructifs, qui sont satisfaits de tuer le temps qu'ils ont tant de mal à épargner.* [...] *Je ferai simplement remarquer* [...] *qu'en ce qui concerne le temps consacré aux loisirs, l'automobile, la télévision, les voyages et le sexe sont les principaux objets de la consommation actuelle ; et qu'au lieu de parler à leur propos d'"activités de loisirs" on ferait beaucoup mieux de les appeler "passivités de loisirs"* », renchérit Erich Fromm (*ibid.*).

Nature, source de tous les plaisirs

Alexander Lowen (*ibid.*) l'avait justement noté : « *Comme tout organisme animal, l'individu tâche de rendre son existence aussi heureuse que possible. S'il aborde cette tâche à partir du corps, il comprendra que le plaisir est une harmonie avec son milieu naturel. Il sentira que la joie est harmonie entre l'extérieur et l'intérieur.* » Si le contact, et mieux la communion avec la nature nous procurent un tel bien-être, c'est que nous sommes nous-mêmes une part de nature. Notre appartenance à la nature, nous l'avons toujours reniée : la nature, c'est ce que nous éprouvons en nous de matière et d'animalité. Et cependant cette appartenance est une réalité.

En tant qu'espèce nous sommes issus de la nature : *« L'homme, véritable produit de la nature, terme absolu de tout ce qu'elle a pu faire exister de plus éminent sur notre globe, est un corps vivant qui fait partie du règne animal, appartient à la classe des mammifères et tient par ses rapports aux quadrumanes*[1]. » En tant qu'individu notre substance ne diffère pas de celle de la nature : nous sommes faits du même carbone que les roches, de la même eau que la mer et les fleuves. Nous sommes composés d'atomes et de molécules comme tout ce qui existe. Nous sommes constitués de cellules comme tout ce qui vit. Et l'air, qui immerge toute chose, pénètre jusqu'au fond de nos poumons, jusqu'à la moindre de nos cellules. Nous ne subsistons qu'en puisant nos matériaux et notre énergie dans la prolifique nature. Oui, réellement, nous sommes partie intégrante de l'univers.

Aussi le plaisir survient lorsque la part de nature que nous sommes entre en résonance avec la nature qui nous baigne. Le plaisir, c'est le monde qui irradie dans notre être, c'est notre être qui se fond dans le monde, par la magie de la sensation. « *Cette sensation qui fait de moi une goutte d'eau traversée par le soleil, traversée des formes et des couleurs du monde, portant en vérité, comme la goutte d'eau, la forme, la couleur, le son, le sens dans ma chair*[2]. » Car c'est par notre corps que nous extrayons le plaisir du milieu naturel. C'est lui qui apprécie le parfum d'une fleur, le chant d'un oiseau, la fraîcheur de l'eau, le bleu du ciel, la chaleur du soleil.

1. Lamarck, *Philosophie zoologique.*
2. Jean Giono, *Jean le Bleu.*

Et quand nous nous rapprochons des forces vives de la nature, d'une forêt, d'un océan, nous nous sentons vivifiés, libérés, heureux. « *Homme libre, toujours tu chériras la mer* », s'écrie le poète, parce qu'elle est promesse d'évasion et fut source de toute vie. « *Arbre mon ami* », chantent les écolières, parce qu'il est prodigue, et qu'il osa, bien avant nous, se dresser sur la roche. La forêt et l'océan nous confondent de respect et de reconnaissance. La nature n'est pas une force dont il faut triompher, mais le moyen de rester humain.

Le sensualisme restaure en nous le sentiment de la nature, rétablit, selon l'expression d'Erich Fromm, une « *vision messianique de l'harmonie entre le genre humain et la nature* » (*ibid.*). Autrement dit le sensualisme rend à l'homme son âme. « *L'âme d'un homme réside dans son corps, c'est par son corps qu'il participe à la vie et à la nature. L'âme d'un homme c'est ce qui l'unit au passé et l'engage dans l'avenir, l'attache à la terre et le relie à toutes les créatures vivantes. Elle est à la base de son identification aux phénomènes cosmiques et la source du sentiment océanique d'union avec le monde* », confirme Alexander Lowen (*ibid.*).

Gide, plus que d'autres, avait compris à quel point la nature est source et école de plaisir. Dans sa préface des *Nourritures terrestres*, il donne le ton : « *Il me paraissait urgent de la* [la littérature] *faire à nouveau toucher terre et poser simplement sur le sol un pied nu.* » Nous qui pointons le nez vers d'autres planètes, ne devrions-nous pas revenir sur terre ? Le bonheur ne viendra pas de l'espace, non plus qu'il n'est venu du ciel ; il viendra plutôt de nos sens : « *Levez-les* [vos regards] *non vers le ciel creux mais vers l'horizon de la terre.* » L'exaltation est à portée de nos mains, mais nous ne savons pas la saisir : « *Tu ne t'étonnes peut-être pas assez. Tu n'admires pas comme il fau-*

drait le miracle étourdissant qu'est ta vie. [...] *Leçon de vie, leçon de plaisir.* »

Écoutons la nature nous enseigner le plaisir et la joie : « *Le bonheur d'être, dans toute la nature jusqu'à l'homme, l'emporte de beaucoup sur la peine* [...] *C'est vers la volupté que s'efforce toute la nature. Elle fait croître le brin d'herbe, se développer le bourgeon et le bouton s'épanouir* [...] *c'est pourquoi j'ai trouvé plus d'instruction dans la volupté que dans les livres* [...] *C'est de la joie que tu appelles fruit quand elle se fait succulence, et quand elle se fait chant, oiseau.* » Je voudrais que vous graviez en votre cœur ceci : « *Chaque animal n'est qu'un paquet de joie.* »

Le retour à la nature

Si l'on est contraint d'habiter la ville, il faut tout faire pour garder des contacts avec la nature.

Transformez votre cadre artificiel en un milieu plus sain en y apportant le maximum d'éléments naturels : peuplez-le de plantes, garnissez-le de fleurs et de fruits. Pots, vases et coupes, en grand nombre, seront dispersés dans tout le volume d'habitation. Chérissez et savourez ces portions de nature.

Habillez votre home d'étoffes naturelles. Rideaux, nappes et tapis seront en fils végétaux ou animaux et non en nylon. Recouvrez le béton des murs de matériaux naturels : toiles, lambris de bois et parements de brique ou de pierre.

Installez dans la salle de séjour un âtre et jouissez le plus souvent possible des vertus de ses flammes et de ses arômes.

Adoptez un chien ou un chat, choisissez un animal de compagnie qui s'adapte bien à la vie sédentaire. Sortez-le chaque jour. Nourrissez-le d'aliments naturels et offrez-lui un bac d'herbes.

Habillez-vous de tissus naturels : coton, lin, soie, etc. Nourrissez-vous de mets sains. Buvez des boissons saines : eau, lait, vin, jus de fruits pressés. Abstenez-vous des sodas de synthèse.

Allez, le plus souvent que vous le pouvez, au-devant de la nature. Pour vos courses, évitez les grandes surfaces, allez au marché où tous les produits de la nature s'étalent au grand jour. C'est un festival de couleurs et d'odeurs ; fleurs, fruits, légumes et fromages s'offrent à vous au naturel, sans emballages en plastique. Efforcez-vous chaque jour de marcher dans un jardin public ou de vous échapper quelque temps vers le bois ou la campagne la plus proche.

La meilleure chose que vous puissiez faire, ce serait d'avoir, en périphérie de la ville, un jardin comme certaines municipalités en allouent. Rien ne procure autant de plaisir et d'apaisement que de travailler la terre, de suivre la croissance de ce que l'on a semé et planté, d'en récolter les fruits et les fleurs. Si chaque citoyen avait un jardin, les fabricants de tranquillisants déposeraient vite leur bilan.

Les jours libres (jours de repos, week-ends, congés), fuyez la ville, allez vous unir à la nature, intelligemment, sensuellement. Prenez le train, n'oubliez pas votre bicyclette.

Protégez votre sensibilité des multiples sollicitations nocives. Défendez-vous du bruit : celui de l'extérieur, par une bonne isolation, celui de votre « intérieur » en évitant l'usage permanent des émetteurs de paroles et de musique (radio, télé, hi-fi) ; sélectionnez les émissions ; ménagez-vous des plages de silence.

Sachez aussi vous passer des bruyants gadgets électriques : ressortez des placards le moulin à café à manivelle, le bon vieux couteau à découper la viande, le presse-purée, le hachoir, la moulinette, le rasoir à main ; pour le plus grand bien de votre silhouette, car leurs usages sont autant d'exercices.

Méfiez-vous des agressions lumineuses des écrans cathodiques (télé, ordinateur, etc.) ; le « péril bleu » menace vos yeux, votre cœur, votre estomac, votre ligne et surtout votre équilibre psychique. Maîtrisez l'usage de ces appareils.

Défiez-vous aussi des agressions émotionnelles superflues : refusez les informations « sensationnelles » de certains médias ; évitez certains spectacles violents proposés par la télé, le cinéma, la scène. Toutes ces émotions artificielles et excessives malmènent votre cerveau affectif et nuisent également à votre cœur. Offrez-vous des émotions de qualité.

Cependant il ne suffit pas de se rapprocher de la nature, encore faut-il percevoir ce qu'en disent nos sens. Si vous le permettez, je vous donnerai quelques conseils pour réapprendre à sentir et à jouir.

DÉVELOPPER SA SENSUALITÉ

« Sentir, jouir, cela s'apprend-il ? » Sans doute cela se réapprend-il ! Tant de forces contraires nous l'ont désappris.

« Existe-t-il des appareils pour développer sa sensualité ? » Votre question ne me surprend pas ; de nos jours on pense que tout s'obtient en pressant un bouton. Eh bien non ! Aucune technologie ne peut nous rendre plus sensuels.

On peut évidemment faire appel à des techniques qui renforcent la puissance de nos organes sensoriels. On peut, par exemple, utiliser des appareils optiques (loupe ou jumelles) pour jouir de la vue d'objets peu visibles – admirer des chamois farouches – ou se servir de micros pour capter des sons difficilement audibles – entendre le chant du rossignol – mais les moyens sont limités et n'améliorent pas la sensibilité.

On peut aussi recourir aux techniques de « bien-être ». De fait, elles amplifient notre sensibilité. L'« inducteur d'ondes alpha » améliore notre réceptivité aux sollicitations externes : le « rétro-contrôle cérébral » (biofeedback) et le « caisson d'isolation sensorielle » (tanking) aiguisent notre réceptivité aux sensations internes, dites cénesthésiques. Ces nouvelles techniques sont d'excellents moyens pour apaiser notre anxiété. Toutefois en matière de sensualité leur intérêt est limité.

« Faute de " techniques " valables, il doit exister des " méthodes " pour développer sa sensualité : il existe bien des méthodes pour apprendre l'anglais ! » Vous êtes décidément trop rationnels ! Non, il n'y a pas de « méthode » d'apprentissage de la sensualité. En revanche, il y a des méthodes qui provoquent des états de conscience favorables à l'accueil des sensations : la relaxation, la sophrologie et la méditation transcendantale, par exemple, engendrent « un état de conscience élargie » qui se traduit sur les électro-encéphalogrammes par l'apparition d'ondes alpha subvigiles.

En vérité, pour développer sa sensualité, rééduquer sa sensibilité, il ne faut compter que sur soi. Être sensuel, c'est avant tout une disposition d'esprit. On peut l'acquérir par des moyens « artisanaux », c'est-à-dire naturels, simples et de surcroît très agréables.

La virginité

Qui, se retrouvant au sortir d'une longue maladie, dans une rue baignée de soleil, n'a ressenti la primeur de toute chose ? C'est comme si l'on découvrait le monde pour la première fois. Tout paraît neuf à nos sens longtemps épargnés : la lumière trop blanche, l'air si frais, les odeurs emmêlées, les bruits, les cris. Quelle ivresse de respirer profondément, de se mouvoir avec aisance ! Alors vivre est plus qu'un bonheur, c'est une volupté.

Cette virginité que nous confère la convalescence, nous la retrouvons dans l'état amoureux. C'est une renaissance aussi. L'éclat nouveau du soleil nous transporte, le chant inédit des oiseaux nous remplit d'allégresse. Retendues, les cordes de notre sensibilité vibrent intensément.

Cette fraîcheur des sensations est également celle de l'enfant. Ses sens vifs et ouverts frémissent au moindre souffle, son esprit curieux est prompt à se laisser ravir. « *Le sage est celui qui s'étonne de tout... Je crois qu'il y a souvent plus de sagesse dans l'enfant que dans le vieillard* », dit Gide (*ibid.*).

Hélas, tandis que nous avançons en âge, nos sensations se ternissent ; notre œil se recouvre d'une taie, notre ouïe s'emmure et notre âme cesse d'être une lyre. Trop de sensations nocives nous ont usés. Et surtout trop de rationalité a séquestré notre conscience. « *La prison, c'est notre raison qui fragmente, contrôle, se tourmente, planifie, nous empêche d'être. Notre besoin de faire face aux soucis quotidiens prive notre conscience du miracle de la conscience* », écrit Marilyn Fergusson.

Comment retrouver cette virginité, condition première de la jouissance ? Faute de pouvoir récupérer un cerveau de nouveau-né, il faut s'efforcer de recouvrer « *le regard d'un enfant au réveil* », suggère Rosie Bruston dans son *Petit manuel de rééducation psychosensorielle.* Décidez, par un acte délibéré, de recevoir les sollicitations comme si elles étaient nouvelles ou comme si vous étiez nouveau : écarquillez les yeux, ouvrez vos oreilles, humez avidement, goûtez, dégustez, touchez, palpez avec une ferveur volontaire. À un patient victime d'un infarctus, j'avais conseillé de se promener chaque jour, lentement, en s'attachant à détailler tout ce qu'il voyait. Il m'affirma avoir découvert et admiré, dans chaque rue, sur chaque façade, dans chaque square, des ornements d'architecture et autres curiosités qu'il ignorait, alors qu'il fréquentait ces lieux depuis toujours. Il faut aussi partir à la découverte des sites, des villes et des pays nouveaux, les sens aux aguets. Les voyages ont également le pouvoir de réveiller notre don d'émerveillement.

Dans cette démarche, Gide est un guide inégalable : « *Dès ce jour, chaque instant de ma vie prit pour moi la saveur de nouveauté d'un don absolument ineffable* [...] *Je savourais souvent, dans mes courses du matin, le sentiment d'un nouvel être, la tendresse de ma perception* [...] *Je me suis fait ductile, à l'amiable, disponible, pour tous mes sens, attentif, écouteur jusqu'à n'avoir plus une pensée personnelle, capteur de toute émotion en passage.* » (*Ibid.*)

Gravez en votre cœur ceci encore : « *Regarde le matin comme si toute chose y naissait. Que ta vision soit à chaque instant nouvelle.* » (*Ibid.*)

Vivre l'instant

Lorsqu'on observe un paysage avec une longue-vue, on voit parfaitement et exclusivement la zone dans le champ de l'objectif. Si l'on déplace l'appareil en deçà ou au-delà, on perd la vision de la zone précédente. Il en est de même de la sensation : elle est maximale, quand la conscience est braquée sur l'instant présent. Mais, si l'on déplace son attention vers le passé ou le futur, on perd le contact avec la sensation.

La seconde condition pour goûter les joies de nos sens est donc d'être concentré sur le présent. Or nous avons une fâcheuse tendance à vivre en dehors du présent qui coule en nous, retenus que nous sommes dans le passé ou précipités dans l'avenir. Nous vivons en quelque sorte à côté de nous. « *Que de saintes jouissances échappent à ceux qui ont des yeux et ne voient point, des oreilles et n'entendent point* », regrette Pierre d'Espinoy[1]. Il nous faut balayer devant la porte de l'instant, en chasser ruminations, préoccupations et appréhensions. C'est maintenant et ici qu'il faut jouir.

Pour y arriver il faut, ici encore, faire un acte volontariste, que le docteur Vittoz appelait « *l'acte conscient* » : « *Décidons, plusieurs fois par jour, de suspendre l'automatisme de nos actions, de débarrasser notre conscience de toute pensée parasite et d'être tout entier à ce que nous faisons : bien voir ce que nous regardons, bien écouter ce que nous entendons, bien sentir ce que nous touchons, être pleinement présent au geste que nous accomplissons.* "Age quod agis" ("Fais ce que tu fais", *ou mieux* : "Sens ce que tu sens"). *L'acte conscient nous ancre dans le présent et nous offre des sensations "plénières".* »

Prenez garde de n'avoir pas à soupirer un jour, comme Marilyn Fergusson *(ibid.)*: « *Nous avons ajourné notre vie en ne faisant jamais attention au moment présent.* » Criez plutôt, comme Faust, à la minute qui passe : « *Arrête-toi, tu es si belle !* » Ce que je pourrais vous dire encore de l'instant n'égalerait point ce que Gide en a écrit :

« *Le présent serait plein de tous les avenirs si le passé n'y projetait déjà une histoire* [...] *La poule échappée des serres du faucon aussitôt se remet à*

1. *La Psychothérapie du docteur Vittoz.*

picorer le grain, aussi insouciante que d'abord, car [...] l'animal vit dans le présent, de sorte que le plus grand nombre de nos maux imaginaires, habitant la représentation du passé (regrets, remords) ou l'appréhension de l'avenir, lui sont épargnés. [...]

Instants ! tu comprendras [...] de quelle force est leur présence ! Car chaque instant de notre vie est essentiellement irremplaçable. Sache parfois t'y concentrer uniquement. [...] Je pris l'habitude de séparer chaque instant de ma vie, pour une totalité de joie, isolée. [...] Ne distingue pas Dieu du bonheur et place tout ton bonheur dans l'instant [...] Ô ! toi qui viendras, sois plus habile : saisis l'instant. » (*Ibid.*)

Être attentif

Pour bien percevoir une sensation, il faut être attentif. «*Être attentif majore le message, être distrait le diminue*», précise Jean-Pierre Changeux (*ibid.*). Des expériences prouvent que si l'on dirige son attention de manière sélective sur un organe des sens, on majore l'effet des excitations.

Ayant placé des électrodes sur la tête d'un sujet, enregistrons les potentiels électriques déclenchés par un bruit sec. Dans une première expérience, ne révélons pas au sujet la nature de l'excitation. Sur l'enregistrement, on note un accroissement du potentiel électrique sur l'ensemble du cerveau, mais toutefois plus important dans l'aire temporale, centre des sensations auditives. Dans une seconde expérience, on prévient le sujet qu'il va entendre un bruit et on lui demande de fixer son attention sur son ouïe. L'accroissement du potentiel dans l'aire temporale est beaucoup plus important. Répétons l'expérience au niveau de la vue que l'on sollicite par un éclair lumineux : on constate également que la fixation de l'attention accroît l'amplitude des ondes dans la zone occipitale, centre de la vision.

Choisir d'être attentif à un sens facilite donc la transmission et la réception des messages correspondants. Cette « facilitation » est le fait des noyaux de la « substance réticulée activatrice ascendante ». Cette formation, qui grimpe dans l'axe du tronc cérébral, contribue à maintenir le cortex en éveil. Ce que Jean-Pierre Changeux analyse en ces termes : *« Appréciant ce qui se passe " dehors ", ils* [ces noyaux] *allument ou éteignent tantôt des domaines considérables de l'encéphale, tantôt des aires très précises du cortex, voire des points particuliers de celui-ci... Ils jouent en quelque sorte le rôle de console du " grand orgue " cortical, mettant en jeu tel clavier ou tel jeu. »* (*Ibid.*) Dans l'attention, les noyaux de la « réticulée », accélérant la circulation des influx sensoriels vers le cortex, provoquent un hyperéveil d'une aire corticale sensorielle. L'attention est une survigilance ; les neurotransmetteurs sont l'acétylcholine et la dopamine.

Il faut veiller à ce que l'effort d'attention n'entraîne pas une tension de l'être. Ce qui est souhaitable, c'est une attention flottante, un état de disponibilité. On peut bien « tendre l'oreille », « fixer du regard », « retenir son souffle » quelques instants, mais se crisper dans un « qui-vive » permanent serait la meilleure façon de ne pas jouir des sensations.

Nous savons que toute contracture musculaire, et notamment celle des muscles respiratoires thoraciques, s'oppose à l'épanouissement de la sensation. C'est en provoquant des spasmes musculaires chroniques et des blocages respiratoires que la répression du plaisir a entraîné une inaptitude à jouir. Le plaisir ne peut éclore que si la respiration et les mouvements sont libres.

Pour améliorer la qualité de notre attention sensorielle, apprenons donc à relâcher nos muscles et à respirer. Nous pouvons nous initier à des méthodes de « relaxation » (training de Schutz, sophrologie de Caycedo, etc.). Nous pouvons aussi, quand nous voulons nous détendre simplement, nous appliquer à respirer avec le ventre, ce type de respiration relâchant l'ensemble de notre musculature, ou bâiller.

S'abandonner

De ce « laisser-faire » délibéré qu'est l'attention flottante à un « laisser-aller », il n'y a qu'un pas. Franchissez-le. Pour avoir du plaisir, il faut « lâcher tout », laisser le corps vibrer au rythme des excitations et manifester sa joie. Pour jouir il faut que le moi abdique sa domination sur le corps et que la volonté s'efface.

C'est ce que préconise Alexander Lowen (*ibid.*) : « *Comme l'auditeur d'un concert ferme les yeux et se laisse envahir par la musique, celui qui jouit laisse la sensation se rendre maîtresse de son être... Le plaisir ne peut être possédé. Il faut s'abandonner au plaisir... laisser le plaisir prendre possession de son être.* »

André Gide, déjà, conseillait : « *Je ne sentais parfois plus à mon corps de limite... Voluptueusement, il devenait poreux comme du sucre, je fondais* [...] *Nathanaël que chaque attente, en toi, ne soit même pas un désir, mais simplement une disposition à l'accueil* [...] *Combien de ce matin... de cette pulsation de ton être, la sensation te donnerait plus de délices encore, si tu savais t'y donner tout entier.* »

L'abandon est la condition primordiale de la jouissance. Sans abandon, des excitations habituellement agréables peuvent se faire désagréables : une musique est déplaisante si on la subit ; une danse est pénible si on y renâcle ; une relation amoureuse douloureuse si on y résiste.

Inversement des sensations désagréables peuvent devenir supportables, voire agréables si on les accepte et s'y abandonne. Pendant un exposé de Paul Chauchard, le bruit d'un ventilateur gênait l'auditoire ; le conférencier nous fit remarquer que ce bruit parasite – qui ne nous empêchait pas de l'entendre – nous irritait parce que nous le refusions. Il nous demanda d'écouter le ventilateur et de l'accepter, puis se tut ; alors le bruit se fit doux ronronnement. Quand il reprit son exposé, le bruit ne nous gênait plus.

C'est du reste une façon efficace de lutter contre les effets néfastes du stress : quand on ne peut fuir un stress, il faut s'y soumettre. Si on se laisse porter par un flux de sollicitations agressives, elles peuvent devenir neutres, sinon bienfaisantes. Si on lutte à contre-courant, elles seront plus douloureuses.

Souvenez-vous : une nuit vous aviez pris le Paris-Vintimille. À peine installé sur votre couchette, vous vous étiez aperçu que vous étiez placé au-dessus des boggies. Vous vous étiez dit : « Avec ce bruit et les secousses, je ne saurais dormir. » Et vous n'aviez pas dormi. Au retour, vous trouvant encore à la verticale des essieux, vous vous étiez dit : « J'adore ce tempo régulier, j'aime ces vibrations rythmiques, je me laisse pénétrer et bercer par le son et les mouvements, ils sont mes amis... » et vous aviez dormi comme un enfant. Vous aviez remplacé votre « crampe cérébrale » par un bienheureux « laisser-aller ».

Lorsqu'on ne peut éviter un stress, il faut trouver toutes les raisons de l'accepter ou même de l'aimer. « *Les causes des stress paraissent s'évanouir sous l'effet de cette attention paradoxale* », constate Marilyn Ferguson (*ibid.*).

Revenons à la sensualité. À l'extrême, l'abandon peut devenir un don, c'est-à-dire un engagement total dans l'activité. C'est ce que font les enfants. Eh bien, laissons notre part d'enfance l'emporter ! Alors, l'activité devient jeu, où le désir de jouir s'allie au besoin de s'exprimer et à la puissance créatrice.

« Désir, beau désir »

Il faut aussi s'ingénier à faire durer le désir. Il y a dans le désir suspendu, dans l'attente du plaisir une telle volupté ! Et plus se prolonge l'expectative, plus le désir brûle et plus la volupté flamboie. L'anticipation du plaisir donne souvent une félicité si parfaite que c'est à peine si la réalisation pourrait en offrir de meilleure.

Du reste s'assurer un plaisir, n'est-ce pas le déflorer ? Obtenu, le plaisir s'épuise promptement, alors que le désir retenu s'amplifie. La volupté du plaisir s'abrège d'elle-même, tandis que la volupté du désir s'élargit sans cesse.

Aussi il faut savoir, parfois, faire plus que différer l'acmé du plaisir : y renoncer carrément. Alors la sensualité s'exacerbe. L'exemple le plus admirable du désir porté à un degré suprême de plaisir est, comme l'enseigne le *Tao*, l'art d'aimer sans éjaculer.

Le temps pour jouir

L'homme industriel vit sur un rythme trop rapide. « *Time is money.* » Il lui faut beaucoup produire et acquérir beaucoup, donc travailler et se déplacer trop. Pour gagner du temps, il a construit des machines qui produisent à une cadence accélérée ou le transportent à grande vitesse. Mais ces machines l'ont happé et l'entraînent à leur train d'enfer.

Ce rythme, surtout, ne lui laisse pas « le temps de vivre », c'est-à-dire de sentir et de jouir. La rapidité est incompatible avec la sensualité. On ne sent bien, on ne jouit bien que si l'on prend conscience de la sensation ; la sensation n'apparaît dans toute sa pureté et sa splendeur que si le flux de la conscience est retenu et limpide.

Essayez de vivre plus lentement, quitte à réorganiser votre vie, à revoir vos objectifs et vos priorités. Offrez-vous, plusieurs fois par jour, des plages de sensualité. N'attendez pas de trouver le temps, prenez-le. Arrêtez votre voiture quelques minutes en lisière d'un bois. Interrompez votre tâche pour admirer le couchant. Suspendez vos pas pour écouter cette grive. Profitez des temps morts – attente, transports – pour vous recueillir sur une sensation.

Une sensation à la fois

Pour jouir pleinement d'une sensation il faut parfois l'isoler. S'il est vrai, dans certains cas, qu'en s'associant des sollicitations s'exaltent, plus souvent elles se parasitent.

C'est pourtant un autre travers de la vie moderne que de multiplier les sollicitations sensorielles. Pauvres sens : au travail, ils sont assaillis par un feu croisé de sensations violentes, au cours de certains « loisirs », ils sont mitraillés par une profusion incohérente de décibels, flashes, spots, etc. Et quand nous pourrions leur offrir un havre de paix, nous prenons un malin plaisir à les soumettre à une surimpression de messages : manger et lire, manger et regarder la télévision, lire ou travailler en écoutant de la musique et, comble d'ineptie, se promener dans la campagne ou sur une plage avec un transistor.

Cette pléthore de sensations désordonnées et excessives, qui se mêlent et se superposent, constitue une véritable agression sensorielle incompatible avec le plaisir. Pire, elle entraîne de la fatigue et aggrave l'anxiété.

Le maître zen, contesté par de turbulents disciples lui demandant d'où lui vient son autorité, répond : *« Quand je mange, je mange ; quand je bois, je bois. »*

Soyons puristes, sachons démultiplier nos sensations pour les savourer pures et uniques.

Voilà les principes qui vous aideront à développer votre sensualité.

Vous pourriez les mettre en pratique de façon parfaite en effectuant des stages dans des centres qui initient à l'œnologie, à la gastronomie, à la parfumerie, à la tapisserie, à la peinture, à la décoration, à la musique, bref à toutes les formes d'art. Pour affiner votre toucher, je vous engage vivement à apprendre le « massage euphorique ». Je vous donnerai, en annexe, des références.

UNE MORALE NATURELLE

La recherche du plaisir, affirment certains moralistes, n'est pas un but digne de l'homme, c'est une préoccupation matérialiste, génératrice d'égoïsme, de paresse, de stupre, de lucre. Pourtant je suis persuadé que le sensualisme peut être une morale naturelle.

Au revoir tristesse

Je voudrais tout d'abord dénoncer cette complaisance à la souffrance si répandue en Occident où l'on en fait l'une des plus hautes valeurs morales. Cette tendance masochiste nous vient de la religion judéo-chrétienne. Les prophètes de malheur voulurent absolument faire de cette terre riante un purgatoire. Et de brandir les malédictions de la Genèse (« *Tu travailleras...* », « *Tu enfanteras...* ») et les béatitudes du sermon sur la montagne (« *Heureux les affligés, heureux ceux qui ont faim et soif, heureux ceux qui sont persécutés...* »). À les entendre, pour plaire à Dieu, il faut absolument être affligé, affamé ou persécuté. Par quelle perversion nous enseignent-ils que la tristesse est une vertu, le malheur un bienfait et la souffrance le seul moyen d'accéder au bonheur dans un autre monde ? Au fait pourquoi attendre un autre monde ?

Cette complaisance à la souffrance, la littérature n'y a pas échappé : tandis que la poésie s'abîmait dans les larmes, et la philosophie dans l'affliction, le romantisme cultivait la mélancolie, et le réalisme le misérabilisme. Pour les littérateurs comme pour les prêtres, la joie est d'un vulgaire ! Pourtant, dénonce Gide, « *il y a, dans le renoncement à la joie, de la faillite et comme une sorte d'abdication, de lâcheté* » (*ibid.*).

Charité bien ordonnée...

Confucius a dit ne pouvoir être heureux tant qu'un homme souffrirait. De fait tout être sensible et généreux se pose la question : ai-je le droit de rechercher le bonheur et le plaisir quand d'autres souffrent ? Assurément oui, si cette recherche ne nous détourne pas de nos devoirs envers eux et envers tous les hommes. Tel est le cas du sensualisme, véritable ouverture aux autres et à la nature.

Il est vrai que le plaisir est facteur d'altruisme. Être heureux soi-même est une condition pour aider les autres à trouver le bonheur. Comment voulez-vous communiquer aux autres la joie quand vous ne la possédez pas ? Quelle solution pouvez-vous proposer à la souffrance quand vous-même n'en n'avez pas trouvé ? Pour aimer son prochain, il faut d'abord s'aimer soi-même : *« Aimez votre prochain comme vous-même... »* a dit le Christ. L'adage populaire renchérit : *« Charité bien ordonnée commence par soi-même. »* S'aimer, c'est d'abord aimer son corps, ses sens, ses plaisirs, puisque le corps est la seule réalité tangible.

Il est faux que le plaisir mène à l'égoïsme. Au contraire, il est chaleur : l'être sensuel est chaleureux, sa peau est chaude et colorée. Il est ouverture : le sensuel s'ouvre aux autres et au monde, ses yeux s'agrandissent, ses narines se dilatent, ses lèvres sont gourmandes. Il est partage : l'hédoniste authentique est un prosélyte qui n'a de cesse qu'il ne convertisse les autres à ses goûts, ses joies s'amplifient quand elles sont partagées. Le vrai mélomane ne jubile jamais autant que dans cette concélébration de la musique qu'est un concert. L'amant idéal s'ingénie à donner autant d'émois qu'il en reçoit.

Le bon vivant est bien vivant, gai, généreux, tolérant. Le « pécheur » est riche de ses « péchés », il a vécu au cœur des êtres et en sait les vraies pulsations, il a mordu à tous les fruits et en connaît le goût. Sa richesse, ce sont ses découvertes, ses joies et ses regrets. Bienheureux le pécheur, car il a connu le plaisir et a appris le pardon.

Inversement le renoncement au plaisir recroqueville l'individu, le ferme, le durcit. Le vertueux est trop souvent un pisse-froid à la peau pâle et glacée, un triste à la bouche amère, un obtus aux traits contractés, un avare aux doigts rétractés. Intolérant, moralisateur, c'est souvent un hypocrite qui prend en secret ses furtifs plaisirs.

Le plaisir permet d'« être »

Le sensualisme restaure l'homme au plan de l'« être ». Le sensualisme sauvera l'homme industriel et l'humanité de la décadence. Nous savons que celui-ci vit sur le mode de l'« avoir », c'est pourquoi il veut acheter toujours plus de biens, d'appareils, de gadgets et de voyages aseptisés. Le mal engendré par cette cupidité est infini. On lui doit l'insatisfaction qui ronge les individus, les conflits qui les opposent, l'exploitation des uns par les autres, les dictatures, la destruction de la nature, la guerre entre les nations. C'est pourquoi presque tous les fondateurs de religions ont condamné la propriété privée. Jésus fut le héros du non-avoir et l'inventeur *« de l'idée que le non-avoir est la prémice de l'"être" »*, selon l'expression d'Erich Fromm. Bouddha pensait de même.

On ne peut « être » qu'avec son corps : nous l'avons vu, le sentiment de soi est la somme de toutes les sensations à un moment donné. Le moi ancré dans le corps s'identifie à lui. « Être », c'est « être bien dans son corps » et en jouir. Être, c'est « être bien vivant », et se sentir en étroit contact avec la vie de son corps perçue de l'intérieur. Être, c'est donc vivre en harmonie avec son corps, avec ses semblables et avec la nature.

« *Par être,* écrit Erich Fromm, *j'entends le mode d'existence où on n'a rien, où on ne désire pas ardemment quelque chose, mais où on fait un avec le monde* [...] *Être, ce serait alors appartenir à cette fabuleuse aventure de la vie qui passe à travers nous, nous constitue et nous dépasse.* » Marilyn Ferguson (*ibid.*), autre partisan de l'être, renchérit : « *La réussite, c'est vivre en harmonie avec l'univers.* » Ce désir de communier avec la nature, c'est justement l'essence du sensualisme.

L'être est authentique car c'est vivre par soi-même, son corps et les pensées qu'il engendre. L'avoir est apparence, c'est exister par procuration. L'être est pacifique, car c'est l'épanouissement de sa nature, de sa sensibilité, de son esprit, dans le respect des autres et de la nature. L'être est égalitariste, car chacun a un corps sensible et la nature est à tout le monde. L'être est écologique, car celui qui fait son bonheur de l'univers ne peut lui nuire.

« *Volupté ! ce mot, je voudrais le redire sans cesse ; je le voudrais synonyme de* bien-être, *et même qu'il suffît de dire* être, *simplement.* » (Gide, *ibid.*)

Non le luxe mais le dénuement

« *Certains ne savent voir dans ce livre qu'une glorification des désirs et des instincts. Pour moi... c'est plus encore une apologie du dénuement.* » Je pourrais faire miennes ces paroles de Gide, car pas plus qu'il ne mène à la dépravation, le sensualisme ne procède d'un penchant pour le luxe.

Il n'est pas nécessaire d'avoir pour être et il suffit d'être pour jouir. Je prétends même que la jouissance et la simplicité – je dirai même l'ascèse – ne sont nullement antinomiques. On trouve autant de plaisir dans le dépouillement que dans le raffinement. L'ermite trouve autant de joie à vivre dans l'austérité que le riche dans l'opulence, ainsi que le démontre André Gide (*ibid.*). « *Je me plaisais à d'excessives frugalités, mangeant si peu que ma tête en était légère et que toute sensation me devenait une sorte d'ivresse* [...] *Le plus frugal repas me devenait alors excessif comme une débauche et je goûtais lyriquement l'intense sensation de ma vie. Alors l'apport voluptueux de mes sens faisait de chaque objet qui les touchait, comme un palpable bonheur.* »

On peut faire ses délices des sensations élémentaires qu'offre la nature : les couleurs, les odeurs et les chants. La nature étant à tout le monde, je l'ai dit, chacun peut en jouir sans posséder d'autres biens que ses sens. Les jardins, les squares, les parcs publics, les parcs régionaux, la campagne, la mer, la montagne recèlent des trésors pour qui sait regarder, écouter, sentir.

On peut, de même, faire ses délices des plus simples offrandes de la terre. On peut se délecter d'un fruit, savourer un verre d'eau fraîche, se régaler d'un morceau de pain. Apprenez, par exemple, à retrouver le goût du pain, fait de glèbe, de froment et de fournil, en mâchant longuement une bouchée de mie. Oui, il faut réapprendre à jouir pleinement des choses simples. Et il faut réapprendre la simplicité. Il faut pour cela revenir en soi, être présent à ses sensations. Il faut être infiniment conscient. « *On peut ressentir du plaisir dans les circonstances ordinaires de la vie, car le plaisir est une manière d'être* », confirme Alexander Lowen *(ibid.)*.

Un Américain, Richard Greg, écœuré par le consumérisme de ses concitoyens, s'est fait le théoricien d'un nouveau style de vie : « *La simplicité volontaire* ». Il préconise de concentrer son énergie sur ce qui compte réellement, de résister aux besoins artificiellement créés, de consommer avec circonspection. Il conseille d'apprécier, en les approfondissant, les plaisirs ordinaires, de redécouvrir l'importance de notre avoir réel, d'éviter de le changer ou de l'accroître sans cesse (appareils divers, voitures, meubles). Il recommande de mieux apprécier l'affection de nos amis, de nos animaux, de tirer un meilleur profit de nos livres, de nos disques, de notre jardin. Il nous engage à exploiter nos talents en friche (peinture, musique, théâtre). Il propose de vivre plus intensément le moment présent. « *Pour la plupart de ceux qui la pratiquent,* écrit Marilyn Ferguson, *la simplicité volontaire n'est ni altruiste ni un sacrifice. Elle peut même relever de l'hédonisme, car un style de vie simple est un plaisir en lui-même.* »

Ainsi, loin d'être une consommation effrénée de plaisirs terrestres, le sensualisme incite non à l'abus mais à l'ascèse, comme le ferait une extrême sagesse.

Sens et quintessence

Toute chose est vraie... ainsi que son contraire. J'ai loué l'ascétisme, je célébrerai le raffinement. Raffiner un plaisir, c'est en extraire les plus subtiles nuances et en multiplier les agréments. Le raffinement est une humanisation, une spiritualisation du plaisir. Au départ est la pulsion animale, jaillie de nos cerveaux archaïques, vive et bonne. Il faut en conserver la vigueur, c'est la vie même, mais en transformer le jaillissement, c'est le rôle de notre néo-cortex. Par la magie de notre cerveau droit, l'instinct sexuel se fera poèmes et bouquets de fleurs, caresses et tendresse. En un mot, la libido se fera Amour. De la même façon, la faim se fera gastronomie, l'agressivité tournois ou sport. Le raffinement fait de la satisfaction de nos besoins un art. Parodiant Paul Géraldy, je dirai qu'en matière de plaisir *« il n'y a pas de péché, il n'y a que des fautes de goût »*. Rien n'est peccant qui est beau. Ici l'esthétique vient au secours de l'éthique.

Autre aspect moral du raffinement : il exalte notre créativité. Il pousse à inventer sans cesse d'autres mets, d'autres vins, des parfums nouveaux, des chants originaux, des caresses inédites. Or, la création, nous l'avons vu, est une faculté intellectuelle supérieure qui élève l'homme au-dessus des animaux.

Enfin le raffinement est le meilleur antidote contre les abus ; il nous protège des excès mieux que les interdits. Si, par exemple, prenant un verre de vin, les sujets le miraient, le humaient ; si, buvant une gorgée, ils la goûtaient et s'en délectaient et s'ils l'avalaient recueillis, il n'y aurait plus d'alcoolisme. Si, faisant l'amour, ils s'appliquaient à offrir les plus fines délices, il y aurait moins de couples perdus et d'êtres angoissés. Le sensualisme sert la morale autant que la santé.

Travail et plaisir

Travail et plaisir ne sont pas forcément incompatibles. Le travail peut procurer du plaisir et le plaisir peut favoriser le travail.

Le travail peut engendrer le plaisir : nous savons que l'exercice physique (le jogging, par exemple) provoque un état d'euphorie ; et la réalisation d'une œuvre intellectuelle (écrire, par exemple) une véritable jouissance. La biologie nous a appris que l'activité physique aussi bien que l'activité intellectuelle s'accompagnaient de sécrétion de neuro-hormones du plaisir.

Quelles sont les conditions d'un travail joyeux ? La première est que l'individu s'engage librement dans la tâche ; elle doit faire l'objet d'un choix délibéré, ne pas être une corvée. Si nous nous rendions au travail aussi librement qu'au stade ou au spectacle, nous aurions toujours plaisir à œuvrer. Ce n'est pas l'effort qui est déplaisant, nous en fournissons autant, sinon plus, dans nos plaisirs, c'est la contrainte.

L'autre condition d'un travail heureux, c'est que l'être puisse y épanouir toutes ses qualités physiques et intellectuelles, sa force, son habileté, son esprit d'analyse et de synthèse, son intuition, sa sensibilité, sa sociabilité et surtout sa créativité ; le travail est agréable s'il donne l'occasion d'exercer son imagination créatrice. Si le seul objectif du travail est la production stéréotypée ou l'application automatique de méthodes, il transforme l'homme en robot et le prive de plaisir.

Inversement le plaisir améliore le travail. Plus on a de plaisir à travailler, plus on est capable de réalisation et d'innovation ; le plaisir exalte particulièrement la créativité. Comme l'imagination est ce qui distingue l'homme de l'animal, on découvre ici un autre aspect moral du plaisir.

Hélas, à l'ère industrielle, il existe une cassure dramatique entre le travail et le plaisir. Le morcellement des tâches, les cadences, le non-sens, la non-créativité, les nuisances, rendent le travail pénible.

Le sensualisme est-il une morale ?

Jouir n'est pas pécher : « *Pécher, ce n'est pas désobéir à une autorité irrationnelle, mais violer le "bien-être" humain* [...] *Le bien-être est déterminé par notre compréhension rationnelle de la nature humaine et des normes qui, fondées sur cette nature, sont favorables à notre croissance et notre bien-être optimaux.* » Ainsi parlait saint Thomas d'Aquin.

Le plaisir peut-il être une nouvelle morale ? Oui, si par morale on entend un mode d'emploi de la vie. Or, s'il ne peut être le but de la vie, le plaisir peut être le moyen de mieux vivre. Oui, si par morale on désigne un mode de vie supérieur. En ce sens le sensualisme, conception centrée sur la personne et non sur les choses, est un humanisme.

Aucune religion, aucune philosophie n'a pu amender radicalement le sort de l'homme. Peut-être le sensualisme pourra-t-il l'adoucir. Voilà 6 000 ans que nous vivons les yeux levés vers le ciel, niant le plaisir. Cela nous a-t-il rendus plus heureux ? plus généreux ? Cela a-t-il empêché les sévices et les massacres ? En vérité, il y a plus d'esprit dans la chair que dans le ciel. Et plus d'espoir dans notre sensualité.

7

Le tabac : plaisir, remède ou danger ?

Fumer doit apporter bien des avantages, si l'on considère que 43 % des Français s'adonnent à cette pratique alors qu'ils sont parfaitement informés de sa nocivité. Les médecins eux-mêmes fument plus que les autres citoyens (39 % des généralistes fument, selon une enquête de la S.O.F.R.E.S. de 1985[1] : ils consomment en moyenne quatorze cigarettes par jour contre onze pour le reste de la population). Ils sont pourtant bien placés pour juger de la toxicité du tabac. Les bénéfices sont tels que peu de fumeurs décident d'y renoncer et que parmi ceux qui s'y engagent, un quart à peine y réussissent. Ce qui explique les échecs des campagnes de lutte contre le tabac.

Fumer est un bien grand plaisir. Mais cela ne suffit pas à expliquer le nombre des fumeurs ni leur attachement à cet usage. Fumer a aussi de réelles vertus « thérapeutiques ».

1. *Santé de l'homme*, n° 260 (mensuel).

Dépendance

Cet attachement, m'objectez-vous, n'est-il pas plutôt une dépendance ? Et la consommation de tabac n'est-elle pas simplement une toxicomanie – la tabacomanie ?

Il est vrai que le tabac peut être assimilé à une drogue. Il en a les caractéristiques. D'une part, son usage peut créer une assuétude, c'est-à-dire un besoin irrésistible de consommer la substance, et cela alors même qu'on en connaît les dangers ou, pire, qu'on en subit les effets. D'autre part, son sevrage peut entraîner un état de manque accompagné de malaises.

On pense généralement que c'est la nicotine qui est responsable de cet assujettissement – bien que d'autres alcaloïdes soient recensés dans la fumée. Quatre-vingt-dix pour cent de la nicotine est absorbée ; le pic de nicotinémie est atteint à la fin de la cigarette, soit six minutes après l'allumage. Un taux « valable » persiste une demi-heure à une heure. Quand ce taux baisse, le sujet allume une autre cigarette. Tout se passe comme si le fumeur voulait maintenir constant un certain taux de nicotinémie.

Toutefois aucune expérimentation n'a pu en démontrer l'effet « accro ». Et les mécanismes de l'intoxication sont encore mal connus. Aussi, en plus d'une hypothétique dépendance pharmacologique, on pense qu'il existe une dépendance psychique, ce qui revient à expliquer l'attachement au tabac par le plaisir et les effets bénéfiques qu'il procure. Avant de les aborder, je vous engage à vous situer quant à cette dépendance grâce au test de Fagerstrom. Plus simplement : sachez que si vous fumez plus de vingt cigarettes par jour, il y a neuf chances sur dix pour que vous soyez dépendant ; et si vous fumez dès le réveil ou au cours des repas, vous êtes à coup sûr « drogué ».

Test de dépendance à la nicotine :

	SCORE
1. Combien de cigarettes fumez-vous par jour ?	
Moins de 15	0
De 15 à 25	1
Plus de 25	2
2. Quelle marque fumez-vous ? Taux de nicotine de vos cigarettes ?	
Moins de 0,8 mg	0
De 0,8 à 1,5 mg	1
Plus de 1,5 mg	2
3. Avalez-vous la fumée ?	
Jamais	0
Parfois	1
Toujours	2
4. Fumez-vous plus le matin que l'après-midi (cigarettes plus rapprochées en début de matinée que le reste de la journée) ?	
Oui	1
Non	0
5. À quel moment fumez-vous votre première cigarette ?	
Immédiatement après le lever ?	2
Après le petit déjeuner ?	1
Plus tard ?	0
6. Quelle cigarette trouvez-vous la meilleure ?	
La première	1
Une autre	0
7. Fumez-vous, même si une maladie (grippe, angine) vous oblige à rester au lit ?	
Oui	1
Non	0

8. Trouvez-vous difficile de ne pas fumer dans les endroits interdits (cinéma, métro, salle d'attente) ?

Oui	1
Non	0

La somme des points obtenus à chaque réponse (indice nicotinique) donne le degré de dépendance :

- de 0 à 3 points = Fumeur non ou peu dépendant
- de 4, 5, 6 points = Dépendance moyenne
- de 7, 8, 9 points = Fortement dépendant
- 10 points et plus = Très fortement dépendant

Plaisir de fumer

Fumer est un véritable plaisir. Plusieurs sens y participent. Nous enveloppent et nous encensent les senteurs des cinq continents. À nos narines montent les plus suaves parfums : arômes envoûtants des portes d'Orient qu'encombrent les épices et le thé ; odeurs capiteuses des foins qu'infuse le soleil de juin ; âcres effluves des feux de chaume que la brise étale.

Sous nos yeux s'élèvent, bleues ou blanches, infiniment changeantes, des volutes où l'on fantasme la fumée joyeuse d'un feu de camp.

Tandis que nos lèvres tètent sensuellement l'embout, dans notre bouche s'installe, chaud, subtil, caressant, le goût d'écorce ou de miel de la bouffée. Il faut dire que la cavité buccale, tapissée de muqueuses délicates et humides, riche en vaisseaux sanguins et en terminaisons nerveuses avides, est particulièrement apte à dispenser le plaisir.

La plus sensuelle description du plaisir de fumer me semble celle-ci : « *Le fumeur fait pénétrer dans sa bouche, son arrière-gorge, ses bronches même, ce corps plus ou moins savoureux et tiède ; il y a un ins-*

tant de contact intense et intime, plus spirituel que la nourriture, une façon de respirer plus odorante.

« Puis survient rapidement le rejet qui superficialise le contact, un peu comme si cette bouffée d'air en volutes remportait avec elle les impuretés mais aussi comme si, en même temps que nous l'exprimons, nous nous exprimions, comme si ces fumées grises qui montent comme attirées vers les hauteurs et s'évanouissent, étaient un peu notre création. » Bien que farouches ennemis du tabac, les professeurs Fréoux et Coudray[1] ont su en exprimer toute la volupté.

Les bénéfices

Si certains avantages sont mineurs, tel l'effet laxatif de la cigarette du matin ou la sédation des douleurs menstruelles, si d'autres sont majeurs, mais hélas hypothétiques, comme l'action protectrice vis-à-vis du cancer du sein ; l'action anti-obésité, elle, est intéressante et bien réelle.

De nombreuses études ont montré que les fumeurs pèsent moins que les personnes n'ayant jamais fumé. Ceux qui se mettent à fumer maigrissent. Les fumeurs ont en moyenne trois kilos de moins que les non-fumeurs[2]. Ces mêmes études ont révélé que l'abaissement du poids des fumeurs n'est pas dû à une diminution de leur appétit, réduisant l'apport calorifique. Au contraire, la ration journalière des fumeurs est supérieure à celle des non-fumeurs (deux cents calories de plus en moyenne). La réduction pondérale relève d'un accroissement de la thermogénèse, c'est-à-dire de la combustion des matériaux calorifiques : la thermogénèse de repos est

1. Cités par le mensuel *Maigrir, rester jeune*, 1976.

2. Madeleine Tréguier, *in Le Généraliste*, n° 681, 19 octobre 1984.

augmentée de 15 %, la thermogénèse post-prandiale (dépense d'énergie pour assimiler la nourriture) de 35 %, la thermogénèse d'effort de 12 %. Au total, des expériences l'ont montré, vingt cigarettes par jour accroissent les dépenses énergétiques de 10 %. Cette action résulte de la libération accrue, par la nicotine, de catécholamines, neurotransmetteurs qui excitent le système sympathique[1].

On pense également que la nicotine diminuerait l'absorption intestinale des aliments et modifierait le métabolisme des sucres, de l'insuline et des lipides. À propos de ceux-ci les docteurs Carney et Goldberg, de Saint Louis du Missouri, ont montré que la nicotine freinait l'activité d'une enzyme contenue dans le tissu adipeux, la lipoprotéine-lipase, chargée de capter les triglycérides circulant, pour les incorporer à l'adipocyte[2].

Plus intéressante encore est l'action du tabac sur le travail cérébral : la nicotine stimule l'activité corticale, aiguisant les facultés intellectuelles (éveil, attention, concentration, mémorisation), améliorant les performances, facilitant l'apprentissage, expose Jean Le Houezec[3]. Les fumeurs ont toujours prétendu que leurs cigarettes les aidaient à réfléchir. Des études ont confirmé que les fumeurs réussissaient mieux certaines tâches nécessitant une attention soutenue ; des médecins australiens ont démontré, électro-encéphalogramme à l'appui, que la cigarette permet de s'isoler du bruit et de se concentrer sur un travail. Mieux, d'autres expérimentateurs ont révélé que des non-fumeurs recevant

1. Munguer, C.H.U. de Lausanne, aux Entretiens de Bichat 1990.

2. *New England Journal Medecine*, 1984, n° 310, cité par *Le Généraliste* du 25 mai 1984.

3. *Le Généraliste*, n° 1113 du 6 octobre 1989.

de la nicotine en comprimés voyaient s'améliorer leurs performances cérébrales. C'est pourquoi les chefs d'entreprise devraient méditer les conclusions du n° 21 de la revue *Pharmacie thérapeutique* : « *Le tabac – ou plus précisément la nicotine – améliore vitesse et précision d'un certain nombre de tâches intellectuelles et surtout aide à maintenir un bon niveau de performance lors des tâches longues et monotones.* »

Des travaux récents ont montré que la nicotine (administrée en cigarettes, en comprimés ou en patchs) atténuait les signes de la maladie d'Alzheimer, cette grave et si répandue détérioration mentale sénile. Elle améliore la vigilance, l'attention et la compréhension de ces malades : les tests ont corroboré les constatations cliniques[1]. D'autres travaux ont également montré que la nicotine faisait régresser les signes de la maladie de la Tourette, affection qui touche 80 000 personnes en France et qui se caractérise par des tics (clignotements des yeux, grimaces, contorsions, grognements)[2]. Dans ces deux maladies la nicotine rétablit les sécrétions perturbées de certains neurotransmetteurs ou neurohormones (dont les endomorphines)[3].

Une fois de plus est confirmée l'intelligence visionnaire du professeur Henri Laborit qui affirme : « *Je considère la nicotine comme un vrai médicament.* [...] *C'est un outil pharmacologique essentiel sur lequel je me penche depuis trente ans. Dans le cerveau, ce sont les récepteurs nicotiniques qui disparaissent le plus rapidement dans la dégénérescence cérébrale.* » Du reste, précise-t-il, une firme italienne tente de synthétiser des molécules à structure nicotinique.

1. Sahakian, *in British Journal Psychiatry*, n° 154, 1989.
2. Devoz et Isemberg, *in The Lancet*, n° 1046, 28 octobre 1989.
3. Meyrignac, *J.I.M.*, n° 151.

C'est pourquoi Henri Laborit fume quatorze cigarettes par jour et mastique des gommes à la nicotine, ainsi qu'il le relate dans la revue *Tonus*[1].

La cigarette comme tranquillisant

De tous les bénéfices que procure l'usage du tabac, son effet sédatif est le plus important. Fumer est un moyen efficace de lutter contre l'anxiété et d'amortir le stress. D'autant que les tests psychologiques révèlent que la personnalité du fumeur est caractérisée par une angoisse latente et une tendance dépressive. Dans quelles circonstances fume-t-on ? On fume dans les situations où la tension nerveuse est élevée, par exemple avant ou pendant une épreuve. On fume aussi dans l'inactivité, car alors, profitant de la liberté de l'esprit, l'angoisse monte, accompagnant les ruminations ou les réflexions sur l'inanité de la vie.

Sans doute êtes-vous surpris qu'une substance – la nicotine – puisse avoir à la fois une action excitante (sur l'intellect et sur le sympathique) et une action sédative. Cette action est réellement paradoxale. Il faut considérer la nicotine comme un psychotrope « à géométrie variable » : « *La nicotine semblerait pouvoir stimuler là où un effet stimulant est nécessaire et inversement calmer là où un effet sédatif est souhaitable. Que demander de plus à une substance psychotrope ?* » (Jean Le Houezec.)

La détente obtenue s'explique tout d'abord par l'effet pharmacologique de la nicotine elle-même (et des autres alcaloïdes). Elle procure une impression subjective de relaxation qui peut, du reste, être mesurée par des tests. Cette action serait liée à la libération d'opioïdes endogènes. L'effet tranquillisant ressort

1. *Tonus*, n° 827, 6 avril 1984.

également de mécanismes psychologiques où se combinent jeux de fantasmes et fuite dans l'action.

Faut-il le rappeler, toute notre vie psychique est fantasmatique. Un fantasme est un scénario imaginaire où l'on se voit agir et grâce auquel peuvent s'accomplir nos désirs, conscients ou inconscients, et s'organiser nos défenses face à nos peurs, présentes ou archaïques. En fumant nous mettons en scène nos fantasmes dans le but de satisfaire certains de nos désirs ou de nous protéger de certaines menaces. Comme vous le voyez, vivre c'est se faire du cinéma – et en faire aux autres.

Le geste – prendre une cigarette, la porter à la bouche, l'allumer, la tenir, la remettre aux lèvres – permet de décharger la tension psychomotrice provoquée par une sollicitation (menace, tentation...). En effet notre éducation, ou bien les circonstances, ne nous permettent pas toujours de manifester nos émotions (peur, colère, désir, joie) ni de réaliser nos pulsions (agressives, orales, sexuelles). Nous nous « retenons », c'est-à-dire que nous contenons notre premier mouvement qui serait de fuir ou d'attaquer, de nous assouvir ou de manifester notre gratitude. De ce fait la tension s'élève dans notre esprit et dans nos muscles tenus en laisse. Nous ferions n'importe quoi pour la soulager. Fumer est ce n'importe quoi. Symboliquement c'est l'équivalent d'une esquive, d'une attaque, d'une jouissance, d'un remerciement. Bref, c'est l'esquisse d'une action. Le geste de fumer apporte d'autres bénéfices fantasmatiques : il manifeste la maîtrise du temps. Accordant un répit, il permet au fumeur de s'adapter. Il manifeste aussi l'occupation de l'espace transitionnel, via la manipulation de l'objet-cigarette. Au total, il réassure le sujet en lui permettant de reprendre la maîtrise du jeu.

La fumée elle-même joue un rôle. S'entourer de volutes c'est, symboliquement, délimiter son territoire : le nuage maintient à distance la menace. C'est aussi se cacher derrière un écran de fumée – comme le fait le poulpe qui crache son encre – pour masquer ses émotions (joie, peur), pour observer l'autre, pour préparer la riposte. Comment ne pas voir dans le « fumer » toute une gestuelle et tout un rituel destinés à nous protéger du stress.

Savez-vous que mégot vient de « mégauder », patois angevin qui signifie téter ? Ici apparaît une autre explication de l'effet sédatif de la cigarette : porter celle-ci aux lèvres, l'aspirer, remplir la bouche de fumée qu'on avale ensuite, n'est-ce pas en quelque sorte manger ? Or manger, c'est-à-dire satisfaire la puissante pulsion orale, n'est-ce pas le plus apaisant des plaisirs[1] ?

Tout a commencé aux premiers jours de notre enfance. Brutalement expulsés de notre paradis de chaleur, d'apesanteur et de quiétude, nous étions exposés déjà à tant de souffrances – le froid, la dureté des contacts, le bruit… quand une autre sensation plus pénible, plus angoissante encore apparut : la faim. C'est alors que notre mère nous prit dans ses bras et nous donna son sein. Soudain, à son contact, nous retrouvâmes le paradis perdu – le chaud, le moelleux, le doux battement de son cœur – tandis que, volupté suprême, dans notre bouche coulait le lait tiède, onctueux. Alors cessèrent toutes nos souffrances, toutes nos angoisses. L'aliment, dès cet instant, se fit tranquillisant. Car cette scène se renouvela des milliers de fois, renforçant l'effet sédatif de l'alimentation. D'autant que les mères surinvestissent l'oralité en confondant les signaux de bébé : si l'enfant à des coliques, des troubles gastriques, un mal de

1. Gérard Leleu, *Laissez-nous manger.*

dents, des linges mouillés ou faim, elles le calment en lui donnant la tétée. Si plus tard, lorsqu'il apprend à marcher, il se cogne, elles le consolent d'un bonbon ou d'un biscuit. Et quand, obligées d'aller travailler, elles l'abandonnent à la nourrice, elles lui laissent force gâteries pour prévenir sa tristesse. Une faim physiologique se crée à côté de la faim biologique. Les enfants dyscodés réagiront toute leur vie à l'anxiété, à l'abandon, à l'échec par une prise alimentaire. On peut considérer que les fumeurs ont été victimes de ce conditionnement aberrant et qu'ils déchiffrent mal leurs signaux. Toute tension anxieuse les poussera à fumer ; la cigarette, substitut de l'aliment, est devenue tranquillisant[1].

Les fantasmes liés à l'acte de manger s'appliquent à l'acte de fumer. Fumer, c'est symboliquement intégrer quelqu'un ou quelque chose ; c'est absorber le feu pour se réchauffer ou se redonner de l'éclat ; c'est, en portant à la bouche une blonde ou une brune, chaude, parfumée, en la consommant, en la consumant, combler l'absence de l'aimée.

Fumer, c'est encore partager le feu et la nourriture, s'envelopper dans un même nuage, communiquer dans le même plaisir : fumer est donc un acte d'amitié et de convivialité. Ce peut être aussi une promotion sociale et une marque de raffinement si la cigarette ou le cigare sont de tabac fin.

Fumer, c'est aussi exprimer son agressivité : brûler une cigarette, la réduire en cendre, l'écraser, jeter le mégot, n'est-ce pas, symboliquement, détruire le méchant patron ou l'amant frustrant ? ou se détruire soi-même ? Comment ne pas subodorer un certain masochisme chez ceux qui fument, alors même qu'ils savent que cette pratique pourrait leur nuire ? Madame Le Sourme[2], psychiatre, prétend que c'est

1. *Idem* note page précédente.
2. *Le Quotidien du Médecin*, n° 3178, 15 mai 1984.

l'instinct de mort qui pousse les gens à fumer. Inversement, d'autres s'imaginent que la fumée aseptise l'air et leurs bronches en tuant les microbes et aussi qu'elle les aide à respirer. « *Le fumeur,* écrit Lowen, *sent ses poumons s'animer en réaction à l'effet irritant du tabac.* » (*Ibid.*)

Les fantasmes sont innombrables : citons, pour en finir, ceux qui contribuent à structurer l'identité, à s'affirmer, pour faire face à la peur des autres. Pour l'homme, fumer est une façon d'affirmer sa virilité : on est homme dès que l'on fume, parce que les hommes fument, et ce mythe est entretenu par la publicité. Pour les femmes la cigarette est une marque extérieure d'émancipation et l'affirmation de l'égalité des sexes : une femme moderne se doit de fumer. Bien sûr, il y a des façons plus intelligentes de revendiquer sa virilité et sa modernité. Mais moraliser ne sert à rien, il faut voir les choses telles qu'elles sont vécues.

Fumer est donc une pratique qui prend ses racines dans l'angoisse. C'est une réponse, et une réponse efficace à cette angoisse. Sinon comment expliquer la progression fulgurante du tabagisme : 65 millions de cigarettes brûlées en 1900, 90 milliards en 1985? L'augmentation du niveau de vie et l'accroissement de la production n'y suffisent pas ; l'anxiété croissante des hommes et la dénaturation de leur mode de vie, de leur travail et de leur habitat y ont autant contribué. Paysans devenus bureaucrates ou ouvriers du fait de l'industrialisation et de l'urbanisation, nous sommes tous des personnes déplacées. Et comment expliquer le « Tabacoboom » du tiers monde où 15 à 30 % des jeunes fument dès l'âge de douze ans[1] ? Ici aussi c'est l'anxiété plus que toute autre considération qui pousse à fumer. Ici aussi les hommes ont été

1. *Le Quotidien du Médecin*, n° 3365, 20 février 1985.

arrachés à leur milieu naturel et jetés dans les villes où ils végètent, désœuvrés.

L'explosion du tabagisme est comparable à l'explosion des anxiolytiques – 90 milliards de cigarettes, 90 milliards de comprimés –, avec un dénominateur commun : la difficulté de vivre.

Sevrage = ravages

Monsieur L. avait cessé de fumer. Madame L. raconte : « Mon mari avait attrapé un caractère infernal. Impatient, irritable, il cherchait des querelles pour un oui ou pour un non. Anxieux, maussade, il était devenu un rabat-joie. Il critiquait tout ce que je faisais et s'en prenait sans cesse aux enfants. J'en ai fait une dépression, je lui ai demandé de fumer à nouveau. Il est redevenu normal. »

Monsieur H. a cessé de fumer. Peu de temps après il s'est mis à « boire ». Maintenant son épouse et leurs enfants vivent le calvaire des femmes et des enfants d'alcooliques.

Madame C. a cessé de fumer. Dans les semaines suivantes s'est installé un état dépressif. Depuis lors, elle consomme des tranquillisants et des antidépresseurs. Ces drogues l'ont rendue obèse, asthénique, frigide et ont émoussé sa mémoire. Son couple bat de l'aile et ses enfants sont en échec scolaire.

Monsieur S. a cessé de fumer. Quelques semaines plus tard, il présentait un ulcère d'estomac. Tous les traitements ont été inopérants. Monsieur S. s'est remis à fumer : « Dès la première bouffée, mes douleurs se sont arrêtées "net", comme la lumière s'éteint quand on presse sur le commutateur. » Et chaque fois que monsieur S se retient de fumer, ses douleurs réapparaissent. Et chaque fois, il les éteint avec une cigarette.

Madame T. a cessé de fumer. Elle s'est mise à manger des bonbons. Son poids est passé de 75 à 94 kilos dans les six mois qui ont suivi. Son cholestérol et ses triglycérides ont atteint des taux inquiétants. Elle a suivi un régime. Trop sévère, celui-ci a provoqué une dépression.

Madame I. : arrêt du tabac – apparition d'une spasmophilie.

Madame P. : arrêt du tabac – apparition d'une psychose – internement.

Monsieur D. : arrêt du tabac – apparition d'un infarctus.

Des messieurs L., des mesdames T., j'en ai trop rencontré pour ne pas m'interroger, et vouloir vous confier mes réflexions. Maintenant, connaissant les avantages du « fumer », vous comprenez que l'arrêt de cette pratique conduise à tant de déboires.

La suppression du plaisir de fumer frustre l'individu des substances hédoniques liées à ce plaisir. Or, nous savons que ces substances sont les antidotes de l'anxiété ; le sevrage va donc livrer l'individu désarmé aux méfaits de l'angoisse. Par ailleurs, la cessation d'un comportement dont nous avons vu les bénéfices psychiques prive le sujet de ses moyens de défense contre l'anxiété et le stress et affecte les structures de sa personnalité. Le sevrage va donc exposer un sujet sans protection aux assauts de l'anxiété et aux foudres des agressions. Combattant sans bouclier, construction sans étai, tel est l'être que l'on prive de tabac.

Déstabilisé, l'édifice psychique vacille ou même s'effondre. Les troubles sont le plus souvent de simples troubles caractériels (irritabilité, nervosité) ou des troubles thymiques légers (morosité, pessimisme, anxiété légère). Parfois les troubles sont plus graves : véritable état dépressif pouvant conduire au suicide, névrose d'angoisse. Plus rarement survient la décompensation d'un état prépsychotique : le sevré entre dans la folie.

Pour faire face à l'anxiété débusquée, les êtres se rabattent sur d'autres plaisirs, sur d'autres « tranquillisants ». Généralement, ils ont recours à la « compensation orale », c'est-à-dire qu'ils se réconfortent en mangeant. C'est alors qu'ils grossissent, que croissent les graisses du sang (cholestérol, triglycérides), ainsi que le sucre (hyperglycémie, et même diabète). D'autres font appel à l'alcool et, pour avoir voulu échapper au tabagisme, les voilà qui sombrent dans l'alcoolisme. Croyant s'être débarrassés d'un toxique, ils se retrouvent drogués d'une autre manière. Dans tous ces cas le remède est pire que le mal.

Le corps, exposé de plein fouet au stress, va souffrir à son tour, l'infarctus du myocarde et l'ulcère d'estomac sont les complications les moins connues de l'arrêt du tabac, la prise de poids la plus notoire. Selon une étude effectuée en 1980 par l'Américain Robert Bosse[1], 65 % des sevrés grossissent. Le gain s'échelonne de 2 à 15 kg et atteint parfois 20 kg. Selon une étude plus récente, trop optimiste selon moi, les femmes gagneraient en moyenne 3,8 kg, les hommes 2,8 kg ; seuls 13 % des femmes et 10 % des hommes prendraient plus de 13 kg[2].

La prise de poids est due à la suppression de l'effet anti-adiposité de la nicotine, en particulier à la réduction de la thermogénèse ; les calories qui ne sont plus dépensées se stockent sous forme de

1. Cité par Madeleine Tréguier dans le n° 729 du *Généraliste* d'avril 1985.

2. Williamson D.F. : « Smoking cessation and severity of weight gain in a national cohort », *in New England Journal Medecine*, n° 324, 1991.

graisses[1]. L'inflation pondérale est également liée à un accroissement de l'apport alimentaire. Pour atténuer l'angoisse et parer les agressions, les sevrés font appel à un autre moyen de défense qui est aussi un plaisir : manger. À table ils dévorent, entre les repas ils grignotent. Parfois même ils sont pris de crises de boulimie, de jour comme de nuit. Ils choisissent les mets les plus gratifiants et les plus apaisants : les sucreries. Une étude confirme que c'est bien l'insécurité qui fait manger. La quantité d'hydrates de carbone ingérée est corrélée à l'augmentation du score d'anxiété. Certains préfèrent l'alcool qui a un pouvoir anxiolytique et euphorisant supérieur. Au total le supplément de calories serait de 300 kilocalories en moyenne.

Quand elle est importante, la prise de poids constitue une maladie grave, aux complications organiques nombreuses et virtuellement mortelles (troubles cardiaques, troubles respiratoires, troubles circulatoires artériels et veineux, augmentation des graisses du sang, diabète, majoration des risques opératoires, etc.). Bref, l'obésité réduit sérieusement l'espérance de vie. Les compagnies d'assurances-vie qui le savent bien demandent aux postulants combien ils pèsent, mais non combien ils fument et infligent une surprime proportionnelle aux kilos excédentaires ; au-delà d'un certain poids, elles refusent même d'assurer sur la vie !

Si le préjudice esthétique que constitue la prise de poids ne peut se comparer aux complications organiques, il n'en est pas moins considérable. Les femmes en particulier s'en trouvent affectées. Grossir, c'est s'éloigner du modèle imposé par la mode et perdre l'estime de son propre corps. C'est aussi s'exposer au racisme anti-rondeurs qui sévit et dont

1. Madeleine Tréguier, *in Le Généraliste*, n° 661, 13 août 1984.

les effets se répercutent dans le couple aussi bien que dans la vie publique et professionnelle.

L'obésité résultant de l'arrêt du tabac est suffisamment inquiétante pour qu'on se demande si les risques qu'elle fait courir ne sont pas supérieurs aux risques de développer un cancer du fumeur. Une étude anglaise récente affirme que ce n'est pas le cas[1]. Je n'en suis pas persuadé. D'autant que le traitement de l'obésité consiste à observer un régime, c'est-à-dire à manger moins et à s'abstenir de « tout ce qui est bon »... Supprimer d'un seul coup deux plaisirs et deux tranquillisants – le tabac et l'aliment – est violent et inconséquent. Autant retirer à un funambule son balancier et son filet. La seule alternative est alors l'échec du régime ou la chute dans la dépression. À l'héroïsme nul n'est tenu !

Le docteur Grès, dans sa thèse (C.H.R. de Toulouse, n° 489, 1979), met en garde contre les complications de l'arrêt du tabac. Il y décrit les étapes du chemin de croix du fumeur repenti. Durant la première phase – qui correspond au premier mois – le sevré a encore envie de fumer : anxieux, irritable, il est en proie à l'état de manque. Durant la seconde phase apparaissent une fatigue physique et un manque d'entrain ; plus rarement, survient un état d'excitation hypomaniaque avec euphorie, logorrhée et hyperactivité, sorte de fuite dans l'action. Cette phase est particulièrement dangereuse, les maladies nerveuses en rémission risquant de se décompenser soudain en poussées dépressives, névrotiques ou psychotiques graves. C'est durant cette phase qu'il faut aider le sevré à réaménager ses structures psychiques, c'est-à-dire à trouver d'autres plaisirs et d'autres moyens de défense. À la troisième phase, si

1. *Le Quotidien du Médecin*, « Pharmacologie à doses filées », n° 3089 du 6 janvier 1984.

tout s'est bien passé, le sevré n'a plus envie de fumer, son humeur est régularisée, son psychisme rééquilibré. Il a réussi à réorganiser son mental.

Conscient des risques liés au sevrage tabagique, le docteur Grès a proposé une liste de contre-indications. Sont des contre-indications absolues : les processus psychiatriques en évolution, tels que les psychoses aiguës et chroniques, les états névrotiques décompensés, les états dépressifs, de même que la coexistence d'une autre toxicomanie (il faudra attendre la guérison de celle-ci). Sont des contre-indications relatives : les maladies mentales guéries ou équilibrées par un traitement en cours et l'existence d'un contexte anxiogène d'ordre familial, conjugal ou professionnel.

Tout aussi consciente de l'importance de fumer, le docteur Madeleine Tréguier écrit dans *Le Généraliste*[1] : « *Combien de fois devant l'échec d'une tentative de désintoxication... découvre-t-on l'ampleur du rôle de béquille joué par le tabac* [...] *Le tabac joue un rôle de paravent et la demande de désintoxication masque les vraies difficultés. Il est certain que, dans ces cas, il serait très imprudent de sevrer de tabac avant d'avoir quelque peu équilibré la situation de fond. L'usage du tabac n'est-il pas, dans certains cas, comme un moindre mal, le moyen facile de continuer à vivre ?* [...] *Nous n'avons aucun moyen radical d'empêcher une personne de fumer. Peut-être faut-il s'en féliciter ?* [...] *Du moins pour les quelques cas où un arrêt de tabac risquerait de précipiter l'ex-fumeur dans une décompensation psychiatrique.* »

Malheur à celui qui dit : « Tu ne fumeras pas, tu ne boiras pas, tu ne mangeras pas ! », sans y ajouter comment vivre sans ces secours ! Qui dira jamais le nombre de victimes – malades ou morts – de ces

1. *Le Généraliste*, n° 729, avril 1985.

interdits ? Inversement comptera-t-on un jour ceux qui ont pu survivre sur cette terre grâce à ces viatiques ? Combien de suicides, d'infarctus, d'ulcères évités par la cigarette allumée, le verre bu, le chocolat croqué sous le coup d'une émotion, l'emprise d'une déception ou le choc d'une agression ?

Il est facile d'interdire. Il est plus difficile d'offrir des solutions de rechange. Et pourtant nous n'avons pas le droit de réprimer sans proposer !

TABAC OR NOT TABAC ?

Qu'est-il préférable : continuer de fumer ou bien cesser ? Si vous le pouvez, arrêtez-vous, mais faites-le bien. Si vous ne le pouvez pas, fumez mais fumez mieux : sensuellement.

Mon propos n'est pas de faire l'apologie du tabac, mais de m'insurger contre les interdits arbitraires aux conséquences aussi funestes que l'abus de l'herbe à Nicot.

Pourtant le Tabacco Institute de Washington – syndicat des industriels du tabac – déclare, selon *L'Express* du 8 novembre 1985: « *Les travaux de la Harvard University sont tous formels : il n'existe aucune preuve scientifique indiquant que le tabac donne le cancer.* » *L'Express* poursuit : « *Le Council for Tobacco Research, le 23 octobre, vient de rendre publics les résultats d'une étude de neuf ans pour laquelle plus de 10 000 souris ont été exposées à la fumée de 800 000 cigarettes : aucun cancer en vue.* » Du reste, dans le procès qu'intente un avocat américain à un fabricant de cigarettes, qu'il accuse d'être responsable de la mort par cancer du poumon d'un citoyen, l'American Cancer Society a déclaré forfait.

En vérité, seules certaines maladies respiratoires (cancer du poumon, bronchite chronique) et certaines maladies cardio-vasculaires (l'artérite des membres et la coronarite) sont liées à un usage immodéré du tabac. Dans toutes les autres affections imputées au tabac, sa responsabilité est présumée, mais non prouvée.

S'arrêter bien

Ne cessez de fumer que si vous vous sentez solide, capable de surmonter un regain d'anxiété. Si vous vous sentez fragile, fatigué, déprimé, si vous avez de graves préoccupations – familiales, professionnelles – remettez à plus tard le sevrage, ou entamez une thérapie dans le but de consolider vos défenses.

Si, ayant cessé de fumer, vous sentez l'anxiété vous assaillir, n'hésitez pas à demander de l'aide. Il y a bien une thérapie qui vous permettra, sinon d'extirper, au moins de tempérer ou de gérer cette anxiété. Si vos troubles sont légers, les méthodes simples suffiront : yoga, relaxation, sophrologie, massage californien. Si votre équilibre est sérieusement ébranlé, adressez-vous plutôt aux nouvelles psychothérapies : analyse transactionnelle, gestaltthérapie, psychosynthèse, bioénergie, etc. Si l'angoisse est trop forte, il vous faudra vous engager dans une psychothérapie plus radicale : psychanalyse d'inspiration freudienne ou jungienne. De toute façon, évitez de vous adonner à la consommation de psychotropes – tranquillisants ou antidépresseurs – non seulement en raison de leur nocivité, mais aussi parce qu'ils ne vous apprendront pas à mieux gérer votre anxiété.

Il est important également que vous analysiez les circonstances qui vous poussent à fumer afin de les aborder différemment ou de les esquiver. Prévoyez de réagir autrement que par la combustion d'une cigarette : inventez un autre geste, utilisez mieux vos mains, adoptez une attitude plus naturelle. La méthode comportementaliste vous apprendra à trouver des comportements de remplacement.

Il est plus important encore que vous remplaciez le plaisir de fumer par d'autres plaisirs. Voilà un projet qui ressort tout à fait du sensualisme. Vos cinq sens vous offrent des brassées de sensations, à vous d'en faire votre bonheur. Sans doute avez-vous un sens plus développé que les autres ? Cultivez-le, raffinez-le, et mettez-le au service d'une action, de la plus humble à la plus élaborée. Vous entrerez alors dans le domaine exaltant de la créativité. Le jardinage, le bricolage, le sport, la gastronomie, l'œnologie, le tissage, la peinture, la musique, l'érotisme, que sais-je, vous feront oublier le tabac.

Le sport peut être un plaisir. Évelyne Gogien a écrit dans *Tonus*[1] : *« Au lieu de culpabiliser les fumeurs, le Comité national contre le tabagisme a décidé – enfin – de mettre l'accent sur une alternative valorisante au tabac : le sport... Il faut bien reconnaître que les précédentes campagnes anti-tabac ont été des échecs auprès des jeunes. Pour la simple raison que les menaces à long terme sur la santé sont, à cet âge, complètement abstraites. »*

Décision intelligente car les activités sportives apportent un bien-être certain et même une certaine euphorie. Les fameuses endomorphines, dont la sécrétion est déclenchée par l'exercice physique, en sont la cause ; c'est pourquoi *Le Quotidien du Médecin* titrait : *« Faut-il mettre le sport au tableau B ? »* C'est à ce tableau que sont inscrits les stupéfiants, tels la morphine, l'opium, le palfium, etc. dont la

1. *Tonus*, n° 929, mai 1985.

délivrance est rigoureusement réglementée. Le plaisir sportif pourrait donc combler la perte du plaisir de fumer.

Je n'ai pas parlé des techniques visant à faciliter l'arrêt de l'usage du tabac : elles se valent toutes. Ce qui importe, c'est le praticien qui les applique. La réussite d'une cure anti-tabac ne se juge pas seulement sur l'annulation de la cigarette, mais également sur l'état de l'ex-fumeur. Et cela dépend du thérapeute. Il est indispensable qu'il prenne en compte votre anxiété, vous accompagne dans la recherche des moyens de la résoudre, vous aide à découvrir les nouveaux plaisirs, qu'il vous suive et vous assure de son soutien aussi longtemps qu'il le faudra.

Fumer mieux

Il se peut que vous désiriez poursuivre l'usage du tabac. Alors de ce plaisir tirez la quintessence.

Ne faites pas comme ces goujats qui se goinfrent de tabac, brûlant cigarette sur cigarette, jouissant grossièrement, rapidement ou ne jouissant pas du tout. Ne fumez pas non plus par automatisme. Fumez avec plus de bonheur. Pour cela appliquez les préceptes du sensualisme le plus exquis. Faites de ce geste un acte conscient et un rite d'esthète. Abordez chaque cigarette avec des sens neufs, comme si elle était la première de votre vie. Concentré sur l'instant présent, soyez attentif à tout ce qui émane d'elle : sentez entre vos doigts sa légèreté, l'arrondi parfait de ses formes ; appréciez la blancheur de sa robe, la blondeur de sa coupe ; humez les arômes de son herbe ; de vos lèvres gourmandes mais patientes, saisissez-en une extrémité, tâtez-la, pincez-la ; restez ainsi quelques minutes, sans vous presser de l'allumer.

Vos mains partent à la recherche de votre briquet, bel objet rond et dense, chaud et brillant bijou, petite bombe d'où jaillira le feu. Vous le tenez dans le creux de la main. Maintenez-le. Ne vous pressez pas, le désir qui vous envahit est d'une telle volupté qu'il est bon de le prolonger. Toujours sans vous presser, approchez votre main attentive des brindilles prêtes à se consumer.

Une flamme, un grésillement, un rougeoiement, des volutes, un goût, un parfum. Vos narines enveloppées de fumée se donnent à l'arôme. Vos lèvres attisent la braise et inhalent le feu. Dégustez, humez, admirez les formes éphémères qu'esquissent les volutes. Raffinant votre plaisir, vous le décuplez et en majorez les bienfaits. Tous vos fantasmes se réalisent pleinement. Et le geste salvateur s'accomplit totalement. Vous voilà détendu.

En fumant mieux, vous fumerez moins car l'effet recherché est amplement atteint et persistera longtemps. Je suis sûr que devenu gourmet vous ne dégusterez guère plus de douze cigarettes ou même dix ou huit. À ce chiffre les dangers du tabac sont quasiment inexistants. En effet, si l'on en croit les diverses études, les méfaits habituellement décrits n'apparaissent que dans l'abus, c'est-à-dire au-delà de quinze cigarettes.

Si votre consommation est excessive, de l'ordre de quarante cigarettes par exemple, n'essayez pas de la réduire à quinze ou à huit du jour au lendemain ; diminuez-la progressivement en décidant de fumer « sensuellement » une cigarette par jour, puis deux, puis trois. De la sorte vous arriverez sans déplaisir, bien au contraire, à en utiliser une quantité raisonnable. Vous voyez : la volupté vient au secours de la santé !

J'ai mauvaise grâce à vous conseiller de fumer la pipe ou de « rouler » vous-même vos cigarettes ; cependant ces pratiques sont moins nocives. Tandis que vous bourrez votre pipe ou confectionnez votre cigarette, vous vous accordez quelques minutes de détente. Vous cassez ainsi l'automatisme des cigarettes fumées à la chaîne. Dans le tuyau de votre pipe se dépose une partie des goudrons. À l'extrémité de votre cigarette, moins tassée que la cigarette industrielle, la température de combustion est moindre, ainsi que la proportion d'éléments cancérigènes (elle s'accroît quand la température s'élève). Les tabacs à rouler les moins nocifs sont le « Caporal export », le « Caporal gris » et le « Manila doux ». Utilisez les papiers les plus combustibles car ils réduisent la concentration en nicotine et goudron de la fumée : Super Air Job et Zig-zag combustible (*50 Millions de consommateurs* [1]).

Vous fumez des cigarettes « légères » ? Comme vous avez raison ! L'avenir du tabac est là. Puisque tant d'êtres trouvent plaisir à fumer et que fumer joue un rôle dans l'équilibre psychique, l'usage du tabac ne pourra jamais être éradiqué. Il faut donc inventer des tabacs inoffensifs, c'est-à-dire contenant peu ou pas de substances nocives. On a bien, pour remplacer le sucre, inventé des édulcorants.

En 1960, les cigarettes contenaient, par unité, 30 à 35 mg de goudron, 2 à 3,5 mg de nicotine. Ce sont elles que fumaient les médecins anglais qui servirent d'échantillon aux professeurs Doll et Hill pour établir la première démonstration du rôle cancérigène du tabac, démonstration qui sert toujours de référence.

1. *50 Millions de consommateurs*, n° 178, novembre 1985.

En 1985 les cigarettes contiennent des taux de goudrons et de nicotine considérablement réduits : les cigarettes légères cinq fois moins, les ultra-légères dix fois moins. « *Vingt Royales ultra-légères intoxiquent moins qu'une seule Pall Mall, par exemple* », affirme *50 Millions de consommateurs* (*ibid.*). Effectivement les premières contiennent 0,9 mg de goudrons et 0,10 mg de nicotine, la seconde 25,3 mg de goudrons et 1,75 mg de nicotine. Le tableau 3, établi à partir de l'étude publiée par *50 Millions de consommateurs (ibid.)*, donne la composition en substances nocives des principales cigarettes légères et ultra-légères. Notez en outre que, d'après cette revue, un cigarillo équivaut à la plus forte des cigarettes.

Toutefois, il faut savoir que c'est le même tabac qui sert à confectionner les cigarettes normales et les légères. Dans ces dernières, il est seulement « expansé » de façon à mettre moins d'herbe dans le volume d'une cigarette. Les taux indiqués sur l'emballage correspondent à la teneur d'une bouffée standard tirée par une machine à fumer et non à la teneur par gramme de produit. Aussi lorsque le fumeur aspire une bouffée plus importante, il absorbera une quantité plus élevée de toxiques.

C'est du reste ce que font instinctivement les fumeurs « dépendants » quand ils passent aux cigarettes légères, de façon à obtenir leur nicotinémie habituelle. En outre, ils augmentent le nombre de cigarettes, allant jusqu'à le doubler. Le plus souvent cette réaction est transitoire : ils reviennent ensuite à la quantité de tabac et aux volumes de bouffées antérieurs. Le magazine cité fait remarquer que « *même en multipliant par deux sa consommation, le fumeur reste en deçà des taux les plus dangereux* ». Et il conclut que « *les cigarettes légères conduisent presque toujours à une réduction de l'empoisonnement tabagique* ».

Une étude prouve que les cigarettes légères sont réellement moins néfastes que les fortes. Oscar Auerbach a examiné au microscope l'épithélium bronchique de certains fumeurs qui étaient morts de maladies autres qu'un cancer du poumon. Il a relevé des atypies cellulaires de nature précancéreuse d'autant plus nombreuses que le tabagisme était important. Toutefois ces anomalies étaient moins fréquentes dans le groupe étudié entre 1970 et 1977 que dans le groupe étudié entre 1955 et 1960 (tableau 4).

J.-L. Lejonc, rapportant cette étude, conclut dans *Le Concours médical*[1] : « *Il apparaît donc moins néfaste de fumer actuellement plus de deux paquets de cigarettes par jour que moins d'un paquet par jour en 1960. La différence qui existe entre ces deux groupes est vraisemblablement due à des modifications dans le tabac consommé. En effet la diminution du contenu en goudrons et en nicotine des cigarettes commercialisées aux États-Unis a été considérable en vingt ans. À titre d'exemple, les cigarettes actuellement les plus riches en goudrons et en nicotine en contiennent moins que celles qui en étaient le moins pourvues en 1954. Les conclusions de ce travail sont en accord avec des données épidémiologiques indiquant une prévalence plus faible du cancer bronchique chez les fumeurs consommant des cigarettes contenant peu de goudrons et de nicotine. Il est donc plausible que la fréquence du cancer doive (enfin !) diminuer, dans les années à venir chez les "tabagiques".* »

1. *Le Concours médical*, n° 101 du 3 novembre 1979.

Tableau 3
Cigarettes

Dures	**Goudrons mg**	**Nicotine mg**
Boyard maïs	48	2,77
Gitane maïs	46,4	1,34
Pall Mall	25,3	1,75
Gauloise	21,9	1,30
Gitane	20,2	1,35
Légères		
Craven A légère	9,5	0,86
Gauloise légère	9,2	0,65
Dunhill internation. Superior mild	9,0	0,84
Gitane légère	8,9	0,59
John Player KS extra mild	8,9	0,92
Rothman KS légère	8,9	0,75
Lord Extra	8,9	0,56
Camel Mild	8,8	0,89
Marlboro Light	8,8	0,65
Gauloise douce filtre	8,7	0,31
Philip Morris Light	8,2	0,67
Atika	8	0,76
Craven S Spécial	7,3	0,66
Benson et Hedges spécial mild	7,2	0,74
Kool Super Light	6,9	0,53
Merit	6,8	0,57
Seitane	6,6	0,40
Royale légère	5,8	0,56
Ultra-légères		
Gallia	5,2	0,30
Peter Stuyvesant extramild	4,8	0,44
Philip Morris extra Light	3,9	0,39
Peter Stuyvesant ultramild	1,3	0,16
Philip Morris Ultra-Light	1,1	0,16
Royale Ultra-Légère	0,9	0,10
Tabacs à rouler		
Caporal gris	33,3	2,08
Caporal export	23,5	2,10
Manila doux	32,8	1,68

Tableau 4
Modifications histologiques précancéreuses (%)

	1955-1960	1970-1977
Non fumeurs	0	0
1 paquet par jour	2,6	0,1
1 à 2 paquets par jour	13,6	0,8
2 paquets par jour	22,5	2,2

Cependant d'autres études ont montré que la proportion d'infarctus du myocarde est la même chez les fumeurs de cigarettes normales et chez les fumeurs de cigarettes légères[1]. Alors me revient cette phrase du professeur M.F. Oliver de l'Institute for Metabolic Research de Londres, citée en gros caractères et en pleine page par le plus important organisme d'enseignement post-universitaire : « *Les facteurs de risque " classiques " – tabac, hypercholestérolémie, hypertension – n'expliquent pas plus de la moitié de l'incidence des maladies coronariennes*[2]. » C'est pourquoi, selon moi, c'est l'anxiété – et la génétique – qui a frappé le myocarde des malheureux patients de ces dernières études. Chez eux la cigarette, qu'elle soit normale ou allégée, n'avait pas réussi à amortir le stress.

Tableau 5
Longueur du mégot et taxes (Düsseldorf – 1979)

	avant taxes	après taxes
Filtre	32,23 mm	– 0,4 mm
Sans-filtre	26,7 mm	– 1,3 mm

1. Rosenberg : *Journal américain de Médecine*, 1984.
2. Colloque international « Cholestérol et prévention primaire » organisé par l'U.N.A.F.O.R.M.E.C. et le C.I.D.I.L.

Longueur du mégot et pouvoir d'achat

U.S.A.	Grande-Bretagne	France
3,09 mm	1,85 mm	1 mm

Ce que je pense des filtres ? Qu'ils peuvent être dangereux. Dans la partie de la cigarette proche du filtre (comme dans le filtre lui-même) se déposent et se concentrent les produits de la combustion de toute la cigarette. Lorsque l'ignition atteint cette zone, la pyrolyse revaporise les dépôts, en ce point, condensés de toxiques : la nicotinémie atteint alors son sommet. Dans une cigarette sans filtre, le mégot est jeté avant que l'incandescence n'atteigne les zones condensées, celles-ci étant trop proches des lèvres. Il est donc souhaitable, si vous utilisez des filtres, de ménager un long mégot ; et si vous consommez des sans-filtre, de jeter un mégot moyen. À ce sujet, voyez comme des mesures anti-tabac peuvent aboutir à des effets pervers : les taxes dont on frappe le tabac, en élevant son coût, contraignent les fumeurs à raccourcir la longueur du mégot, par mesure d'économie ; c'est alors que leur intoxication s'aggrave. D'une façon générale la longueur du mégot dépend du pouvoir d'achat (voir tableau 5[1]).

Permettez-moi de vous recommander de ne pas enfumer les tiers. Notre liberté a pour limite la liberté d'autrui. Veillez en particulier à ne pas enfumer les enfants en bas âge et les enfants que vous porterez : la nocivité du tabac sur les grossesses et les fœtus semble indiscutable.

1. P. Driol, *in Le Généraliste*, n° 1101, 27 juillet 1989.

8

Le vin : mieux qu'un plaisir, une panacée

1. Vin, cœur et artères

« À votre santé », « Good health », « Skool »... Dans tous les pays du monde, tous les toasts s'accompagnent de vœux de bonne santé. Si l'on associe universellement vin et santé, ce n'est pas sans raison.

Les vertus thérapeutiques du vin sont reconnues depuis la plus haute Antiquité. Hippocrate, déjà, en vantait les avantages. Jusqu'au XIIe siècle il n'existait, pour tout alcool, que des boissons fermentées. Au XIIe siècle les alchimistes inventèrent la distillation et obtinrent de l'alcool pur qu'ils considérèrent comme de « l'or buvable » ; ils l'appelèrent *aqua ardens*, « eau-de-vie », « élixir de jouvence », etc. Durant les siècles suivants, l'alcool devint la base de presque toute la thérapeutique – c'est l'éthylthérapie ou œnothérapie. Solvant et conservateur de tous les principes actifs (plantes, minéraux, corps chimiques), il est l'excipient de tous les alcoolats, alcoolatures, potions, cordials, élixirs et autres vins médicinaux ; beaucoup de préparations ne doivent leurs effets, leur succès qu'à l'alcool qu'elles contiennent. Antiseptique, il sert à désinfecter. Anesthésique, il sert à endormir.

Au XIXe siècle, l'alcool est encore prescrit *larga manu* dans les hôpitaux parisiens. En 1886, 28 % du chapitre « Médicaments » du budget de l'Assistance publique étaient réservés à l'achat de produits alcoolisés : alcool pur 13 %, alcool dénaturé 1,5 %, eau-de-vie 1 %, rhum 4 %, vin rouge 8 %. À quoi s'ajoutait le chapitre « Cave » qui comprenait les boissons alcoolisées proprement dites. Actuellement encore, nombre de médicaments et en particulier les « fortifiants » contiennent de l'alcool.

Parmi les œnothérapeutes contemporains, citons le docteur Maury, auteur du fameux *La Médecine par le vin*[1]. Pour lui le vin n'est pas une simple boisson, mais une nourriture noble comme le pain et aussi un remède : « *Un cru de bonne qualité ne vaut-il pas mieux que la plupart des remèdes chimiques répandus de nos jours ?* » Aussi les deux témoignages qui suivent l'auraient réjoui.

Un patient, âgé de 85 ans et d'excellente santé, m'a confié avoir contracté en 1940 une tuberculose rénale. À cette époque aucun médicament actif contre cette maladie n'existait ; le professeur Dubois, de la faculté de Lille, lui conseilla de boire un verre de bordeaux midi et soir et de faire une sieste le midi : notre patient guérit.

Voici ce que m'écrivit le propriétaire d'un célèbre cru de Châteauneuf-du-Pape. « Mon père, à 83 ans, très alerte pour son âge, se plaît à dire que c'est grâce au vin. Il est vrai que vers l'âge de deux ans, il avait été très sérieusement malade ; la fièvre ne vou-

1. F. Maury, *La Médecine par le vin*, éd. J'ai lu n° 7016.

lant pas tomber, le médecin avait ordonné de prendre un verre de champagne en même temps qu'un bain chaud, et cette méthode l'avait guéri. Vers 1930, ma mère fatiguée réclamait un fortifiant à son médecin ; ce dernier l'avait assuré qu'elle possédait le meilleur remède et lui prescrivit un verre de 12 cl de châteauneuf, sucré, avant chaque repas. À certaines époques, vers l'âge de 10 ans, je goûtais moi-même avec du vin sucré en y trempant du pain ; ma sœur et mon frère ont subi le même régime. »

Le christianisme n'a jamais été hostile au vin, bien au contraire. Aux noces de Cana, c'est en vin que Jésus changea l'eau. Au cours de la Cène, c'est au vin qu'il assimila son sang. Saint Paul écrivit à Thimotée : « *Cesse de boire de l'eau, prends un peu de vin dans l'intérêt de ton estomac et de toutes les maladies.* » Saint Benoît recommandait de boire du vin à chaque repas. Au Moyen Âge, les moines élaborèrent toute une pharmacopée de remèdes alcoolisés. Et toujours l'Église, qui stigmatisa les péchés de chair, fut fort indulgente avec les excès de boisson.

Deux cent cinquante constituants

Avant de découvrir les bienfaits du vin, il est utile d'en connaître la composition, celle-ci déterminant ceux-là.

« *Le vin,* écrit le docteur Maury, *est autre chose qu'une simple dilution d'éthanol, c'est le contenu cellulaire d'un fruit mûr, remanié par la fermentation.* » Il aurait pu ajouter : fruit lui-même né de la fécondation par le soleil de la sève puisée dans les veines de la terre.

Le vin contient deux cent cinquante constituants. L'eau en est le plus important : 850 ml par litre, en moyenne. L'éthanol ou alcool éthylique vient en seconde place (45 à 160 g). Les sucres – glucose et fructose – sont en petite quantité dans les vins doux (1 à 3 g), et à l'état de traces dans les vins secs. On y trouve des vitamines, mais à doses faibles : vitamines A, B, C et PP. Les sels minéraux et les oligo-éléments y sont en grand nombre, mais également en faible quantité : des sels de potassium, de calcium, de magnésium, du silicium, du soufre, du chrome, du zinc et du fer. Les acides organiques tels l'acide lactique et l'acide tartrique confèrent au vin un pH voisin de 3. Ce sont les pigments venus de la pellicule du raisin qui donnent au vin sa robe : pigments rouges ou anthocyanes, pigments jaunes ou flavines ; les esters aldéhydes, son bouquet ; les tanins, dont nous verrons le rôle primordial, son astringence, particulièrement marquée pour certains crus bordelais (1 à 4 g).

L'éthanol est métabolisé exclusivement par le foie grâce à une enzyme fabriquée *in situ* : « l'alcool-déshydrogénase ». Sa combustion dégage des calories : en moyenne un gramme d'alcool fournit sept calories.

Les bienfaits

Aucune molécule chimique n'a jamais détenu autant de propriétés bénéfiques à elle seule. Si un savant contemporain inventait l'éthanol – nom chimique de l'alcool – il obtiendrait, à coup sûr, le prix Nobel. Le professeur Masquelier, de la faculté de Bordeaux, écrit : « *La molécule d'éthanol recèle d'immenses possibilités pharmacologiques. Imaginons que l'on reconnaisse à un nouveau produit de synthèse les vertus thérapeutiques énumérées au Tableau 1, cette molécule serait considérée comme un remède miracle...*[1] » (Cf. tableau 6, inspiré du Tableau 1 cité.)

Tableau 6

- Pouvoir calorifique élevé – Action énergétique rapide
- Apport de vitamines et d'oligo-éléments
- Apéritif – Eupeptique – Anti-colitique
- Antiseptique – Bactériostatique
- Protecteur cardio-vasculaire – Anti-infarctus
- Anticholestérol – Vasodilatateur
- Tranquillisant – Somnifère – Antidépresseur – Euphorisant
- Désinhibant – Psychotonique
- Analgésique
- Aphrodisiaque
- Diurétique
- Nullement toxique aux doses thérapeutiques, ni dans l'immédiat, ni à long terme
- Non allergisant – Actif *per os* – Efficace rapidement
- Saveur agréable – Coût bas

Pas un seul médicament moderne ne présente autant de propriétés exceptionnelles. Pas un seul ne présente une telle marge de sécurité ; au contraire leur toxicité est incomparablement plus grande. Avec l'alcool, seul l'abus cause des torts.

Non, je n'oublie pas les maladies dues à l'alcool (les troubles psychiques, la dégénérescence du système nerveux, la cirrhose, etc.), ni les accidents qu'il provoque (sur la route, au travail, à la maison), ni les drames familiaux qu'il engendre (violences, divorces, morts), ni les délits, ni les crimes ou les faillites[2]. J'ai trop vu d'innocents fauchés sur la route, de femmes battues, d'enfants terrorisés et je sais ce qu'il en coûte aux pays et aux familles, de larmes et de deniers.

1. Professeur Masquelier, « Vin et santé », *La Journée vinicole*, 18 janvier 1980.
2. Jean Trémolières, « Le Médecin et le Vin », *La Journée vinicole*, 9 août 1980.

Mais faut-il pour quelques ivrognes, trop nombreux certes, priver tous les citoyens des bienfaits d'une boisson ? Faut-il pour eux priver l'humanité d'un produit qui « *prédispose les hommes à la tolérance, à la coexistence pacifique, au sourire, à l'art de vivre, en un mot au maintien et au développement de la civilisation humaniste*[1] » ? Interdit-on ces innombrables remèdes modernes qui causent tant de maladies iatrogènes et, en perturbant la vigilance ou les réflexes des conducteurs, provoquent tant d'accidents ? Interdit-on la pratique du sport qui foudroie d'infarctus sur le terrain plus de mille sujets chaque année ? José Luis Pinillos, professeur de psychologie à Madrid, déclara lors d'un congrès : « *Gardons-nous de tout manichéisme... Seule une minorité tombe dans le piège de l'alcoolisme pour des raisons inhérentes à la structure de la personnalité, à des situations conflictuelles dans l'environnement familial, social, professionnel*[2]. »

De divers bienfaits

Lorsqu'il accompagne les repas, à dose raisonnable, le vin est excellent pour le tube digestif. Il ouvre l'appétit par la grâce de sa robe, de son bouquet, et de son goût excitant nos sens. Il facilite la digestion par son pouvoir euphorisant. Arrivés à table, l'esprit préoccupé et l'estomac noué, nous sentons dès la première gorgée notre esprit s'apaiser et nos viscères se dénouer ; dans le même temps s'accroît la sécrétion des sucs digestifs – salive, suc gastrique et pancréatique, bile – stimulée par l'excita-

1. A. Lalle, *Cahier de nutrition et de diététique,* 1978, vol. VIII, P.U.F.

2. José Luis Pinillos, « La Santé et le Vin », *in La Journée vinicole,* 25 juin 1982.

tion de nos sens et l'acide tartrique contenu dans le vin. C'est pourquoi il est recommandé dans les gastrites et les colites. Cet effet bienfaisant sur le côlon s'explique par le pouvoir régulateur de ses enzymes et l'action antiseptique, cicatrisante et anti-spasmodique de ses tanins. Le médoc, très riche en tanins, est plus spécialement conseillé dans les colites.

Le vin nous protège des infections digestives. En effet, il possède une action antiseptique : il détruit les entérobactéries (bacille typhique et paratyphique, salmonelle, colibacille, vibrion cholérique), certaines bactéries pyogènes (staphylocoque, streptocoque, pneumocoque) et les virus des hépatites et de la poliomyélite. Son action est non seulement bactériostatique mais aussi bactéricide. Elle est telle, que certains vins rouges dilués au 1/1 000e sont encore capables de détruire le virus de la polio. Ce pouvoir antiseptique lui est conféré par les tanins qui se combinent aux protéines des germes.

Le vin va donc combattre la pollution infectieuse de l'eau et des aliments : les coquillages, les glaces, les steaks hachés, les légumes et les fruits sont, en dépit de la réglementation sanitaire, fréquemment souillés par des déjections animales ou humaines. Ces souillures provoquent des toxi-infections alimentaires. Pour manger en toute sécurité, il faut accompagner le repas d'un bon cru. De même pour boire sans risque une eau douteuse, il faut y adjoindre un tiers de vin rouge ou alterner gorgée d'eau et gorgée de vin.

Vin, artères et cœur

Le vin protège nos artères en s'opposant à leur envahissement par les plaques d'athérome. Or ces plaques, vous le savez, entraînent la dégénérescence des artères : elles rigidifient et fragilisent leurs parois et en réduisent le diamètre. Cet effet bénéfique du vin s'exercerait en particulier sur les artères coronaires – les artères nourricières du cœur ; c'est dire que le vin protège le cœur de l'infarctus du myocarde. En effet, cette lésion survient lorsqu'une plaque d'athérome, associée à un spasme ou à un caillot, obstrue une artère coronaire, privant de sang et d'oxygène une partie du muscle cardiaque, qui alors se nécrose.

En mai 1979, paraît une étonnante information dans *The Lancet*, le célèbre journal médical américain[1]. Sous le titre « *Factors associated with cardiac mortality in developed countries with particular reference to the consumption of wine* », trois chercheurs anglais – Saint Léger, Cochran et Moore – publient une enquête épidémiologique concernant dix-huit pays occidentaux (tableau 7) : selon eux, la mortalité par maladies cardio-vasculaires, par infarctus en particulier, est réduite de moitié dans les pays de grande consommation de vin, comme la France et l'Italie, par rapport à des pays qui n'en consomment pas.

Depuis lors, toutes les enquêtes épidémiologiques effectuées, tant aux États-Unis qu'en Grande-Bretagne et en Suède, ont confirmé que la morbidité et la mortalité cardio-vasculaires, spécialement l'infarctus myocardique, atteignent les taux les plus bas dans les pays qui consomment habituellement du vin. Autrement dit, la fréquence de ces maladies est inversement proportionnelle à la quantité de vin consommée. Plus précisément une étude montre que pour la tranche d'âge 55-65 ans, il y a en France et en Italie (consommation 75 l/pers./an) quatre fois moins de morts par infarctus qu'en Finlande et aux États-Unis (consommation 5 l/pers./an).

1. A.S. Saint Léger, Al Cochran et Moore : « *Factors associated with cardiac mortality in developed countries, with particular reference to the consumption of wine* », *The Lancet*, 12 mai 1979.

C'est alors que les chercheurs français découvrent que, chez nous, les maladies cardio-vasculaires viennent en deuxième position au palmarès des causes de mortalité, derrière les affections tumorales, alors qu'elles sont en tête dans tous les pays développés ; pourtant les Français absorbent une ration de graisse et de sucre égale à celle des pays à forte mortalité coronarienne. Ce paradoxe pourrait s'expliquer par notre honorable consommation de vin ! Le professeur Apfelbaum[1], nutritionniste, confirme : « *La consommation quotidienne de petites doses de vin, de l'ordre d'un quart de litre par jour, a des "vertus" préventives des maladies cardio-vasculaires.* » D'autres savants parlent d'un demi-litre. Nous reviendrons sur les quantités.

Depuis l'article du *Lancet*, plus d'une vingtaine d'études prospectives et cliniques ont démontré que la consommation modérée d'alcool réduit bien le risque d'infarctus. Toutefois à ces constatations manquait une confirmation expérimentale. J. Richard nous l'apporta : il montra, à l'aide de coronarographies (radiographies des artères coronaires après injection d'un produit de contraste), que les sujets qui ont les coronaires les plus saines sont les plus gros consommateurs d'alcool[2].

Restait à trouver par quels mécanismes le vin protège les artères de l'athéromatose.

Comment le vin protège le cœur

Le vin prévient les maladies cardio-vasculaires en combinant plusieurs facteurs favorables.

1. *Le Généraliste*, 6 janvier 1984.
2. Jacques Richard : « Athérosclérose, alcool et épidémiologie », in *Médecine cardio-vasculaire*, n° 4, 20 décembre 1984.

Tableau 7

Factors associated with cardiac mortality in developed countries with particular reference to the consumption of wine

A. S. SAINT LEGER A. L. COCHRANE F. MOORE

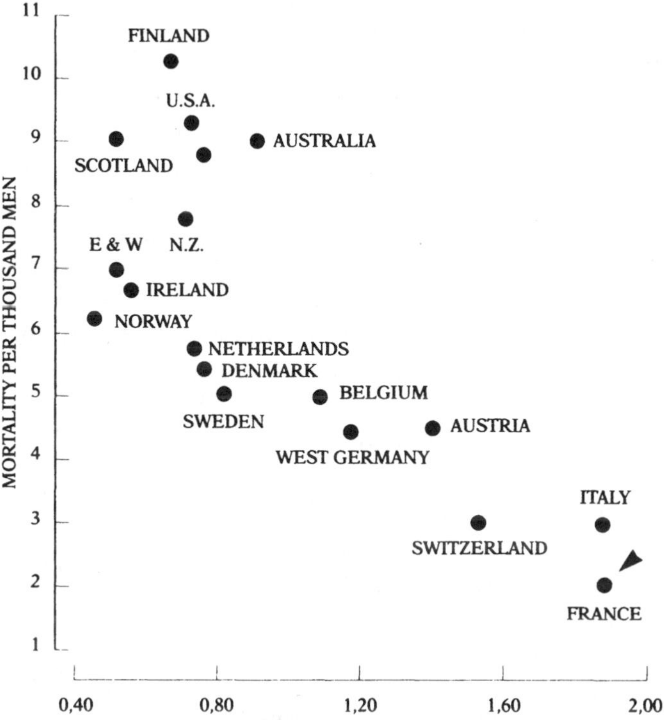

CONSOMMATION DE VIN (Échelle logarithmique de base 10)
Relation entre le taux de mortalité cardiaque (Ischaemic Heart-Disease ou I.H.D.) chez les hommes âgés de 55 à 64 ans et la consommation de vin.

Les résultats révélés par ce graphique sont impressionnants. On voit que pour la tranche d'âge 55 à 64 ans, la plus vulnérable pour les hommes, les taux de mortalité cardiaque sont environ quatre fois plus bas en France et en Italie.

1) La première idée qui vint aux chercheurs est que l'alcool s'oppose aux effets nocifs des lipides sanguins sur les artères. On sait depuis longtemps que le cholestérol, en s'infiltrant dans les parois vasculaires, contribue à la formation de la plaque d'athérome. On sait aussi qu'il existe deux sortes de cholestérol : un mauvais, le L.D.L. (Low Density Lipoproteins) qui provoque l'athéromatose, et un bon, le H.D.L. (Hight Density Lipoproteins) qui s'oppose à cette dégénérescence.

De nombreuses études ont montré que l'infarctus est plus fréquent chez les patients dont le taux de cholestérol H.D.L. est bas et qu'inversement la coronarite est plus rare chez ceux dont le taux de H.D.L. est élevé. Le professeur Castelli, qui dirige depuis quinze ans l'enquête de Framingham aux États-Unis, affirme qu'une chute de cinq centièmes de gramme, par litre de sang, du H.D.L. augmente de 25 % le risque de maladie coronarienne.

Pour éviter l'athéromatose il faut donc :

a) réduire le cholestérol L.D.L. : c'est en diminuant certaines graisses animales et en utilisant certaines huiles végétales qu'on y arrive ;

b) augmenter le cholestérol H.D.L. : cela s'obtient en absorbant de la vitamine E et en buvant... du vin ! C'est maintenant prouvé : c'est en élevant notre bon cholestérol, le H.D.L., que le vin protège nos artères, entre autres nos coronaires.

Belgraden, un Suédois, a démontré que la consommation d'alcool augmentait les taux du H.D.L. ; Fraser, un Américain, a établi que l'arrêt de la consommation du vin diminuait les taux du H.D.L. ; Haskell, étudiant un échantillon de buveurs modérés, demanda à quinze d'entre eux de s'abstenir de boire du vin pendant une semaine, il constata que le H.D.L. des abstinents s'abaissait, alors que celui des consommateurs se maintenait. Il demanda aux abstinents de reprendre leur consommation de vin : leur H.D.L. remonta[1] !

2) Le professeur Masquelier, de Bordeaux, a découvert que ce sont les tanins du vin qui protègent les vaisseaux de l'athéromatose. Ces tanins proviennent de la peau, des pépins et de la rafle du raisin ainsi que du bois des fûts. C'est pourquoi les vins rouges issus d'une vinification avec la grappe entière et ceux dont la macération en cuve et la conservation en fût de chêne sont longues, sont riches en tanins. Les tanins sont composés de polyphénols, vaste famille de dimères qui comprend les facteurs vitaminiques P ou C2, les anthocyanes, les flavenoles et les catéchimes dont sont dérivés les procyanidines.

Dans les intestins, les tanins freinent l'absorption du cholestérol provenant des aliments. Dans le foie, les procyanidines des tanins accélèrent l'épuration du cholestérol en amorçant la transformation des stérols en acide biliaire. Enfin au niveau de la paroi des vaisseaux, les vitamines P des tanins ont un effet protecteur bien connu dont il restait à découvrir le mécanisme intime. C'est ce qu'a fait le professeur Masquelier. Résumant ses travaux, on peut dire que les vitamines P :

a) s'opposent à l'histamine qui accroît la perméabilité de la tunique interne. Cet excès de perméabilité, en laissant pénétrer les lipoprotéines du sang dans la trame des vaisseaux, induit la plaque d'athérome ;

b) renforcent les fibres collagènes qui constituent la structure de soutien des vaisseaux.

1. W.L. Haskell, « *The effects of cessation and resumption of moderate alcool* », *in The New England Journal of Medecine*, vol. 310, n° 13, 29 mars 1984.

Les vins les plus riches en substances tanoïdes sont les vins de Bordeaux, en particulier le médoc et le saint-émilion. Le « vin cœur » est un produit particulièrement tanisé qu'ont élaboré Michel Bourzeix de l'Institut National de la Recherche Agronomique et le professeur Masquelier.

3) Les oligo-éléments contenus dans le vin ont également une action anti-athéromatose, en particulier le soufre, le chrome et le silicium. L'intérêt du chrome a été souligné par le professeur Joyeux de Montpellier qui conseille de boire un verre de vin à chaque repas. Quant au silicium, le professeur Comeynas de l'université du Languedoc déclarait : « *Une relation existerait entre le silicium et l'artériosclérose ; plus la paroi artérielle serait riche en cet élément et moins grand serait le risque de développement de cette maladie... Le vin est un aliment, parmi d'autres, susceptible d'apporter à l'homme une partie de sa ration journalière en silicium assimilable.* » Et il soulignait que notre alimentation actuelle ne comportait plus suffisamment de silicium[1].

4) Le vin a le pouvoir d'inhiber l'agrégation des plaquettes. Or ce sont ces agrégats qui induisent la formation des caillots, lesquels, en obstruant les artères coronaires, créent l'infarctus. Cette action anti-agrégat a été démontrée par des études sur l'animal et également sur des citoyens britanniques : lorsque l'alcoolémie augmente, les tests montrent une diminution de l'agrégation plaquettaire. Cependant les chercheurs ont constaté que lorsque le sujet prend une dose d'alcool unique et forte, le taux d'alcoolémie monte en flèche et l'agrégation diminue ; mais dans un second temps l'alcoolémie

1. M.A. Comeynas, « La Santé et le Vin », *in La Journée vinicole*, 25 juin 1982.

s'effondre et les tests d'agrégation indiquent une brusque remontée, ce qui est dangereux. Pour éviter cet « effet-rebond », pour que l'alcool ait une action anti-thrombus valable, il faut utiliser des boissons peu alcoolisées (le vin) et les consommer au cours des repas de façon à ce que les mets épongent l'alcool ; ainsi l'alcoolémie est progressive, peu élevée et durable.

5) Le vin, enfin, par l'alcool qu'il contient dilate les artères coronaires et augmente ainsi le débit sanguin et donc la fourniture d'oxygène au muscle cardiaque. Cette action coronarodilatatrice a été prouvée par des expériences sur le chien et le lapin. Le professeur Paul Dudlez White, le cardiologue de Boston qui soigna Dwight Eisenhower, déclara : « *Après les nitrites, le remède le plus efficace pour soulager une crise d'angine de poitrine est l'alcool...* » (*Heart Disease.*)

6) En ce qui me concerne, je suis persuadé que les effets bienfaisants du vin sur le cœur relèvent également de son action tranquillisante : il amortit les réactions du stress, tempère les à-coups émotionnels et apaise l'anxiété, tous phénomènes qui provoquent accélération du cœur, spasmes des coronaires et poussées de tension artérielle. Il protégerait donc le cœur comme le font les bêta-bloquants. Edward Luongo, de Los Angeles, a étudié cent hommes qui avaient survécu plus de dix ans à un infarctus : sept sur dix avaient continué à boire régulièrement. « *Tous ces hommes ont déclaré en avoir tiré des effets bénéfiques et notamment une diminution de l'anxiété... ce qui est plus important... cette anxiété contribue fréquemment à l'attaque cardiaque*[1]. »

1. *Journal of The American Medical Association*, 10 novembre 1958.

Je laisserai l'avant-dernier mot à H. Ximenes, de la faculté de Paris : « *Il semble bien que l'exercice et l'alcool sont les facteurs les plus importants pour réduire l'incidence de l'ischémie myocardique... À un buveur modéré qui a démontré sa capacité de ne pas augmenter sa ration d'alcool, il n'y a pas de raison de contre-indiquer un plaisir qui peut être potentiellement bénéfique*[1]. »

Le dernier mot étant pour signaler que la protection dont bénéficient les artères en général, et les coronaires en particulier, s'étend aux artères cérébrales ; les accidents vasculaires cérébraux (congestion cérébrale, hémorragie cérébrale...) et leur conséquence grave, l'hémiplégie, sont moins fréquents chez les buveurs modérés.

1. *Tempo*, décembre 1984.

9

Le vin : mieux qu'un plaisir, une panacée
2. Un tranquillisant idéal

Un remède miracle

Aucun remède n'associe autant d'effets bénéfiques pour le système nerveux que l'alcool, et en particulier le vin, pris en petite quantité. Ce premier psychotrope de l'humanité est aussi le psychotrope idéal.

C'est un excellent tranquillisant : il apaise l'anxiété, réduit les tensions, tempère les émotions pénibles – la peur, la colère, la douleur –, il amortit les stress. Il prévient donc les maladies psychosomatiques. Warren Richards, psychiatre de Cincinnati, affirme : « *Un brandy constitue un meilleur remède pour la tension nerveuse et l'anxiété qu'un tranquillisant*[1]. » Ses confrères partagent cette opinion. En effet depuis quelques années, les médecins américains freinent l'absorption des anxiolytiques ; un cer-

1. Cité par Nareff.

tain nombre parmi eux préfèrent voir leurs patients anxieux ou déprimés s'administrer des doses modérées d'alcool plutôt que d'absorber des anxiolytiques. Ils estiment que les risques d'accoutumance, sinon de dépendance et de troubles iatrogènes sont plus grands avec les substances de synthèse. Mais déjà Hippocrate conseillait une quantité égale de vin et d'eau pour éloigner les terreurs.

Un pas de plus et le sédatif devient somnifère. Arthur A. Nareff écrit : « *L'eau-de-vie est souvent plus utile pour amener le sommeil. Tandis que les hypnotiques ordinaires peuvent avoir des effets secondaires défavorables provoquant une torpeur au réveil après un sommeil anormal*[1]. » De fait un ou deux verres de bon vin au repas du soir préparent une bonne nuit.

L'alcool est un excellent antalgique. Il est depuis longtemps utilisé pour apaiser les douleurs ; et, avant que n'apparaissent les anesthésiques modernes, le cognac ou le rhum permettaient « d'endormir » les opérés, en particulier les malheureux qui devaient subir une amputation sur le champ de bataille.

Les effets stimulants du vin s'exercent spécialement sur les facultés intellectuelles. L'intelligence est plus vive, la créativité accrue, la sensibilité aiguisée, l'apprentissage et l'exécution des tâches grandement facilités. C'est pourquoi, de tout temps, les arts et le vin ont fait bon ménage ; autant que les muses, ce qui inspirait les poètes et les musiciens dans les antiques agapes, c'était le jus de la treille. Et combien d'écrivains, de peintres, de compositeurs et même de savants ont demandé au vin d'accroître leur génie !

L'alcool a un effet désinhibiteur particulièrement intéressant. En levant ses inhibitions, il permet au timide d'entreprendre une action, d'extérioriser ses

1. *Therapeutic Values of Cognac.*

sentiments et de s'intégrer au groupe. En favorisant la communication, il permet aux hommes de s'entraider et de progresser.

L'effet le plus évident et, sans doute, le plus salutaire du vin, c'est d'engendrer la gaieté. Hippocrate considérait que les « humeurs » tristes qui envahissaient les sujets atteints de « mélancolie » – littéralement : sang noir – étaient la cause majeure des maladies : aussi il prônait tous les moyens capables de provoquer la « bonne humeur » : le rire, le chant, l'amour et... le vin. Voyez, Hippocrate préconisait déjà de guérir par le plaisir ! Son action thymo-analeptique fait de l'alcool un remède des états dépressifs et sans doute le meilleur, car il réunit deux propriétés – qu'aucune molécule pharmaceutique ne réunit : l'effet anxiolytique et la stimulation de l'humeur [1].

Un degré de plus et la gaieté se fait euphorie. Rien qu'à la vue du vin, de ses tons chauds, le bien-être s'éveille. À humer son bouquet composé d'odeurs de fleurs, de fruits et d'épices, l'excitation s'accroît. Lorsque le nectar flatte le palais, le bonheur grandit encore. Ainsi, avant même d'atteindre le cerveau, le vin réjouit le gourmet en flattant ses sens. Bien entendu, quand il parvient au cerveau, l'euphorie est à son comble.

Encore un degré et c'est l'ivresse. C'est un état de conscience, caractérisé par un sentiment de puissance physique et d'exaltation psychique. Les sentiments pénibles – peur, angoisse, douleur – disparaissent ; à leur place s'installe un voluptueux vertige. « *Il n'est de véritable jouissance qu'au point où commence le vertige* », écrit Goethe dans *Les*

1. Tran Ky et F. Drouard, *Les Vertus thérapeutiques du champagne*, éd. Artulen.

Années de voyage de Wilhelm Meister. Cette ivresse, quand il est seul, l'individu la recherche comme moyen d'évasion et comme anesthésique ; quand il participe à une fête, elle l'aide à s'affranchir des contraintes morales. Telles sont les fonctions de l'ivresse, phénomène humain universel.

L'alcool agit-il sur la fonction sexuelle ? À court terme, c'est-à-dire en vue d'un échange amoureux, l'alcool, aphrodisiaque, euphorisant et désinhibiteur, est bénéfique à petites doses. À dose plus forte, il provoque la somnolence et réduit la libido. À long terme, une consommation modérée favorise la longévité amoureuse, au même titre que la longévité générale, en protégeant les artères car, ce faisant, elle préserve les possibilités d'érection. Inversement, une consommation abusive va altérer les artères et entraver l'intumescence jusqu'à l'impuissance.

Provoquant la gaieté, l'euphorie et l'ivresse, favorisant les échanges, facilitant la convivialité, levant les inhibitions, l'alcool sera de toutes les fêtes. Qu'elle soit familiale, corporative, tribale ou villageoise, la fête n'est pas une simple réjouissance, elle est aussi une explosion libératrice. Rompre la monotonie des jours, oublier ses soucis et ses souffrances, s'évader des contraintes du travail, voilà ses buts. Parfois le besoin de se libérer l'emporte : la fête justement va permettre à l'individu de secouer les convenances et d'enfreindre les tabous. Les fêtes de Dionysos, les orgies romaines, les festins de guerriers, les banquets modernes et les carnavals sont autant de défoulements collectifs. Sans doute sont-ils indispensables à la santé mentale des populations et des individus, puisqu'ils sont le fait de tous les peuples, de tous les temps.

Boire pour oublier

L'utilisation de substances psychotropes est une conduite universelle et immémoriale. Depuis que l'homme est pourvu d'une conscience humaine, il a fait appel à des drogues. Avant l'apparition de la culture, les populations utilisaient des substances végétales qu'elles cueillaient puis mastiquaient, infusaient ou fumaient. Simples stimulants comme le kola, le peyotl, le bétel, ou redoutables stupéfiants comme l'opium du pavot, la marijuana, le haschich ou chanvre indien. Quand la culture apparut, l'alcool devint le produit le plus utilisé : vins de fruits ou de palme, cervoise d'orge fermenté, hydromel, chaque pays avait son élixir. À l'ère industrielle, d'innombrables produits de synthèse envahirent le monde : tranquillisants, antidépresseurs, hypnotiques, stupéfiants nouveaux tels que les alcaloïdes du pavot (morphine, héroïne), le L.S.D., le palfium, les amphétamines.

« *Cette quasi-universalité de l'usage des boissons psychotropes nous invite à penser que ce comportement correspond à un besoin commun à l'homme de toutes les époques et de toutes les civilisations* », avance J. Claudian[1]. Ce besoin est assurément un besoin de volupté ; le « principe de plaisir » motive nos actes, nous le savons. Mais ce n'est pas par un pur plaisir que nous buvons : nous buvons aussi pour oublier l'angoisse[2] ; l'alcool comme la drogue sont les antidotes ô combien efficaces de l'anxiété. « *Toutes les civilisations ont éprouvé ou éprouveront le besoin de consommer des drogues pour atténuer le côté angoissant de la condition humaine* », écrit le docteur

1. « Le vin dans la pensée et le comportement des hommes », *in Cahier de Nutrition et de Diététique.*

2. Jean Trémolières, « Du bon usage du vin », *in Cahier de Nutrition et de Diététique*, vol. VIII, 1973, éd. P.U.F.

Maury (*ibid.*) et le professeur Masquelier renchérit : « *La consommation de cette boisson* [le vin] *répond dans une certaine mesure au besoin fondamental de tranquillisant qu'éprouve l'espèce humaine*[1]. » De fait, comme le clame le Figaro de Beaumarchais : « *Boire plus que de raison, faire l'amour en toutes saisons est bien ce qui nous distingue des autres animaux.* » Chose que confirme Brillat-Savarin : « *J'ai songé comme un autre et je suis tenté de mettre l'appétence des liqueurs fermentées (qui n'est pas connue des animaux) à côté de l'inquiétude de l'avenir qui leur est aussi étrangère.* » (*Ibid.*)

Si l'on considère la répartition géographique de l'alcoolisme en France, on s'aperçoit que les régions les plus touchées sont le Nord, pays industriel, froid et gris, puis la Bretagne et la Normandie, pays gris et pluvieux ; l'Est, pays rude, est une zone de consommation intermédiaire. Au contraire, l'Aquitaine, le Rhône, la Provence et le Languedoc-Roussillon, pays de soleil et d'humeur joyeuse, sont les régions les moins atteintes par l'alcoolisme, bien que régions viticoles. Ce n'est donc pas d'avoir le vin à portée de la main qui fait boire, mais d'être privé de soleil et condamné à un travail pénible (l'usine dans le Nord et l'Est, la mer dans l'Ouest). Comme dit la chanson, « *la misère est moins dure au soleil* ». On le voit, ce qui fait abuser de l'alcool, c'est bien la tristesse.

Si l'on considère la distribution sociale de l'alcoolisme, on s'aperçoit qu'il sévit plus particulièrement parmi les catégories défavorisées. Bien que l'argent ne fasse pas le bonheur, le fait d'en manquer engendre de nombreuses raisons d'être anxieux : l'insécurité des lendemains, le dur labeur, l'inconfort du logement, etc. Dans ces conditions, l'alcool est un moyen de survivre.

1. Professeur Masquelier, publication de l'I.R.E.B., « Contribution à une nouvelle alcoologie », 1983.

Si l'on observe dans quelles conditions les êtres ont recours à l'alcool, on s'aperçoit que ce sont les événements générateurs d'anxiété qui les déterminent : les maladies, les accidents, le chômage, les carences affectives, les situations conflictuelles, tous les avatars, toutes les agressions, tous les drames que comporte une vie. Bien entendu ce sont les plus fragiles qui font appel au plus accessible des anxiolytiques qu'est l'alcool : les individus de tempérament anxieux ou dépressif (25 % des déprimés s'alcoolisent) et ceux atteints de troubles psychiques où prédominent l'angoisse, les névroses d'angoisse, les névroses phobiques, les états limites et certaines psychoses.

Ceux qui abusent de l'alcool sont plus à plaindre qu'à blâmer. À plaindre, parce qu'ils sont en butte à l'adversité. À plaindre, parce qu'ils se révèlent incapables d'y faire face par eux-mêmes et sont donc condamnés à s'administrer des drogues. Normalement, nous compensons les difficultés par la sécrétion des morphines internes. « *Si cet ajustement ne s'opère pas suffisamment : par exemple si l'individu n'est pas capable de sécréter au bon moment une quantité suffisante d'endomorphines... l'agression est ressentie par la victime qui cherchera donc un ajustement artificiel dont l'alcool n'est qu'un moyen parmi d'autres* [...] *Les agressions se répétant, l'appel au psychotrope se fera de plus en plus fréquemment, et finalement sera employé en prévision des agressions supputées, ce qui peut mener à l'abus* », explique le professeur Masquelier[1]. L'alcoolisme est une maladie de la difficulté de s'adapter à la vie.

1. *Idem* note page précédente.

De stupéfiantes découvertes

Avant l'ère scientifique, on croyait que l'alcool possédait un pouvoir mystique, d'ordre surnaturel. Comment pouvait-il en être autrement d'une boisson qui avait la capacité de transformer, en quelques instants, notre état d'âme jusqu'à l'extase. Le vin était la boisson sacrée des dieux. En user, c'était au même titre que l'érotisme, la transe ou les sacrifices, un moyen d'accéder au divin.

En réalité ce divin, nous montre la biologie moderne, est un niveau de conscience particulier qu'elle explique de façon rationnelle. Comme on pouvait s'y attendre, l'alcool agit à la fois sur les centres de l'humeur, du plaisir, de la douleur et de l'appétit sexuel. Ce qui est surprenant, c'est la façon dont il agit. En 1970, Davis et Walch découvrent qu'un dérivé du métabolisme de l'alcool, l'acétaldéhyde, réagit avec une bioamine de la substance cérébrale, la dopamine, pour engendrer, fait étonnant, un alcaloïde dont la formule est voisine des stupéfiants tels l'opium, la morphine ou le peyotl. Mais il y a mieux : si, en laboratoire, on mélange du cerveau homogénéisé avec de l'éthanol et de la dopamine, on obtient de la tétra-hydro-papavéroline, l'un des alcaloïdes de l'opium ! Et si l'on perfuse une glande surrénale de vache, tissu contenant beaucoup de catécholamines, une autre bioamine, avec une solution d'acétaldéhyde, on obtient de la tétra-hydro-isoquinoléine, l'un des alcaloïdes du peyotl !

La création par l'alcool d'alcaloïdes voisins des stupéfiants a même été prouvée chez l'homme : si, après avoir fait ingérer de l'alcool à un sujet, on pratique une ponction lombaire dans le liquide céphalo-rachidien, on y décèle ces fameux alcaloïdes morphiniques ! Si auparavant on avait administré au sujet de la nalorphine, un antidote de la morphine, l'euphorie ne se serait pas produite et l'on n'aurait pas retrouvé d'alcaloïdes dans le liquide céphalo-rachidien...

Ainsi se trouve confirmée, jusque dans l'intimité même des réactions biochimiques, l'unité du plaisir. Non seulement l'alcool excite les centres hédoniques et thymiques comme le font l'amour, les arts, les sports et les stupéfiants, mais il le fait par l'intermédiaire de substances opioïdes semblables aux morphines exogènes et aux endomorphines de nos aires hédoniques et thymiques. On peut vraiment dire : « *Qu'importe le flacon pourvu qu'on ait l'ivresse.* » Quelles que soient les circonstances, ce sont toujours, *in fine,* les mêmes centres et les mêmes substances qui déterminent le bien-être.

Se droguer, c'est copier le bien-être naturel que nous confèrent nos propres endomorphines dans diverses situations : « *Les drogues,* déclare Trémolières, *miment l'euphorie du ventre plein, le calme après l'action physique, le rêve du sommeil, l'enthousiasme des éveils heureux, l'extase des caresses et des actes voluptueux*[1]. » « *L'homme normal,* écrit le professeur Masquelier, *n'a pas besoin d'alcool. Le fait d'en consommer le range déjà parmi les drogués. Le vrai problème est de savoir si l'organisme humain peut fonctionner sans drogue. Car certains médiateurs chimiques naturels indispensables à notre vie présentent avec les stupéfiants des analogies chimiques pour le moins troublantes*[2]. »

La réponse est sans doute celle-ci : toute vie humaine n'est possible que par le truchement d'une toxicomanie, qu'elle soit naturelle, utilisant les mor-

1. « Le Médecin et le Vin », *in La Journée vinicole,* 9 août 1980.
2. « Place de l'alcool dans l'alimentation de l'homme normal », *in Annales Hygiène Langue française.*

phines internes sécrétées au cours des plaisirs « normaux », ou qu'elle soit artificielle, utilisant les alcaloïdes produits ou contenus dans les drogues. La survie est à ce prix. Encore faut-il savoir choisir ses bonheurs et en rester le maître.

Danger de l'abstinence

Sachant tout ce que le vin apporte à l'homme, vous pressentez ce qui attend celui qui cesse d'en user. Dès l'arrêt de l'absorption du vin, cette sacrée anxiété fond sur l'être démuni ; il lui faut aussitôt trouver des substituts susceptibles de l'en protéger.

Ce que la bouche a perdu, la bouche s'efforcera de le retrouver sous une autre forme. La « compensation orale », telle qu'elle fut décrite pour le sevrage tabagique, joue ici à plein : l'aliment, tranquillisant et plaisir, remplira partiellement les fonctions du vin. À cette faim s'ajoute une faim physiologique due à la perte des calories qu'apportait le vin. Ces faims portent le plus souvent sur les glucides : les sucreries d'une part, car elles flattent merveilleusement le palais et tranquillisent parfaitement en raison d'un conditionnement constitué dès l'enfance ; les farines (pain, pommes de terre, pâtes), d'autre part, car elles « remplissent » bien l'estomac. Les sevrés se rabattent également sur les boissons non alcoolisées. Hélas, les jus de fruits et les sodas sont aussi trop riches en sucres. « *Choisir... un vin léger à 6° n'est pas plus dangereux que la consommation excessive de "tonics" et de boissons sucrées*[1]. »

Ainsi le malheureux qui avait abandonné l'alcool dans l'espoir de se porter mieux verra sa santé mena-

1. Claude Béraud, cité par P. Courtiel, *in Le Généraliste*, n° 734, 7 mai 1985.

cée par un poison bien pire encore : le sucre. Les maux qui l'attendent sont légion : l'accroissement des glucides du sang qui peut induire un diabète, l'augmentation des graisses du sang, en particulier du mauvais cholestérol L.D.L. et des triglycérides, l'obésité qui est, rappelons-le, une affection grave, et surtout les affections cardio-vasculaires. La détérioration des artères, en particulier des coronaires, étant la conséquence de l'augmentation du mauvais cholestérol et de la perte des effets vasculo-protecteurs du vin.

La compensation orale porte aussi sur les mets riches en graisses animales (fromages, charcuteries), ce qui aggrave encore le taux du cholestérol L.D.L. Elle porte enfin sur des liquides tels que le café ou le thé qui, à doses élevées, sont éminemment toxiques pour le système nerveux et le cœur. À ceux qui prétendent sans discernement que l'alcool tue lentement, il est facile de rétorquer que « *c'est avec les dents qu'on creuse sa tombe* ».

D'autres mécomptes guettent le sevré. Si la compensation orale ne suffit plus à tempérer son anxiété, il recourra aux tranquillisants. Il s'engagera alors dans une toxicomanie qui ne vaut guère mieux que l'alcool et dont il sera encore plus dépendant. « *Combattre l'usage du vin,* écrit le docteur Maury, *sous le fallacieux prétexte des dangers d'intoxication éthylique ne peut que favoriser le recours aux stupéfiants et aux tranquillisants qui sont autrement plus dangereux qu'un honnête jus fermenté de la vigne.* [...] *Grâce au vin, on évite le recours aux euphorisants synthétiques qui sont plus toxiques qu'un cru de bonne qualité.* » Il s'insurge contre le fait que l'on condamne le buveur alors que l'on s'apitoie sur celui qui prend des tranquillisants.

Les aliments et les tranquillisants ne suffisent pas toujours à contenir l'angoisse ; alors les effets perfides de la privation de vin s'accomplissent. Déstabilisé, mal dans sa peau, d'humeur morose, le sujet a beaucoup de difficultés à s'intégrer à son groupe et à s'adapter aux événements. Ses vies familiale et professionnelle s'en ressentent. Un jour, sous les poussées de l'anxiété et au vu de la médiocrité de sa vie, le sevré rechute dans l'abus de vin. Périodes de sevrage et récidives alternant, cela induit à la longue un syndrome névrotique d'échec.

Il arrive que les conséquences du sevrage soient plus dramatiques encore. Le sujet livré à ses peurs et à ses doutes, abandonné à ses frustrations ou à sa solitude, exposé à toutes les agressions, se débat vainement et un jour s'effondre : c'est la dépression. Hélas, parfois, il désespère de se relever jamais ; la mort qu'il se donne met un terme à ce combat inégal. Cette évolution tragique se rencontre plus fréquemment chez les êtres de tempérament fragile ou atteints de névrose ou de psychose.

Cependant l'esprit n'est pas seul à souffrir du sevrage. Le corps en subit également les conséquences. Le cœur est la première victime ; privé de l'effet anti-stress du vin, il est plus vulnérable ; privé de l'effet vasculo-protecteur, il est plus exposé à l'athéromatose, d'autant que la compensation alimentaire accroît son mauvais cholestérol ; troubles du rythme, angor, infarctus surviendront tôt ou tard. L'estomac, lui aussi désormais sans défense, s'ulcérera. À moins que le côlon n'ait des spasmes. Ou que n'apparaissent d'autres manifestations psychosomatiques.

Sevrage, où est ta victime ? Si l'abus d'alcool pourvoit les hôpitaux, les asiles et les prisons, le sevrage pourrait aussi bien les remplir. Inversement, combien d'estomacs sauvés, de cœurs protégés, de dépressions évitées, de suicides ou d'homicides prévenus par les effets d'un bon cru ?

« *Les décisions médicales sont parfois fondées non sur des données scientifiques mais sur des interprétations simplificatrices, elles-mêmes conditionnées par les valeurs morales ou idéologiques du décideur… Exercer un pouvoir, châtier le coupable…* » Il est plus « *important d'essayer de comprendre l'autre pour l'aider à prendre ses décisions que d'interdire* », déclare le professeur Claude Béraud (*ibid.*).

Le professeur poursuit : « *Seuls ceux atteints d'une affection médicale grave… et les femmes souhaitant une grossesse doivent être conseillés dans le sens d'une abstinence. Seule la modération est proposée aux autres car ses risques paraissent inférieurs peut-être à ceux de l'abstinence : la mortalité masculine est plus basse chez les buveurs modérés que chez les abstinents en raison de la mortalité cardiaque plus élevée chez ces derniers.* »

10

Vin : renoncer ou déguster

Le vin, à dose modérée, apporte tant de bienfaits qu'il ne faut y renoncer que contraint et forcé. Si c'est le cas, je vous souhaite, pour réussir votre sevrage, d'être bien entouré. Mais si vous avez la chance de pouvoir jouir sans terme du jus de la treille, faites-le avec sensualisme. Vous en tirerez plus de profit et vous déjouerez les pièges de l'alcoolisme.

Renoncer

Il vous faut renoncer aux boissons alcoolisées, ou les réduire au minimum, si vos analyses biologiques ont décelé une augmentation des triglycérides (taux supérieur à 1,70 g), ou une élévation de la glycémie qui atteste d'une tendance au diabète (taux supérieur à 1,10 g), ou un accroissement de l'acide urique qui annonce une poussée de goutte ou une crise de colique néphrétique (taux supérieur à 70 mg).

Il vous faut absolument renoncer à l'alcool si votre foie est atteint de lésions sévères, telles la stéatose – ou précirrhose – ou la cirrhose, lésions provoquées par l'abus d'alcool ou une hépatite à virus. N'attendez pas, pour vous inquiéter, de souffrir : le foie se meurt sans qu'aucune douleur le signale : les fameuses « crises de foie » des gourmands sont en réalité des spasmes de la vésicule biliaire. Ce sont les analyses sanguines qui vous indiqueront l'état de votre parenchyme hépatique. Il est malade si le taux de gamma G.T. est supérieur à 20 pour la femme et 30 pour l'homme ; et si les taux de transaminases S.G.O.T. et S.G.P.T. sont supérieurs à 30.

En ce qui concerne les autres maladies graves, l'abstinence n'est pas obligatoire, mais il est préférable de se limiter à des petites doses ; demandez l'avis d'un médecin œnologue. Quant à la grossesse, elle constitue une contre-indication ; faites d'abord votre bébé, ensuite vous renouerez avec le vin.

Il existe de nombreux médicaments dont l'absorption est incompatible avec l'alcool ; c'est le cas en particulier des psychotropes (tranquillisants, somnifères, antidépresseurs). Si l'on vous en prescrit, il vous faudra renoncer aux bienfaits de l'alcool. Toutefois, vous pouvez aussi choisir de ne pas prendre ces remèdes et d'utiliser le vin comme psychotrope ; et parallèlement de vous engager dans une psychothérapie.

Enfin, si vous êtes devenu « dépendant » de l'alcool, il vous faut tout faire pour retrouver votre liberté. Pour jauger votre maîtrise de l'alcool, pratiquez de temps à autre un test de sevrage : abstenez-vous pendant 48 heures de toute boisson alcoolisée. Si l'expérience vous est pénible, si vous ressentez un manque, attention, vous avez constitué une dépendance ! De fait, l'alcool est une substance qui peut créer une véritable toxicomanie ; heureusement 10 % des sujets, seulement, y succombent. Réduits en esclavage, ils ne peuvent se passer de leur dose quotidienne. Ce comportement a trois origines.

1) Une origine génétique : certains dépendants portent un génotype qui induit des troubles métaboliques entraînant une plus grande sensibilité à l'alcool (déficit en aldéhyde-déshydrogénase) ou un besoin accru d'alcool (anomalie des récepteurs dopaminergiques).

2) Une origine biochimique : l'alcool produit des modifications des neurotransmetteurs et des neurohormones (endomorphines, catécholamines, gaba) qui provoquent un état de manque et donc le besoin d'alcool.

3) Une origine psychique : la « récompense » procurée par l'alcool (anxiolyse, plaisir, euphorie) « renforce » l'acte de boire. Celui-ci est mémorisé en tant qu'acte gratifiant. De ce fait, la vue ou le souvenir de cette boisson déclenche l'envie d'en reprendre.

Réussir le sevrage

S'il vous arrivait de croiser un homme en bonne santé et maître de son destin, qui s'apprête à renoncer au vin, efforcez-vous de l'en dissuader. Mais si vous en rencontrez un autre qui doive y renoncer parce qu'il en abuse ou que, frappé de maladie, il y est obligé, celui-là aidez-le à se décider. S'il est dépendant, le combat sera épique ; s'il ne l'est pas, ce sera plus facile.

En appeler à sa raison ne servirait à rien. L'homme le plus rationnel ne peut rien quand l'étreint l'angoisse ; il penche toujours du côté où il ne faudrait pas. Vous devez en appeler à votre cœur, enrichi de la lecture de ces lignes, car c'est l'amour d'autrui qui sauve le plus sûrement l'homme des griffes de l'angoisse. Écoutez-le, parlez-lui, entourez-le. Et si cela ne suffit pas, confiez-le à ce thérapeute idéal dont nous rêvions déjà pour le sevrage du tabac.

Par son accueil chaleureux, il saura d'entrée gagner la confiance du patient. Ce premier contact est essentiel car notre buveur, culpabilisé, est sur la défensive. Puis, il s'efforcera de tisser des liens affectifs avec lui, ce qui n'est pas facile car ce patient-là ne communique pas aisément. Totalement compréhensif, il s'attachera à le déculpabiliser en lui montrant que ses habitudes ne sont que des moyens de défense ou d'adaptation. Il analysera les causes de son anxiété. Et progressivement, il l'amènera à fortifier sa personnalité en recourant à d'autres protections et à d'autres plaisirs. Il l'aidera à trouver un sens à sa vie. Il l'accompagnera jusqu'à l'achèvement d'un nouvel équilibre, jusqu'à l'avènement d'un homme nouveau. Ce travail pourra se faire de façon individuelle ou au sein d'un groupe.

Les techniques de bien-être – massage californien, musicothérapie, relaxation, sophrologie – compléteront merveilleusement les entretiens, car elles offrent l'euphorie que l'alcool procurait. Si ce travail ne suffisait pas à rééquilibrer notre patient, à le rendre apte à dominer son anxiété, il faudrait l'aiguiller vers les psychothérapies : soit les psychothérapies analytiques, soit les nouvelles psychothérapies. Les méthodes qui privilégient le corps sont particulièrement indiquées car souvent les buveurs excessifs ont d'eux-mêmes une image péjorative. Il est souhaitable que la conjointe fasse également un travail psychologique sur elle-même (ou le conjoint). On ne peut priver un être d'alcool sans lui proposer d'autres moyens d'affronter son anxiété et d'autres façons de se procurer du bien-être et du plaisir.

Ce thérapeute idéal peut être le médecin d'un centre d'alcoologie qui, bien que psychiatre, a su préserver son intelligence du cœur ; il peut être aussi un généraliste qui, en dépit d'une formation inadé quate et d'honoraires déshonorants, a su cultiver son charisme. S'il demeure introuvable, alors persuadez votre interlocuteur de s'en remettre à une association d'anciens buveurs ; ces bons Samaritains valent mieux qu'un froid technicien du psychisme ou qu'un médecin pressé. Ou priez avec ferveur ou votez avec perspicacité afin qu'advienne enfin cette cité juste, généreuse et fraternelle, où « l'être » l'emportera sur « l'avoir » et d'où les citoyens heureux ne penseront plus à s'échapper par le vin – ou par d'autres drogues.

« Tout ce qui fait la société plus humaine lutte contre l'alcoolisme et situe le vin à sa bonne place. Tout ce qui asservit l'homme à une rationalité, à un système de productivité qui l'écrase, engendre les maladies du savoir-vivre », affirmait Jean Trémolières[1].

L'art de boire

Vous qui pouvez boire, buvez mais faites-le dans les règles de l'art. Quand ? Combien ? Quoi ? Comment ? Vos questions fusent, je m'en réjouis.

Quand boire ? Il est préférable de boire au cours des repas. Les propriétés – apéritives, digestives, antiseptiques, anti-cholestérol – du vin s'exercent alors à bon escient. En particulier, les tanins peuvent s'attaquer au cholestérol des aliments. Inversement le bol alimentaire, en épongeant le vin, évite l'action directe de l'alcool sur la muqueuse gastrique et étale son passage dans le sang : ainsi le taux d'alcoolémie monte progressivement et se tient à des chiffres modérés. L'effet sur le système nerveux reste doux ; l'action anti-agrégats plaquettaires, c'est-à-dire anti-caillots, s'installe sans rebond ; les capacités de détoxication

1. « Le Médecin et le Vin », *La Journée vinicole*, 9 août 1980.

du foie ne sont pas débordées ; l'alcootest reste négatif. Enfin, les gastronomes savent bien qu'un vin ne développe ses qualités qu'accompagné de mets.

Peut-on s'administrer une dose de vin en dehors des repas, dans le but de se tonifier ou de se tranquilliser ? Il est vrai que rien ne vaut un petit verre de vin pour se « requinquer » en cas de fatigue, ou pour dissiper un coup de cafard. Le risque est de créer un conditionnement pavlovien qui conduirait à répondre à toute fatigue et à toute poussée d'anxiété par l'ingestion d'alcool. Il ne faut donc recourir aux propriétés psychotropes de l'alcool que si l'on est sûr de n'en pas prendre l'habitude et de rester maître des quantités, et à condition d'apprendre, parallèlement, à gérer autrement les stress.

Certains médecins français ne sont pas loin de penser, comme leurs confrères américains, que l'alcool vaut bien un tranquillisant. Certes, on risque de remplacer une dépendance par une autre ; mais pourquoi pas, si le sujet en éprouve un effet bénéfique ? De plus en plus d'alcoologues préconisent une consommation modérée d'alcool, associée à une psychothérapie pour équilibrer les anciens alcooliques. Ils préfèrent la tempérance à l'abstinence. *« Boire modérément peut être une thérapeutique de soutien »*, déclarait le docteur Thuilliez à la Société Française d'Alcoologie.

Combien ?

Le vin peut être un aliment ou un toxique suivant la quantité bue. Il y a danger quand la quantité absorbée dépasse la capacité d'épuration de l'organisme et du foie en particulier ; au-delà de ce seuil, l'alcool n'est pas brûlé et imprègne durablement notre organisme, y provoquant des lésions, spécialement au niveau du foie.

Rappelons que la capacité d'épuration est d'un gramme d'alcool par kilo et par jour. Ce qui correspond pour un adulte de 75 kilos à 75 g. Comme un litre de vin à 12 degrés contient 96 g d'alcool, cet adulte pourrait, sans danger, consommer trois quarts de litre par jour, autrement dit une bouteille.

L'Institut d'hygiène alimentaire comme l'Association Vin et Santé recommandent de ne pas dépasser trois quarts de litre chez l'homme et un demi-litre chez la femme. Ces quantités sont à moduler en fonction de la corpulence du sujet et de la nature de son activité. Les maigres et les sédentaires doivent réduire les doses à un demi-litre, les costauds et les travailleurs de force pourraient les relever à un litre, à répartir au cours des deux principaux repas.

Les cardiologues et les nutritionnistes acquis aux bienfaits du vin préconisent, eux, un quart de litre par jour, ce qui correspond à deux verres aux deux principaux repas. Ce n'est plus ici une tolérance, c'est une prescription : pour se bien porter, il est nécessaire de consommer quatre verres de vin par jour.

De même que le sucre est un condiment et non un aliment, le vin est un nectar et non une boisson. Il n'est pas fait pour désaltérer, mais pour enchanter le palais et l'âme. Pour la soif, il faut prévoir un grand verre d'eau à côté du verre de vin. On boit l'eau, on déguste le vin !

Que boire ?

Dans *L'Impatient,* Régis Pluget écrit : « *Peut-on encore parler de vin à propos de ces "bibines" faites de mélanges provenant de ces diverses régions de la*

C.E.E. où l'on fait "pisser" la vigne (jusqu'à 200 hl à l'hectare en Italie, trois fois plus que la moyenne, déjà élevée du Languedoc !) à coups de cépages hybrides et de produits chimiques ? Même les grands crus sont de plus en plus altérés par l'industrialisation de la viticulture et de la vinification. L'œnothérapie n'est possible qu'avec des vins de qualité. »

Prenez plaisir à chercher les bons crus ! Profitez de vos vacances pour visiter les viticulteurs. Entretenez-vous avec eux, voyez leurs vignes, leurs chais, gouttez leurs produits. Un vin de qualité est issu d'une vigne bien taillée, ayant reçu juste ce qu'il faut d'engrais et de traitements chimiques. Un vin de qualité est le produit d'une vinification traditionnelle : cuvaison prolongée, addition d'un minimum d'ingrédients, vieillissement en fûts de chêne un an au moins avant la mise en bouteilles ; celle-ci doit être faite à la propriété (c'est indiqué sur l'étiquette et sur le bouchon). L'origine doit être garantie par la mention « Appellation d'Origine Contrôlée ».

Si vous n'avez pas le temps de prospecter les pays producteurs, testez les vins dans les bons restaurants et notez les références, renseignez-vous auprès d'amis connaisseurs ; lisez ces excellentes revues que sont *Gault et Millau* ou *Saveurs*; adressez-vous à de bons négociants ou à des clubs fiables comme le « Savour Club » (voir Annexe). Ne croyez pas que seuls les crus célèbres et les vins chers soient valables. Vous aurez plus d'une fois l'occasion de « dégoter » des vins inconnus et de coût modique qui raviront votre nez et votre palais. Déjà Brillat-Savarin l'affirmait : *« Il n'en coûte pas cinq cents francs de plus par an pour ne boire jamais que de très bons vins. »*

Il existe des vins « écologiques ». Ils proviennent de vignes désherbées mécaniquement et non par herbicides, engraissées avec du fumier et des semis de trèfle nain et non avec des produits chimiques et des hormones, désinfectées par des coccinelles et non par des insecticides. Leur vinification est traditionnelle et ne fait appel qu'à quelques rares ingrédients. Il existe enfin un vin spécialement riche en tanins et faiblement alcoolisé : « le vin cœur », dont nous avons déjà parlé.

Le culte du vin

Guérir de plaisir, c'est guérir l'alcoolisme par l'alcool ; c'est aussi en finir avec l'abus du vin par le culte du vin. N'est-ce pas dans les pays de vignes que l'on trouve le moins d'alcooliques ? Il nous faut apprendre le respect du vin et le raffinement de son plaisir. La reconnaissance du vin et la volupté nous éloigneront plus sûrement des excès que les ukases. L'art de boire « *c'est l'art qui consiste à cultiver non pas l'ivresse brutale mais la joie qui allie aux plaisirs de la bouche ceux du cœur et de l'esprit. C'est un art subtil que les peuples ignorant le vin mettront quelque temps à apprendre* », écrit J.-C. Claudian[1].

Le respect du vin vous viendra un jour d'été quand, lentement, sous le soleil brûlant, vous gravirez une colline plantée de vignes. Dans le silence, que perce parfois l'exultation d'une alouette, vous foulerez la terre d'un pied précautionneux, caressant du regard les grappes intumescentes. Alors, vous découvrirez que là commence la magie du vin : sous vos yeux s'opérera la formidable synthèse des forces telluriques et de l'énergie solaire. « *La vigne, dont les racines plongent à des grandes profondeurs, tire la*

1. « Le vin dans la pensée et le comportement des hommes », *Cahier de Nutrition et de Diététique.*

force magnétique de la terre pour la concentrer dans la grappe. Le soleil, lui, baigne les ceps de son immense force cosmique. Les deux s'accumulent jour après jour dans les graines[1] », ainsi parlait Marcel Scipion. Jean Arrouye confirme : « *Le grain de raisin matérialise les énergies diffuses et impalpables de l'univers : courants magnétiques qui parcourent l'obscur domaine souterrain et fluides cosmiques venus du lumineux espace aérien. Il se gonfle de suc sous l'action conjuguée des quatre éléments primordiaux : l'eau et la terre, l'air et le feu*[2]. »

Dès lors vous comprenez que « *boire du vin, c'est boire de l'espace et du temps* », selon l'expression de Max Milner[3] ; et j'ajouterai de « *la lumière* ». C'est absorber aussi la force du ciel et de la terre « *pour avoir la force, la vraie, celle qui permet à un homme de pousser à bout de bras sa faux, dix heures par jour, dans les prés et dans les blés* », écrivait encore Marcel Scipion.

Alors, arrivé au faîte du coteau, vous contemplerez les collines alentour qui offrent au soleil leurs flancs lourds de grappes. Là-bas un homme arpente sa vigne. Sur la route passe un tracteur. En face, à mi-pente, se dresse le « château ». Vous irez tantôt, c'est décidé, vous recueillir dans l'ombre fraîche et parfumée des chais. Odeur de moût, odeur de chêne. Là, dans les cuves, dans les fûts, se déroule une autre alchimie : la transmutation du raisin en vin.

Quand, un soir d'hiver, un hôte vous servira un cru, surgira pleinement le souvenir de ce jour où le vin vous fut révélé. « *Le cru... c'est le vieux terroir. Le nom de cru, le nom du pays que porte un vin, raconte*

1. *Le Clos du roi*.
2. *Fonction symbolique du vin en Provence*, cité par Milner.
3. Max Milner, *L'Imaginaire du vin*.

tout cela. Derrière le mot, il y a la chose multiple : le lieu sacré, le vigneron d'un village, la subtile sensibilité d'une veine de terre et tout ce que lui ajouta de suprême et de précieux l'œuvre des hommes et le dépôt des âges... oui, le vin est essentiellement le produit d'une certaine veine de terre qui a saigné au soleil. » Roupnel, écrivain bourguignon, sait de quoi il parle[1].

Et votre esprit, enjoué par le jus de la vigne, s'abandonnera à ses rêves. Car la symbolique du vin rejoint votre propre imaginaire, ainsi que le suggérait Jean Trémolières : « *Ce que nous aimons, y compris ce que nous aimons boire ou manger, éclaire notre jardin intérieur que hantent nos rêves... Derrière la robe et le bouquet d'un vin, il y a certes ce que nos chromatographes découvrent d'arômes ; mais il y a encore plus ; tout ce qu'ils évoquent en chacun de nous. La rose qui se fane, la jeune prairie qui s'ouvre au mois de mai ; le prix, le prestige que nous attachons au respect de nos propres sensations : regarder et admirer un certain vieux grenat ; humer pour reconnaître plus encore, vivre ensemble ces émotions des sens, tout comme l'on jouit d'une musique, d'une voix qui chante*[2]. » En vérité la connaissance scientifique du manger et du boire n'en éclaire qu'un aspect.

Le culte du vin c'est aussi le domaine de l'irrationnel et des fantasmes, c'est-à-dire un domaine spécifiquement humain ; vouloir rationaliser tous les comportements de l'homme, c'est les rendre incompréhensibles ; c'est aussi déshumaniser sa vie, aseptiser la vie. « *Le rationnel (la science, la technique) ne nous explique pas le goût du vin, tout comme l'anatomie de Vénus ne nous donne pas les raisons de la*

1. Cité par C. Quittanson et J. Puisais dans *Cahier de Nutrition et de Diététique*.

2. « Du bon usage du vin », *in Cahier de Nutrition et de Diététique.*

naissance du désir. [...] Lorsque l'homme condamne le désir, le plaisir, la quête du bon, du beau, il automatise tous les gestes de la vie, les réduisant au rationnel et à l'hygiène », insiste Jean Trémolières.

Comment ? Sensualisme et vin

« *À une époque où le désir et le plaisir perdent de leur épaisseur et sont ravalés au rang d'hygiène, la volupté a cessé d'être un art où s'exerce l'esprit*[1]. » Apprendre à déguster le vin, c'est un moyen de renouer avec la volupté. Car le plaisir de boire, s'il est exacerbé par l'imagination, est bien charnel aussi : c'est le bien-être qu'engendre l'excitation de nos sens – la vue, l'odorat et le goût. Pour en tirer la quintessence, il nous suffit d'appliquer les préceptes du sensualisme.

1. La virginité, c'est, à chaque fois, accueillir le vin comme si nous le découvrions à l'instant même ; c'est s'étonner de sa couleur, de ses arômes, de ses goûts, s'attacher à les détailler.

2. Le « maintenant et ici », c'est vivre au présent les émotions que nous offre le vin, chassant de notre esprit les préoccupations liées au passé et à l'avenir.

3. La réceptivité, c'est être attentif à toutes les qualités sensorielles du breuvage, ouvrir au maximum nos capteurs sensitifs, déployer au mieux nos antennes sensuelles.

4. L'abandon, c'est se laisser ravir par les sensations, la chaleur des tons, l'envoûtement des parfums, l'enchantement des goûts.

1. Jean Trémolières : « Le Médecin et le Vin », *in La Journée vinicole*, 9 août 1980.

5. Le dernier précepte du sensualisme, c'est « une sensation à la fois » : il ne faut pas boire et en même temps parler ou écrire ou lire le journal ou regarder la télévision.

Pratiquons des « actes conscients » afin de rompre avec la routine et de retrouver la plénitude hédonique. Analysons posément, une à une, toutes les sensations ; attachons-nous à l'une d'elles et exploitons-là : par exemple, accrochons notre regard au rayon de lumière qui atteint notre verre, le pénètre, embrase le vin, en détache des flammèches qu'il fait danser sur la nappe, où il se réfléchit pour s'iriser sur un mur en une tache joyeuse.

Ou bien détaillons les sensations que procure une gorgée de vin : tastons-la longuement entre langue et palais, analysons toutes les composantes de ses arômes, avalons-la doucement, sentons-la quitter la bouche, caresser la gorge puis l'œsophage et se répandre dans l'estomac ; jouissons, le plus longtemps possible, du goût rémanent qui imprègne nos papilles avant que de décroître lentement jusqu'à s'éteindre.

Volupté et tempérance

Cultivons le désir, le beau désir. Il fait vivre. Il est amour de la vie. Avant que de se consumer de plaisir, brûlons de désir, désirons par tous nos sens ce breuvage divin.

Que nos yeux le désirent : admirons la bouteille, son habillage, son étiquetage. Commentons son origine, son millésime, évoquons le terroir. Respectons le cérémonial de l'ouverture de la bouteille. Et celui du remplissage des verres. Apprécions les tons du liquide tandis qu'on le verse. Les verres remplis, mirons le vin, admirons sa robe. Cherchons le qualificatif qui lui correspond : est-il rubis, grenat, pourpre ou violet ? ou encore pelure d'oignon ou ambré ? ou plutôt tuilé, brique ou marron ?

Que nos narines le désirent : humons-le, d'abord sans le remuer ; laissons-nous ravir par ce premier bouquet ; efforçons-nous d'en identifier les premiers arômes. Maintenant agitons-le quelque peu en le faisant tourner ; humons-le de nouveau ; alors toutes les composantes du bouquet se dévoilent, se développent, s'exhalent, s'égrènent, s'effeuillent. Reconnaissez au passage ces odeurs de baies rouges (framboise, fraise des bois...). Saisissez au vol ces senteurs de prune et de pruneau, de noisette ou de noyau d'abricot. Avez-vous capté ces parfums d'acacia, de tilleul ou de violette ? Et là, au cœur du bouquet, percent soudain quelques notes épicées : cannelle ou poivre vert. Et puis, dans la traîne, tout en arrière, n'y a-t-il pas quelques effluves de sous-bois ou d'herbes fanées, voire quelques relents de truffe ?

Plus de cinq cents substances odorantes ont été dénombrées dans les vins. Mais plus que leurs noms chimiques, ce qui intéresse le gourmet, le sensuel, ce sont les odeurs naturelles que le vin évoque. On les classe en neuf séries :

1. la série éthérée dite de fermentation : bonbon anglais, vernis à ongles, banane mûre, savon, cire, bougie, froment, beurre frais ;

2. la série florale : acacia, tilleul, pêcher, oranger, citronnelle, troène, genêt, pivoine, violette, rose, giroflée ;

3. la série fruitée : fruits rouges (groseille, framboise, fraise des bois, cerise, cassis, prune, pruneau), fruits secs (amande, noisette), poivron vert, agrumes ;

4. la série végétale : foin, menthe, fougère, humus, sous-bois ;

5. la série empyreumatique : odeur de torréfaction, pain grillé, café torréfié, cacao, bois brûlé, pierre à fusil, silex ;

6. la série épicée : thym, romarin, laurier, basilic, truffe, clou de girofle, poivre vert, cannelle ;

7. la série balsamique : pin, résine, encens, vanille ;

8. la série animale : gibier, fourrure, musc, civette, ambre ;

9. la série boisée : écorce, bois vert, bois de chêne, bois de santal.

On appelle « arômes » les principes odorants des vins jeunes. Les arômes primaires ou arômes de cépage préexistent dans le raisin ; ce sont plutôt des odeurs des séries fleurie, fruitée ou végétale. Les arômes secondaires ou arômes de fermentation apparaissent sous l'action des levures ; ce sont plutôt des odeurs de la série éthérée. Le « bouquet », appelé aussi arômes tertiaires, désigne l'ensemble des odeurs développées par un vin après vieillissement.

Rien n'excite autant le cerveau que les saveurs d'un vieux vin, hormis les fragances de l'amour.

Que notre gorge le désire aussi : portons-le à nos lèvres, délectons-nous de ses saveurs, surtout retenons-nous de l'avaler. Recueillons-nous, c'est l'instant où chaque papille de la langue, chaque corpuscule du rhinopharynx – et ils sont des milliers – butine, capte, sonde, tâte, teste, s'imprègne. Caressons le nectar entre langue et palais ou plutôt laissons-le caresser et embaumer nos muqueuses. Il y a d'abord la première impression, l'attaque. Ensuite, toutes les saveurs et tous les arômes s'épanouissent, c'est la floraison. Nous retrouvons toutes les séries décrites pour le nez, car le nez joue ici encore le rôle principal. Mais nous apprécions aussi les qualités plus physiques du vin.

Les uns sont tendres, veloutés, moelleux, soyeux, « *de taffetas* », disait Rabelais. D'autres sont ronds, souples. D'autres au contraire sont nerveux, virils, charpentés. D'autres, enfin, sont amples, pleins, charnus jusqu'à « avoir de la mâche ».

Le désir culmine. Comme il est vrai que le désir est le meilleur du plaisir ! Il en fut ainsi de l'art de fumer, il en sera ainsi de l'art d'aimer.

Enfin, c'est l'acmé du plaisir : la gorgée, éclatée comme un feu d'artifice, franchit le gosier, laissant au passage une longue traînée de volupté, et inonde le corps de bien-être.

Si vous voulez parfaire vos talents de dégustateur, effectuez donc un stage de dégustation ou même préparez un diplôme d'œnologie. « *Le vin ça s'apprend, comme le piano et le tennis* », affirme Benoît France, sommelier-conseil. Vous trouverez en annexe de bonnes adresses.

Pour déguster, pour recueillir le maximum d'agréments, il n'est pas besoin de grande quantité. Ce qui compte, c'est la qualité et la variété des sensations hédoniques. La sensualité va de pair avec la frugalité. Du raffinement naît la tempérance. De la tempérance naît la jouissance : « *La tempérance n'est pas la perte de la volupté, mais son assaisonnement* », a écrit Montaigne, qui ajoute : « *Y a-t-il quelque volupté qui me chatouille, je ne la laisse pas folâtrer aux sens, l'âme doit y venir non pour s'y engager mais s'y agréer, non pour s'y perdre, mais pour s'y trouver.* »

« *Dans la société de consommation, tout est fait pour l'encourager dans ce cul-de-sac. Il faut le courage d'être à plein contre-courant pour comprendre que c'est dans un certain renoncement que la sensation livre son fruit.* [...] *Le jour où, en chacun de nous, le sens du désir saura aimer les règles qu'il doit mettre dans la vie de sa carcasse, il n'y aura plus d'alcooliques et il n'y aura plus de puritains*[1]. » Ici encore l'esthétique vient au secours de l'éthique.

Même lorsqu'on est sûr d'avoir raison, il est toujours réconfortant de découvrir que de grands noms partagent votre opinion ; vous devinez ma joie de lire sous la plume du plus illustre des œnologues-gastronomes, Claude Millau, ces lignes : « *Il est impossible de s'intéresser sincèrement au vin sans devenir sobre. La connaissance et l'excès ne peuvent cohabiter. Combien d'entre nous ont une habitude mécanique du vin ?* [...] *Cette habitude, je l'ai perdue à l'occasion d'une cure. Le vin était interdit, mais j'ai pu obtenir l'autorisation d'en boire une très faible quantité. Je me suis alors rendu compte qu'on éprouvait autant de plaisir, sinon plus, à boire un petit fond de verre au lieu de trois verres. Cette attitude vous force à faire attention à ce que vous buvez, à être totalement capté par votre plaisir... Déguster plus chaque gorgée d'un grand vin suscite des plaisirs absolument infinis. Il faut remplacer le plaisir de la quantité bue machinalement par celui de la qualité*[2]. »

Claude Millau ne m'en voudra pas de laisser le dernier mot à notre maître à tous, Brillat-Savarin, pour cette phrase qui est un sommet de sensualisme : « *Il a accepté, après quelques instances, une cuillerée d'excellente liqueur seulement pour parfumer sa bouche.* »

1. Jean Trémolières, « Le Médecin et le Vin », *in La Journée vinicole*, 9 août 1980.
2. Claude Millau, *in Médecine cardio-vasculaire*, n° 49, novembre 1984.

11

Le cholestérol : n'en faites plus une maladie

En 1948, paraissait la célèbre enquête menée à Framingham par des médecins américains : elle révélait que l'excès de cholestérol dans le sang était la cause principale des maladies cardio-vasculaires et en particulier de l'infarctus du myocarde. En s'infiltrant dans la paroi des artères, il les durcit et les rétrécit ; et pour peu qu'un caillot (ou « thrombus ») s'associe à ce rétrécissement, l'artère se trouve obstruée (ou « thrombosée »). Ainsi naissent l'artérite et l'artériosclérose et leur redoutable complication : la thrombose. Quand de semblables altérations atteignent les vaisseaux nourriciers du cœur (les coronaires), se produit la coronarite. Quand s'y ajoute l'obstruction, survient l'infarctus du myocarde.

Pour prévenir les affections cardio-vasculaires, il fut donc instamment conseillé de réduire les aliments susceptibles d'accroître le taux de cholestérol, à savoir ceux qui contiennent des graisses animales et ceux que l'organisme s'empresse de convertir en cholestérol, c'est-à-dire les sucres rapides.

Dès lors, s'installa dans le corps médical et dans le public une véritable phobie du cholestérol, assimilé au plus perfide des poisons : phobie qui engendra une authentique obsession du « régime » : « pas de graisses, surtout pas de graisses ! » Ce terrorisme diététique n'épargna personne : même les citoyens dont les taux étaient normaux devaient se soumettre aux restrictions, sous peine de se laisser envahir par les redoutables lipides et d'être frappés par l'infarctus. « Analyse de sang », « cholestérol », « régime », « graisses », on ne parlait plus que de cela dans les cabinets médicaux, dans les rubriques spécialisées des journaux, aussi bien que dans les salons.

Un gigantesque marché se développa, qui profita aux fabricants de médicaments anti-cholestérol ou d'aliments allégés en cholestérol, aux pharmaciens, aux médecins, aux biologistes.

Le bon et le méchant

En 1975, l'enquête s'étant poursuivie à Framingham, de nouveaux résultats furent publiés ; ils infléchissaient nettement les conclusions précédentes : ce qui détermine les risques de maladies cardio-vasculaires, ce n'est pas le taux de cholestérol total, mais le taux de cholestérol H.D.L. Avant de poursuivre, sachez que le cholestérol, n'étant pas soluble dans le sang, se combine, pour y circuler, à des protéines pour former les lipoprotéines. Deux sortes de lipoprotéines nous intéressent au premier chef : les L.D.L. (Low density lipoproteins) ou apolipoprotéines B – les deux tiers des lipoprotéines – qui déposent le cholestérol sur les parois des vaisseaux et les encrassent ; et les H.D.L. (Hight density lipoproteins) ou apolipoprotéines A1 – le tiers des lipoprotéines qui ramassent le cholestérol précédent pour l'amener au foie (qui l'éliminera) et donc décrassent les artères. De plus, les H.D.L. s'opposent à la formation du caillot ou thrombus en empêchant les plaquettes de s'agréger. Au total, ce qui provoque l'altération des parois vasculaires c'est, soit un excès des L.D.L., soit un déficit des H.D.L. ; le facteur le plus néfaste étant l'abaissement des H.D.L. On appellera, par approximation, les H.D.L. ramoneurs « le bon cholestérol » et les L.D.L. encrasseurs « le mauvais cholestérol » !

Dès lors le taux de cholestérol total n'est plus un indicateur fiable du risque cardio-vasculaire : on peut avoir un cholestérol total normal et courir un risque important si le taux de cholestérol H.D.L. est bas. C'est donc le pourcentage du H.D.L. qui est vraiment prédicatif : il doit être supérieur à 0,50 g chez la femme et 0,45 g chez l'homme. Le rapport cholestérol total sur H.D.L., ou indice d'athérogénicité, doit être inférieur à 4,50 chez la femme et 5 chez l'homme.

De nombreuses études ont, par la suite, confirmé d'une part que « *cholestérol total et maladie coronarienne ne sont pas synonymes*[1] » ; et que, d'autre part, plus le H.D.L. est bas, plus grande est la fréquence de survenue des coronarites et des infarctus ; il fut même précisé que chaque fois que le H.D.L. diminuait de 0,05 g/litre, le risque d'accidents vasculaires augmentait de 25 %. Inversement, chaque fois que le H.D.L. augmentait de 0,01 g/litre, le risque coronarien diminuait de 30 %. Quand le H.D.L. est inférieur à 0,35, le risque est multiplié par six. Quand le H.D.L. est supérieur à 0,75, c'est un gage de longue vie.

Pour tenir compte de ces nouvelles notions, les régimes s'affinent. Il ne s'agit plus seulement de réduire la part d'aliments contenant du cholestérol, mais aussi d'absorber des aliments qui contiennent

1 . Goldbourt, cité par Martine Transcarroz, *in Le Généraliste*, n° 798, 7 février 1986.

ou favorisent le H.D.L. Les idées foisonnent, les avis s'opposent. Pour accorder leurs violons, les médecins organisent des conférences de « consensus » d'où ressortent des « recommandations » pour toute la population. Elles fixent les chiffres des cholestérols à ne pas dépasser et édictent des principes de diététique. Par exemple, en 1985, l'American Heart Association élaborait un document dit « *Step I* ». Le malheur, c'est que les régimes sont de plus en plus contraignants et complexes et les chiffres limites des cholestérols, de plus en plus bas. Dans leur lancée, les chercheurs s'intéressent aux cholestérols des sujets de plus en plus jeunes. Ils en arrivent à préconiser des dosages réguliers chez les adolescents, fixant la barre du cholestérol total à des chiffres extrêmement bas.

Ce qui était une phobie devient une folie, engendrée et entretenue par ceux qui y trouvent leurs intérêts, en particulier les firmes qui lancent des produits anti-cholestérol de plus en plus onéreux et les laboratoires d'analyses qui pratiquent des dosages de plus en plus fréquents ; ces derniers impriment, sous les résultats, les chiffres soi-disant normaux et les risques prétendument encourus, ce qui a pour effet d'alarmer les patients et de les inciter à demander de nouvelles analyses. Bien entendu, praticiens et pharmaciens « mettent deux sous à la musique ». (Tableau 8.)

La révolte

Depuis peu, des voix s'élèvent pour dénoncer ce délire : car on s'est aperçu que d'imposer un régime standard à l'ensemble de la population s'avérait aussi inutile que dangereux.

Tableau 8
Fac-similé de résultats d'analyse biologique

SANG		
CHOLESTÉROL	2,19 g/l 5,65 mole/l	
Valeurs préconisées pour la détermination du risque cardio-vasculaire :		
âge	risque modéré	risque élevé
– 20	1,80 g/l	
20-29	2,00 g/l	2,20 g/l
30-40	2,20 g/l	2,40 g/l
+ 40	2,40 g/l	2,60 g/l

Les graisses ne sont quand même pas des toxiques ! Notre corps en est fait pour un tiers. Et si la plupart des lipides ne jouent qu'un rôle de réservoir énergétique et de remplissage, certains, dont justement le cholestérol, ont un rôle plastique essentiel : ils constituent la membrane de nos cellules et la substance de leurs noyaux et de leurs mitochondries. Même nos cellules les plus nobles, les neurones, contiennent des lipides en quantité importante et aux rôles primordiaux : la gaine des cellules nerveuses est faite d'une substance, la myéline, qui comprend du cholestérol et des acides gras (A.G.) polyinsaturés ; leurs extrémités comportent des A.G. « essentiels » qui participent à la sécrétion des fameux neurotransmetteurs. D'une façon générale, les lipides jouent un rôle important dans la construction et le fonctionnement du cerveau. Le cerveau lui-même est l'organe qui recèle le plus de graisses (15 %). Par ailleurs, le cholestérol entre dans la composition des hormones. Ainsi, les lipides et le cholestérol en particulier sont des substances vitales, tellement vitales que notre propre foie fabrique les deux tiers du cholestérol que renferme notre sang. Seul l'excès de L.D.L. dans le sang peut être préjudiciable.

Quant aux graisses alimentaires, en plus de leur apport énergétique, elles fournissent des éléments nutritifs essentiels : les A.G. indispensables, les A.G. insaturés, le cholestérol H.D.L. et les vitamines liposolubles. Les régimes hypolipidiques abusifs nous frustrent de tout cela.

C'est pourquoi les régimes anti-cholestérol habituels sont remis en cause. On leur reproche d'être inutiles, inefficaces et dangereux.

1. Inutiles, car ils influencent très peu le taux de cholestérol total du sang, comme le montrent plusieurs études. Ce n'est pas le cholestérol contenu dans les aliments qui accroît tellement le cholestérol du sang ; un tiers seulement vient de l'alimentation.

2. Inefficaces car, en ce qui concerne la prévention de la mortalité, toutes les études montrent que la mortalité globale est inchangée, ce qui signifie que les citoyens qui suivent de tels régimes ne vivent pas plus longtemps que ceux qui ne les suivent pas. Certains meurent quand même de coronarite, les autres de mort violente ou de cancer[1]. Ceux qui meurent de coronarite sont alors victimes d'autres « agresseurs » d'artères. C'est que l'augmentation du taux de cholestérol n'est pas la seule cause de survenue des affections cardio-vasculaires : *« Le risque cardio-vasculaire ne peut être réduit à l'hyperlipidémie*[2]. » *« Les programmes nationaux... exagèrent l'importance du cholestérol en tant que cause de cardiopathie coronarienne*[3]. » *« Une plaque d'athérome ne se limite pas à*

1. Jean-Marie Bourre, *Les Bonnes Graisses*.
2. Marine Joras, *in Le Quotidien du Médecin*, n° 4513, 23 avril 1990.
3. Oliver, cité par Marine Joras (*ibid.*).

un dépôt de cholestérol[1]. » De multiples facteurs concourent à altérer les vaisseaux, en particulier les vaisseaux du cœur. « *L'épidémiologie,* poursuit Loïc Capron, *a reconnu bien d'autres facteurs de risques artériels que les anomalies lipidiques.* » De fait, on en a recensé trois cents ; parmi ceux-ci : l'hérédité, le sexe, la race, le tempérament, le stress, la pollution, l'hypertension, le diabète, l'obésité, la sédentarité... On va même jusqu'à affirmer que les conclusions des recherches comme celles de Framingham, qui relient accroissement du cholestérol total et mortalité par infarctus, ne sont qu'une « hypothèse mal assurée ». « *La théorie qui sous-tend la stratégie de masse dans le but de prévenir la pathologie coronarienne est mal assurée et repose sur des inconsistances et un manque de preuves expérimentales*[2]. »

Ceux qui meurent de mort violente (« *au lieu de mourir d'infarctus avec un taux de cholestérol haut, les malades se jettent par la fenêtre avec un cholestérol bas*[3] ») sont victimes, selon moi, d'un déficit de plaisir – triste chair, triste sire – et d'une carence en A.G. « essentiels » – ces lipides indispensables au bon fonctionnement du cerveau. Il est possible que les restrictions trop sévères de graisses déterminent une plus grande agressivité envers soi et les autres. Des expériences ont montré que des singes soumis à un régime pauvre en cholestérol agressaient deux fois plus leurs congénères.

3. Enfin, les régimes habituels sont dangereux ; en réduisant globalement la part lipidique de l'alimentation, on prive l'organisme des bonnes graisses (les A.G. indispensables, les A.G. insaturés, les H.D.L.) et des vitamines liposolubles. La conséquence la plus

1. Loïc Capron, *in Impact Médecin* du 6 avril 1990.
2. Skrabanck, *in Impact Médecin* du 6 avril 1990.
3. Jean-Marie Bourre (*ibid.*).

grave étant, bien entendu, la diminution des H.D.L. du sang. De fait, les recherches ont montré que si la diététique habituellement proposée abaissait les L.D.L. de 30 %, elle réduisait également les H.D.L. de 18 %. D'autres travaux ont même révélé que les L.D.L. ne baissaient pas ! En définitive, la protection contre le risque cardio-vasculaire est amoindrie, ce qui est à l'opposé du but recherché.

Cela est suffisamment grave quand il s'agit de sujets présentant de l'hypercholestérolémie ou déjà victimes d'une affection cardio-vasculaire ; cela devient éminemment néfaste lorsqu'il s'agit de sujets au taux de cholestérol normal, à qui l'on impose, par prévention systématique, une diététique sévère. D'ailleurs 90 % de la population a un taux de cholestérol quasiment invariable. Il est temps de stigmatiser les effets pervers des campagnes de masse qui visent à mettre l'ensemble d'une population au régime et à médicaliser des sujets en bonne santé. « *Il n'est pas justifié... d'imposer aux Français, dont le taux de mortalité coronarienne est l'un des meilleurs d'Europe, des consignes nutritionnelles draconiennes*[1]. » L'Américain Gouse s'insurge également contre les recommandations du « *Step I* ».

Les femmes sont les victimes privilégiées de ces régimes. D'ailleurs les premières recherches de Framingham avaient été conduites chez des hommes d'âge mûr. Il n'était pas fondé d'en appliquer les conclusions à nos compagnes. D'autant que l'on s'est aperçu que la femme jusqu'à la ménopause était protégée spontanément contre les accidents cardio-vasculaires et qu'ensuite le risque s'amenuisait avec l'âge. Toutes les études montrent que le risque de développer des maladies cardio-vascu-

1. Basdevant, cité par E. Soufflet, *in Impact Médecin*, Médec, 1991.

laires est plus faible chez la femme que chez l'homme. Plus particulièrement, les récentes recherches de Framingham, menées cette fois chez des femmes et confirmées par d'autres équipes, montrent que le cholestérol total et même le L.D.L. n'ont pas une grande nocivité : « *Pour la grande majorité des femmes, sans maladie génétique, des taux élevés de L.D.L. ne représentent qu'un faible facteur risque*[1]. »

On pense que la femme a naturellement un taux élevé de H.D.L. qui la protège. « *L'influence protectrice du cholestérol H.D.L. contre les maladies cardio-vasculaires est chez la femme, avant la ménopause, deux fois plus fort que l'effet athérogène du L.D.L.*[2] » (ce privilège serait lié à ses œstrogènes naturels). Aussi, ce qui importe chez elle, plus encore que chez l'homme, c'est le taux des H.D.L. « *Des H.D.L. bas sont un risque plus important de maladies cardio-vasculaires, nettement plus important que des L.D.L. élevés* », précise Crouse[3]. D'où le danger de la « pilule », contraceptif qui, comme vous le savez et quelle que soit la marque, est toujours composé d'hormones féminines artificielles qui réduisent de 47 % les H.D.L. Les femmes sous pilule « *ont ainsi un risque cardio-vasculaire augmenté d'au moins 25%*[4] ». « *Devenue si banale qu'elle est assimilée à l'alimentation* [...] *elle* [la pilule] *cause plus de maladies vasculaires et de cancers que ne le fait le tabac* », écrit le professeur Joyeux[5]. Elle induit un risque accru de thrombose veineuse (phlébite et sa redoutable com-

1. Crouse, cité par Marine Joras, *in Le Quotidien du Médecin*, n° 4513, 23 avril 1990.
2. Madeleine Tréguier, *in Le Généraliste*, n° 1101.
3. *Gynéco-obstétrique*, n° 211.
4. Professeur Cloarec, cité par Évelyne Gogien *in Le Généraliste*, n° 829.
5. Henri Joyeux, *Changer d'alimentation*.

plication, l'embolie) et de thrombose artérielle (obstruction des artères du cerveau, du cœur ou des membres). Ces accidents souvent mortels, dont sont victimes les femmes, sont d'autant plus regrettables qu'ils pourraient être évités si les mâles daignaient sortir de leur sous-développement sensuel. Récemment une patiente, à qui je demandais si elle prenait la pilule, me répondit : « Non, j'ai un bon mari ! »...

Autres victimes du régime : les personnes âgées de plus de 55 ans. « *L'association entre cholestérolémie totale et mortalité coronarienne globale diminue avec l'âge et ne serait plus significative passé l'âge de 55 ans*[1]. » Au-delà de 60 ans, il n'y a « *pas de relation entre le taux de cholestérol total et l'incidence des accidents vasculaires cérébraux d'origine athéromatose*[2]. » Le régime anti-cholestérol n'est plus utile à partir de cet âge. Sans doute est-il encore plus nocif que chez l'adulte. De fait, « *si l'on étudie la mortalité globale, toutes causes confondues, en fonction du cholestérol total, on observe un minimum pour les valeurs moyennes de cholestérol. À partir de 60 ans, le risque de décès apparaît beaucoup plus élevé pour les valeurs les plus basses de cholestérolémies que pour les plus fortes*[3] ». Il faut savoir qu'après 60-65 ans, il n'y a plus, dans les courbes, de relation de cause à effet entre les taux de cholestérol et le taux de mortalité. Chez les personnes âgées l'on a même démontré l'inverse : si l'on diminue trop leur taux de cholestérol, on entraîne une surmortalité, note Jean-Marie Bourre *(ibid.)*. Une étude qui a porté sur un groupe de femmes âgées de 82 ans donne des résultats surprenants : « *Le risque de*

1. *Idem* note n° 1 page précédente.
2. Forette, cité par Marine Joras, *in Le Quotidien du Médecin*, n° 4513.
3. Forette, cité par Brigitte Martin, *in Impact Médecin* du 6 avril 1990.

mortalité est... trois fois plus grand pour les cholestérolémies les plus basses que pour les plus hautes [...] *Les faibles valeurs de cholestérol total sont associées à un risque accru de cancer* », prévient Forette[1] ! Aussi, vous qui avez passé 60 ans, n'assombrissez plus vos jours avec de mornes régimes.

Ainsi trop souvent, et en particulier en ce qui concerne les sujets bien-portants, les enfants, les femmes et les personnes âgées, le terrorisme anticholestérol, visant à améliorer la santé, aboutit à la détériorer. Et cela à quel prix ! Des sommes considérables ont été dépensées, depuis des lustres, en consultations inutiles se concluant par des prescriptions d'analyses inutiles et de médicaments inutiles. Des restrictions abusives ont été imposées à trop de gens, les frustrant d'autant de plaisirs. Cholestérol, que de déplaisirs a-t-on commis en ton nom !

Bien manger

Il faut rejeter le régime classique, fruit d'idées mal comprises et de concepts à la mode. Il faut retrouver la juste mesure et le goût des bonnes choses. C'est la voie tracée par le professeur Bourre et le professeur Joyeux. Ce sont les graisses qui donnent aux mets leurs saveurs et leur onctuosité. C'est le gras qui donne son goût au gigot de mouton, au rôti de porc, au confit d'oie ou à la tranche de saumon. C'est le beurre qui fait la cuisine. C'est l'huile qui fait la salade. Sans graisse, la viande ne serait que fibres sèches et insipides ; sans huile, la laitue ne serait guère plus que feuilles à tortue. Celui qui n'a pas connu l'orgasme rustique du palais pénétré d'un

1. *Idem* note n° 3 page précédente.

morceau de lard froid quittera cette terre sans en avoir connu toutes les joies.

Ne renoncez point aux graisses, mais faites-en un meilleur usage. Pour cela, sachez que les acides gras dont elles se composent ont des effets différents selon leur saturation. Les uns, les A.G. saturés, augmentent le taux de mauvais cholestérol dans le sang et peuvent donc nuire à vos artères ; ils se trouvent en grande quantité dans les graisses animales et dans certaines huiles végétales. Les autres, les A.G. insaturés, sont de deux sortes : les monoinsaturés (tel l'acide oléique) sont neutres, en ce sens qu'ils n'accroissent pas le taux de mauvais cholestérol ; on peut même dire qu'ils sont bénéfiques puisque ceux qui en consomment utilisent moins d'A.G. saturés. Les polyinsaturés, eux, sont bienfaisants car ils favorisent le décrassage des artères ; de plus certains d'entre eux (tel l'acide linoléique et l'acide alphalinolénique) jouent un rôle important dans le fonctionnement du cerveau (en leur absence, le cerveau de l'enfant ne peut se développer et le cerveau de l'adulte régresse). Or notre organisme ne sait pas les synthétiser et il faut que l'alimentation nous les fournisse. C'est pourquoi on les appelle A.G. « essentiels ». On les trouve dans les poissons et dans certains végétaux.

Ne devraient observer un régime que les sujets à risque : ceux dont le cholestérol total est nettement élevé (taux supérieur à 2,60 g avant 60 ans) et à condition que cette élévation porte sur le L.D.L. ; ceux dont le H.D.L. est abaissé ; ceux qui sont déjà atteints d'affections cardio-vasculaires. Le but est autant de diminuer le L.D.L. que d'augmenter le H.D.L. L'erreur serait, nous l'avons vu, de diminuer le H.D.L. Il faut viser à ramener le rapport cholestérol total sur cholestérol H.D.L. en dessous de 5 chez l'homme et 4,50 chez la femme.

Pour y arriver, l'alimentation idéale doit comporter 30 % de lipides (et non moins, comme le prescrit le *Step I*), dont un tiers en graisses saturées (et non 10 % comme le fixe le *Step I*), un tiers en graisses monoinsaturées et un tiers en graisses polyinsaturées. Soit en moyenne 30 g de matières grasses invisibles, 20 g de beurre ou de margarine, deux cuillères à soupe d'huiles insaturées.

Si vous êtes « sujet à risque », mes conseils vous permettront de joindre l'agréable à l'utile. Si vous êtes en parfaite santé, ils vous permettront d'associer l'utile à l'agréable.

Les graisses animales

Elles ont mauvaise réputation car on les croit toutes riches en A.G. saturés, ce qui est faux ; bien mieux certaines contiennent une quantité importante d'A.G. insaturés. Les lipides de réserve – ceux qui entourent et entrelardent la chair – contiennent certes une majorité d'A.G. saturés (50 % au moins), mais comportent aussi des A.G. insaturés et même des polyinsaturés : le bœuf 3 %, le porc 10 %, les volailles 20 % ; parmi les A.G. polyinsaturés se trouvent les fameux A.G. « essentiels ». Les lipides de structure – ceux des membranes des cellules – sont encore plus riches en A.G. polyinsaturés : 40 % en moyenne ; le bœuf en contient moins que le porc et le porc moins que la volaille. Toutefois les lipides de membranes ne représentent que 1 % du poids du gras. Les plaisirs de la chair ne sont donc pas contraires à une bonne santé. À condition de ne pas tenter le diable ; pour cela :

1) éliminez au couteau le plus de graisse visible ;

2) choisissez les morceaux les moins gras. Pratiquement :

– le mouton est la viande la plus grasse et la plus chargée en A.G. saturés. Toutefois il est possible de manger les morceaux maigres ;

– le porc est un peu moins gras et un peu moins chargé d'A.G. saturés. Quant aux morceaux maigres, ils sont vraiment maigres : mangeons du rôti !

– le bœuf est comparable au porc, mais il comporte plus de morceaux maigres : bifteck, faux-filet, rumsteck, rosbif ne contiennent que 3 à 5 % de matières grasses. Bon appétit !

– le cheval et le lapin sont encore moins gras ;

– les gibiers, les animaux sauvages sont les moins gras des animaux à poils. Mieux, ils recèlent des A.G. très insaturés ;

– la chair des volailles est souvent moins grasse que celle des mammifères. Et il est toujours possible de choisir un « blanc » ou un « magret », morceaux particulièrement maigres. De toute façon, les graisses des animaux à plumes contiennent moins d'A.G. saturés et, mieux encore, beaucoup plus d'A.G. insaturés. La dinde est le plus maigre des volatiles, l'oie le plus gras ; mais, Dieu soit loué, celle-ci et son compère le canard possèdent une graisse particulièrement riche en A.G. polyinsaturés. De là à dire que le foie gras et le confit sont de véritables remèdes... En tout cas pour vos vacances, pas d'hésitation : ce sera le Périgord !

Les charcuteries sont trop chargées en graisses saturées (20 à 60 %). Et les saucissons dits « secs » sont en réalité parmi les plus gras. Rabattez-vous donc sur les terrines, rillettes et autres friandises des palmipèdes sus-cités, aux bienfaisantes graisses insaturées, ou sur les charcuteries de dinde, maigres à souhait. Quant aux charcuteries allégées, elles ne sont pas dignes de votre palais.

Le beurre frais contient beaucoup d'A.G. saturés, mais comme il est riche en vitamines liposolubles (A et D) et qu'il détient une saveur à nulle autre pareille (tellement variée selon les terroirs), il ne faut point y renoncer. Limitons-nous à vingt grammes par jour, l'équivalent d'une bonne cuillère à soupe. Et utilisons-le frais, soit sur le pain, soit en cuisine. Car le beurre cuit, ou pire roussi, est dénaturé : la chaleur détériore les A.G. et détruit les vitamines. Comme on le fait en « nouvelle cuisine française », ajoutons le beurre nature en finition sur les plats ! Vraiment, rien ne vaut la cuisine au beurre.

Que penser des beurres allégés et des « pâtes à tartiner » d'origine végétale ? D'abord, il faut éliminer ceux qui referment des A.G. saturés végétaux (huile de palme, de coprah) ; regardez attentivement les étiquettes. Quant aux autres, s'ils ont l'avantage d'offrir moins de graisses animales saturées et plus de graisses végétales insaturées, ils n'ont plus guère de vitamines et moins encore d'agrément pour votre bouche. Accordez-vous du vrai beurre, en quantité raisonnable. Choisissez le plus savoureux et jouissez-en pleinement.

Les fromages renferment beaucoup d'A.G. saturés, mais lors de la digestion, ces A.G. forment avec le calcium un « savon » que l'intestin ne peut absorber, aussi l'organisme ne se décharge pas de ces mauvaises graisses. En revanche, les A.G. insaturés passent dans le sang, ainsi que le calcium restant. Régalons-nous donc de nos fromages ! Souvenons-nous toutefois que les moins gras sont le chèvre, le brie et le camembert.

Les allégés, dites-vous ? Hélas, allégés de leurs graisses (jusqu'à un taux de 10 à 20 %), les fromages le sont aussi de leur goût. Nous savons bien que ce sont les matières grasses qui supportent les arômes. Mais peut-on appeler fromages ces mollasses pâtes qui ne sentent ni l'étable, ni la brebis, ni l'herbage, ni la cave ; qui ne goûtent ni la noisette, ni la châtaigne, ni la truffe, ni la paille ; que n'anime aucune moisissure, que n'abrite aucune bulle, que n'habite aucun génie, qui n'évoquent ni terre ni terroir ? Pâtes inertes, pâtes incultes, pâtes sans âge et sans troupeau, sans âme et sans drapeau.

Plutôt que d'engloutir un demi-pavé de ces faux-semblants, mieux vaut manger de vrais fromages et s'en délecter. D'une juste tranche prélevons de petits dés, mâchons-les avec luxure, de la langue malaxons-les avec ferveur, dégustons-les molécule par molécule, toutes papilles attentives, ouvertes, offertes. Avec délectation, avec frénésie. Encore faut-il que le fromage soit bon. Hélas, sous le même vocable – comté par exemple – on peut vous vendre une insipide et frigide matière ou le plus grisant des mets, qui fleure par petites touches, qui pleure par petits trous. À vous de chercher l'affineur émérite que votre choix encouragera.

Les œufs, contrairement à leur réputation, n'augmentent pas le cholestérol sanguin ; ils contiennent beaucoup d'A.G. I. qui sont anti-cholestérol[1]. Le sucre, et les glucides en général, sont bien plus générateurs de cholestérol ; du reste c'est avec des glucides (les graines des céréales) que les poules fabriquent leurs mauvaises graisses. Et depuis que l'on a recommandé aux Américains – dans les

1. Georges Charles, citant les travaux du professeur Nègre, *in La Vie naturelle*, n° 67.

années 80 – d'abandonner leur œuf-bacon pour des céréales complètes, on n'a pas constaté de changement spectaculaire de la morbidité cardio-vasculaire. « *Las ! les sociétés savantes et les experts sont de plus en plus nombreux à mettre en doute le bien-fondé de ces mesures*[1]. »

En résumé, il est possible de consommer les produits provenant d'animaux à sang chaud, à condition d'en modérer la quantité et, en ce qui concerne la chair, de choisir le maigre. Il est même conseillé d'en manger pour obtenir les A.G. insaturés, les A.G. essentiels et les vitamines liposolubles qu'ils contiennent.

Les graisses de poisson

Tous les poissons sont riches en A.G. polyinsaturés (A.G. essentiels, acide eicosopenta-enoïque ou E.P.A. et acide docosa-hexa-enoïque ou D.H.A.), ce qui en fait des mets excellents pour nos artères et notre cœur. Chez les Esquimaux (qui consomment 400 g par jour), chez les Japonais de l'île Okinawa (200 g par jour), et chez les Hollandais d'une petite ville du littoral (très friands de poisson), les taux de lipides sont bas et les taux de mortalité par coronarite sont très faibles. De nombreuses expériences ont prouvé que non seulement l'huile de poisson augmentait le H.D.L., mais qu'elle abaissait le taux de L.D.L. ; et qu'elle s'opposait à l'agglutination des plaquettes, autrement dit, à la formation du thrombus. Des études ont même précisé que manger du poisson deux fois par semaine divise par trois le risque d'avoir une maladie cardio-vasculaire ; d'autres que

1. *British Medical Journal*, 3 mars 1990.

de manger 30 g de poisson par jour diminue de moitié la mortalité par infarctus.

Plus le poisson est gras, meilleure est la prévention. Alors consommez, à l'envi, saumon, maquereau, thon frais, hareng, anguille ; ce sont les plus gras. Et offrez-vous ce plaisir chaque jour que Dieu fait. Vous aurez, en prime, de bonnes doses de vitamines A, D et E.

Les graisses végétales

Les graisses végétales ont bonne réputation. La plupart la méritent car elles sont bienfaisantes. Mais il faut savoir que certaines sont meilleures que d'autres. Et quelques-unes sont vraiment néfastes.

Pour être digne de votre palais et de vos artères, une huile doit :

1) avoir bon goût ;

2) contenir le moins possible d'A.G. saturés ;

3) contenir le plus possible d'A.G. polyinsaturés et en particulier les A.G. essentiels : l'acide linoléique (très répandu) et l'acide alpha-linolénique (très rare).

Voici le palmarès (pour la composition détaillée, voyez le tableau 9) :

– médaille d'or : l'huile de colza, l'huile de noix ;

– médaille d'argent : le soja, le maïs, le germe de blé ;

– médaille de bronze : le tournesol, le pépin de raisin, le sésame, l'olive ;

– médaille de fer : l'arachide ;

– hors concours : huile Lesieur « Isio 4 » qui est un savant mélange de ce que les meilleures huiles apportent de meilleur.

L'huile d'olive est fort prisée. De goût agréable, elle évoque, comme la vigne, les rives ensoleillées de la Méditerranée et leurs admirables civilisations. Toutefois, sa composition est moins mirobolante : des A.G. saturés, certes en quantité réduite, peu d'A.G. polyinsaturés et beaucoup d'acides monoinsaturés (acide oléique). On pourrait dire que pour nos artères, elle est neutre. Mais cette neutralité la rend relativement bénéfique : celui qui utilise exclusivement de l'huile d'olive échappe à l'abus d'A.G. saturés des graisses animales et donc protège ses artères. De fait, les taux de coronaropathies et la mortalité par affections cardio-vasculaires sont plus faibles et la longévité, remarquable, dans les pays où l'on utilise exclusivement l'huile d'olive (Crète, Grèce, Italie du Sud). À Corfou, par exemple, ville célèbre pour ses centenaires, la proportion des graisses dans l'alimentation est élevée (36 % alors que le *Step I* recommandait de ne pas dépasser 30 %), mais elles sont constituées en majorité d'huile d'olive. En Italie du Sud, où la consommation d'huile est importante, les taux de cholestérol total sont en moyenne plus bas qu'en Italie du Nord où beurre et autres graisses animales sont prépondérants. De nombreuses expériences ont montré que l'huile d'olive augmentait le H.D.L. et réduisait le L.D.L. Comme par ailleurs l'huile d'olive est excellente pour la fonction biliaire et l'intestin, et que, de plus, elle est agréable au goût, faisons-nous du bien en nous faisant plaisir. Exigeons de l'huile de première pression à froid.

Sont à éliminer les huiles tropicales : huile de palme, de coprah, de coco. Leur abondance en A.G. saturés (acide palmitique, myristique et stéarique) et leur carence en A.G. polyinsaturés les rendent dangereuses. Prenez garde aux margarines et aux huiles

Tableau 9

Huiles	Acides gras				Vitamine E	Médaille
	Saturées	Mono-insaturées	Polyinsaturés			
			Linoléique	Alpha-linoléique		
	Mauvais	Neutre	Bon	Très bon		
Colza	+	+++	+	++++	+	OR
Noix	+	+	+++	+++		OR
Soja	++	+	++	+++	+	ARGENT
Maïs	+	++	+++	+		ARGENT
Germe de blé				++	+++	ARGENT
Tournesol	+	+	+++	0	++	BRONZE
Pépins de raisin	+	+	+++	0	+	BRONZE
Sésame	+	+++	+++	0		BRONZE
Olive	++	+++	+	0	+	BRONZE
Arachide	++	+++	+			FER
Isio 4	+	+	+++	+++	+	Hors concours
Palme	+++	++	+	0		DANGER
Coprah	+++					DANGER
Coco	+++					DANGER

qui les renferment, méfiez-vous des denrées préparées avec elles (biscuits, céréales, pop-corn, café crème, etc.).

La pomme de concorde

La consommation de pommes diminue le taux de cholestérol sanguin. Ce fut prouvé par des expériences sur les animaux et des études chez l'homme. La pectine du fruit, c'est-à-dire les microfibres végétales que ne peuvent dégrader les sucs digestifs, absorbe une partie des graisses alimentaires et réduit d'autant la quantité qui passe dans le sang. Trente grammes de pectine réduisent la cholestérolémie de 20 %, en particulier la fraction L.D.L. De plus, les vitamines C et PP et les oligo-éléments que contient la pomme contribuent à la protection des vaisseaux.

La pectine des autres fruits et des légumes, et la cellulose des céréales joueraient le même rôle. Sachant par ailleurs que toutes ces fibres s'opposent à la constipation et diminuent la fréquence du cancer du côlon, croquons la pomme sans lésiner et soyons gourmands de tout ce que le potager nous offre.

Le chocolat

Parce qu'il contient des A.G.I. et des polyphénols (comme le tanin du vin), le chocolat protège nos artères[1].

La vitamine E

Il est encore une façon agréable de prévenir l'athéromatose : c'est d'absorber de la vitamine E, ou plutôt les aliments qui en sont pourvus : les huiles végétales (surtout l'huile de tournesol et de germe de blé), la viande, le foie, le lait, la salade. Pour obtenir des germes de blé toujours frais, si riches en alphatocophérol (c'est le nom de la vitamine E), prenez une assiette contenant un fond d'eau minérale, placez-y des grains de blé « biologique » ; au bout de plusieurs jours, vous verrez pointer les germes ; il ne

1. Docteur Hervé Robert, *Les Vertus thérapeutiques du chocolat*, éd. Artulen.

vous restera plus qu'à prélever quelques grains et à les mélanger à vos salades et autres crudités.

Des expériences ont démontré qu'il y avait une nette corrélation entre un taux élevé de tocophérol dans le sang et une faible mortalité coronarienne. On pense également que la moindre morbidité cardio-vasculaire en Europe du Sud, par comparaison avec l'Europe du Nord, tient non seulement à l'usage du vin, mais également à sa plus grande consommation d'aliments riches en vitamine E (huiles et céréales, entre autres). La vitamine E s'oppose à la peroxydation du L.D.L., cause de l'athéromatose.

Bien entendu le vin, nous en avons abondamment parlé, est, à doses modérées, un bon remède anti-athéromatose.

Manger et vivre au naturel

Cessez donc de faire une maladie du cholestérol. Cessez de faire des régimes aussi tristes qu'inutiles (souvent). Mangez le plus naturellement possible. La nature est toujours la référence. Si d'Australopithèques, nous sommes devenus Homo sapiens, c'est parce que nous nous sommes nourris de ce que la nature nous offrait : des fruits, des végétaux, des viandes. Si les Français, en dépit de la richesse en graisses de leur alimentation, ont maintenu longtemps leur taux de coronarite à un chiffre enviable, ils le devaient au vin certes, mais aussi à la nature et à la variété de leur nourriture ; ils y trouvaient des nutriments indispensables et équilibrés.

C'est à partir du moment où l'on a chamboulé nos habitudes, où l'on nous a submergés de produits industriels, voire artificiels, que les « maux de civilisation » nous ont atteints à l'instar des autres pays d'Occident : les affections cardio-vasculaires, le cancer, la dépression, etc. On ne dénoncera jamais assez les erreurs fondamentales de l'alimentation actuelle :

1) une surconsommation de lipides, riches en A.G. saturés. La production et l'utilisation des viandes, du beurre, des fromages ont été forcées au-delà de l'utile. Sans doute la poule au pot dominicale ne suffisait plus, mais de là à dévorer un quartier de bœuf à tous les repas...

2) une surconsommation de sucres rapides. Les industriels s'acharnent à nous engluer dans une véritable marée blanche – sodas, ice-creams, desserts et biscuits de toutes sortes – nous y pataugeons de la naissance à la mort. Or le sucre industriel n'est pas un aliment naturel ; ce n'est même pas un aliment : il n'apporte que des « calories creuses », c'est-à-dire sans vitamines, sans oligo-éléments, calories qui se transforment instantanément en mauvais cholestérol et en surcharge graisseuse. Sans doute à lui seul, le sucre tue plus de citoyens que le tabac et la route. Du reste, aux États-Unis, d'où vient cette frénésie du sucre, l'obésité et l'infarctus sont des problèmes nationaux ;

3) une sous-consommation de sucres lents. Nous ne mangeons plus assez de pain et de légumineuses (60 g de pain au lieu de 600 g en 1880) ;

4) une sous-consommation de fibres. Notre pain est trop blanc (de 50 g de son, nous sommes tombés à 40 g). Notre assiette est trop pauvre en légumes et en fruits du pays.

Ces erreurs sont tellement graves qu'une réaction s'est amorcée. Les industriels, eux, proposent les allégés. En ce qui concerne les graisses, je répète que leurs ersatz, dépourvus de saveur et de certains nutriments indispensables, présentent peu d'intérêt, et qu'il vaut mieux se régaler des produits naturels en quantité moindre. En ce qui concerne les sucres, j'applaudis à tout ce qui contribue à en réduire l'usage : les « light » et autres « ultra-light ». Toutefois, il serait préférable qu'on cesse de créer et d'entretenir un goût immodéré pour ce poison. Qu'on réserve au sucre son rôle d'antan : celui d'un condiment, c'est-à-dire d'un élément naturel qu'on utilisera à petites doses, dans certains mets ou certaines boissons.

Quant à vous, cherchez, sans relâche, les aliments les plus « sains » possible : rapprochez-vous des producteurs, faites vos courses sur les marchés, dans les fermes, fréquentez les bons artisans, plantez laitues et carottes. Exigez de tous des produits « naturels » ou mieux « biologiques ». Et mangez sensuellement, c'est-à-dire en retirant le maximum de plaisir de quantité modérée.

Enfin, pour protéger votre cœur et vos artères, songez plutôt à leur épargner des stress. Pour cela, réorganisez votre travail et utilisez mieux votre temps libre : éliminez-en toutes les émotions, aussi violentes que superflues, que vous infligent les mauvaises télévisions (informations sensationnelles, fictions choquantes). Prenez plutôt un bon livre, cultivez votre jardin ou décrochez votre bicyclette. Car la sédentarité est, pour vos vaisseaux, bien pire que le cholestérol ; alors que le sport, c'est prouvé, diminue le risque cardio-vasculaire. Et en plus, le sport « c'est le pied », pour cause d'endomorphines.

Les personnes qui ont tendance à grossir doivent savoir que les graisses, quelles qu'elles soient, animales ou végétales, saturées ou insaturées, sont toutes riches en calories. Même les graisses « bonnes » pour le cholestérol sont mauvaises pour le poids. Elles doivent donc limiter les graisses et *a fortiori* les sélectionner. Quant à en manger un peu, autant manger les insaturées. Rappelons aussi que les sucres, surtout les sucres dits rapides (sucreries, gâteaux), sont pour le poids, comme ils l'étaient pour le cholestérol, les plus redoutables ennemis.

Les personnes atteintes d'« hyperlipidémie familiale » seront vigilantes dès que leur taux de cholestérol atteindra 2 g et devront prendre des médicaments hypolipidémiants dès qu'il dépassera 2,50 g ; chez eux, les accidents cardio-vasculaires sont précoces et graves.

Les fritures, qu'elles soient de graisses animales ou d'huiles végétales, en bain ou à la poêle, sont de vulgaires et dangereux plaisirs. Les mets s'y imbibent, comme une éponge, de graisses (souvent saturées) jusqu'à multiplier par vingt leur teneur en lipides. Les bons A.G. insaturés qu'ils contiennent sont oxydés et détériorés par la chaleur et se diluent dans le gras ambiant.

12

Les plaisirs du palais

« *En mangeant,* écrivait Brillat-Savarin, *nous éprouvons un bien-être indéfinissable et particulier.* » Le fondateur de la gastronomie confirmait plus loin : « *Effectivement, à la suite d'un repas bien entendu, le corps et l'âme jouissent d'un bien-être particulier*[1]. »

Il ne pouvait savoir, ce brillant esprit de la fin du XVIIIe siècle, ce que vous, vous savez désormais : que ce sont les endomorphines libérées par notre cerveau, tandis que nous mangeons, qui nous procurent cette euphorie. Car la nature, pour nous inciter à accomplir cet acte vital, ne s'est pas contentée de nous y pousser par la faim, elle nous y attire par le plaisir. Et s'il ne faut pas vivre pour manger, comme l'affirmait Harpagon, il serait tellement triste de ne manger que pour vivre. Du reste, quand il nous arrive de manger sans faim, l'appétit, le plaisir aidant, vient en mangeant. Des expériences pratiquées tant chez les animaux que chez l'homme, ont bien montré que le taux sanguin des endomorphines monte pendant le repas. Mais si l'on injecte auparavant des substances anti-endomorphines, l'appétit est coupé et le plaisir mort-né.

1. *Physiologie du goût.*

L'appétit, c'est-à-dire le désir du plaisir oral, comme le plaisir de le satisfaire, est provoqué par des stimuli agréables : la vue du mets, son odeur, son goût, sa consistance. Il suffit donc, pour exacerber l'appétit, accroître la jouissance et par conséquent élever le taux des neuro-hormones hédoniques, de raffiner, de multiplier et d'associer agréablement les sensations. Ce sont les nobles buts de cet art à part entière que constitue la gastronomie. Sans cesse elle invente de nouvelles façons de cuire les aliments, de les combiner, de les mélanger. Sans cesse elle compose des sauces inédites en se servant des ingrédients, des herbes aromatiques et des épices, comme le musicien le fait des notes, afin d'offrir à nos narines, à notre palais une profusion de sensations nouvelles, surprenantes, voluptueuses qui décuplent notre plaisir. Le miracle c'est qu'au génie du cuisinier correspond le génie de notre sensualité qui est capable d'apprécier tant d'exquises nuances et d'en faire notre bonheur.

Tout bon cuisinier, tout hôte digne de ce nom, sait qu'avant de flatter la bouche, il faut séduire les yeux. C'est pourquoi il met tant de soin à présenter les plats, à dresser la table. La couleur des mets, leur agencement, le ton de la nappe, l'éclat des verres et des couverts, le décor des assiettes, les fleurs en petits bouquets, tout cela anticipe les joies de la table et participe de la fête.

Sans doute ne pouvons-nous pas, faute de temps, faire de chaque repas une vraie célébration. Néanmoins, même pour de simples « en-cas », ne nous mettons point à table sans une nappe de tissu, une corbeille pour le pain, un honnête vin et quelques fleurs. *« Même dans le quotidien, il ne faut pas gommer la notion de plaisir. Il faut se mettre dans les conditions favorables qui permettront d'apprécier ce qu'il y a dans son assiette: aussi bien une sardine qu'un homard»*, déclare Guy Savoy, l'un de nos grands chefs d'aujourd'hui[1].

En tout cas, chaque fois que cela est possible, faisons la fête. Mettons alors un point d'honneur à cuisiner de vrais plats, à dresser une vraie table. Cela nous est facile à nous Français qui sommes riches d'une tradition multiséculaire. Même les familles les plus modestes ont hérité de l'aptitude à recevoir, de recettes familiales et d'un service de table. Cet art de vivre, que nous envient les étrangers, il nous appartient de l'entretenir et de le transmettre. Que le plaisir de manger et de boire reste, dans notre pays, l'une des principales joies de vivre.

Un plaisir gigogne

Le bien-être que nous éprouvons en mangeant a bien d'autres causes que la sécrétion de morphines internes.

Le repas réactualise les moments forts de notre enfance où, à l'occasion de l'alimentation, nous recevions tant d'amour et tant d'agréables sensations de notre mère (sa vue, sa voix, son contact, sa chaleur). Sensations rassurantes aussi et de surcroît « narcissisantes ». Des milliers de fois la nourriture fut associée à un flot de douceurs, à l'apaisement de nos peines, à la fin de notre solitude. Ce conditionnement renforça le plaisir de manger, devenu aussi et pour toujours une joie et un réconfort[2].

En outre, l'absorption de nourriture nous permet de réaliser partiellement un certain nombre de nos fantasmes. Manger c'est symboliquement ingérer

1. Cité par Fabrice Guillermet dans *Vital*.
2. Gérard Leleu, *Laissez-nous manger*.

l'être aimé (la mère, l'enfant, l'amante) pour combler son absence, pour lui faire l'amour quand il vous en frustre. C'est aussi ingérer fantasmatiquement, avec sa viande, les forces du cheval, la puissance de son ennemi (chez les cannibales) ; avec le sucre, la douceur de son enfance révolue ; avec le vin, la gaieté d'une boisson dionysiaque. Manger, c'est aussi partager avec autrui, outre son pain, son affection et ses pensées. C'est encore se promouvoir quand on s'offre des vins millésimés et des dîners fins ; thésauriser, quand on craint l'avenir ; s'opposer, quand est posé un interdit parental ou médical. Un pas de plus et manger devient agresser.

Dans la bouche, il y a les dents. Avoir faim, c'est « avoir la dent » ; menacer, c'est « montrer les dents » ; être sévère, c'est « avoir la dent dure » ; ambitionner, c'est « avoir les dents longues ». La pulsion agressive, l'une des principales pulsions du psychisme humain, ne peut parfois s'exprimer que par une conduite alimentaire. On se « venge sur la nourriture », on mord symboliquement le patron injuste, le client perdu, l'amante infidèle. Comment ne pas subodorer un certain masochisme, c'est-à-dire une auto-agressivité, chez les patients qui mangent, alors même qu'ils savent qu'ils vont grossir, se défigurer, se détester encore plus ?

Car, à force de manger, il arrive que l'on grossisse. Sans doute est-ce ce que l'on recherchait. Car la grosseur du corps joue également un rôle dans la vie fantasmatique : elle peut contribuer à étayer la personnalité. Symbole d'opulence, de puissance, de prévoyance, elle aide les fragiles à s'affirmer, à « faire le poids » face aux bailleurs de fonds, aux électeurs, aux clients ; comme elle sert les autoritaires à s'imposer face aux autres. Vécue comme un bouclier ou une cuirasse, elle protège contre l'angoisse, la maladie et les autres, leurs attaques, ou leur désir sexuel (la concupiscence d'un beau-père ou d'un patron entreprenant, les élans d'un conjoint qu'on n'aime plus). Enfin le corps gros permet parfois de substituer « l'avoir » à « l'être » : avoir du volume compense les déficiences, à savoir le manque de chance, le manque d'amour, le manque de personnalité. Plutôt être gros que n'être point.

Cent autres fantasmes peuvent sous-tendre l'acte de manger et l'inflation pondérale qui en résulte. Rien n'est plus riche que l'imaginaire. De toute façon le résultat est le même : manger, en satisfaisant symboliquement les pulsions et les désirs, allège l'angoisse et confère un certain bien-être.

Le palais, grandeur et décadence

Si la bouche est si généreuse en plaisir, c'est que son anatomie et sa physiologie l'y prédisposent. C'est une zone érogène majeure au même titre que la zone génitale. Comme les muqueuses sexuelles, les muqueuses des lèvres et de la bouche ont le sang et les nerfs à fleur de peau. Le nombre et la densité des récepteurs sensibles y sont considérables. C'est pourquoi la surface de la zone cérébrale – le cortex pariétal, où se projettent les fibres sensitives issues de la cavité buccale – est aussi vaste que celle où se projettent les fibres venues de la totalité du tronc. Seule la main, nous l'avons vu, a une représentation cérébrale aussi importante.

Le palais, bien nommé, car lieu de cet acte fabuleux qu'est l'accueil des aliments, est pourtant dépourvu de corpuscules gustatifs. C'est la langue qui les porte sur des papilles, encore que la langue ne soit sensible qu'à quatre stimuli : le sucré, le salé, l'acide et l'amer. En réalité, on goûte surtout avec son nez ; les 4/5es de ce qui constitue la saveur des mets sont perçus par les corpuscules olfactifs des fosses nasales. La bouche n'est que la grande nef où s'ordonne la procession des sensations. C'est dans le vaste chœur situé derrière le voile du palais, là où s'exhalent toutes les molécules odoriférantes, que se déroule la sublime cérémonie de l'encensement et de l'envoûtement[1].

Les sensations gustatives et olfactives que nous offrent les aliments sont illimitées. Nous en apprécions beaucoup, nous pourrions en sentir plus. En général nous percevons les saveurs en deçà de nos capacités. Songez que le goût de la fraise est fait de deux cents aromates volatils et celui de la tomate de quatre cents[2]. Sans aller jusqu'à différencier autant de nuances, les fins gourmets perçoivent bien des subtilités.

Selon Brillat-Savarin, les gourmands de la Rome antique avaient atteint un tel point de perfection « *qu'ils distinguaient au goût le poisson pris entre les ponts de celui qui avait été pêché plus bas* » (*ibid.*). Quant aux contemporains de l'auteur, ils n'avaient rien perdu de cette virtuosité : « *N'en voyons-nous pas de nos jours qui ont découvert la saveur particulière de la cuisse sur laquelle la perdrix s'appuie en dormant ?* » À notre époque, il existe des connaisseurs capables d'identifier les crus et les millésimes de vins dont on a caché l'étiquette.

Mais il est à craindre qu'à l'avenir notre sens gustatif, au lieu de s'aiguiser, ne dégénère, tant les aliments qu'on lui impose sont dénaturés, insipides, voire mauvais. Tout se conjugue pour mettre sur

1. Jacques et Catherine Puisais, *Le Goût et l'enfant*.
2. Jacques Magnan, *Le Goût et les Saveurs*.

notre table des nourritures indignes : la culture et l'élevage industriels, la fabrication mécanique des denrées, leur conservation, la grande distribution, les techniques modernes de cuisson (le micro-ondes par exemple), de présentation (plats cuisinés) et de restauration (fast-food). Les grandes surfaces ont porté un coup mortel au sens du goût en faisant disparaître les artisans qui avaient à cœur d'élaborer de bons produits, d'autant que la concurrence entre commerçants et l'exigence des clients les stimulaient. Saignée de ses boutiques et de ses créateurs, la rue a perdu de sa vie, de sa joie, de son goût. Détenant le monopole de la fourniture des aliments, les « hypers », pour obtenir des prix réduits et s'aménager un gain substantiel, imposent une standardisation des marchandises. Il y a cinquante ans, il existait dans le Midi une demi-dizaine de variétés de melon ; actuellement deux seulement. Tout est à l'avenant.

La prune reine-claude est sans doute le plus succulent des fruits. Mais il faut la cueillir à son extrême maturité, quand sa peau prend un ton vieil or et qu'une face se teinte de pourpre, quand sa chair s'attendrit sous les doigts, quand il suffit d'avancer la main pour qu'elle se détache comme si le léger déplacement d'air provoqué par le geste l'avait assez ébranlée. La sentir alors, c'est déjà jouir. La croquer, c'est inonder sa bouche, sa gorge, son corps des plus suaves arômes que la nature ait inventés, c'est submerger son âme de la plus exquise des voluptés. Le fruit dégusté sous l'arbre n'a rien à voir avec le fruit acheté dans un hypermarché. De même que l'ananas de la Martinique dégusté en Martinique n'est pas le même fruit que l'ananas des Antilles acheté en France. C'est que, explique Georges Delbard, le célèbre pépiniériste, les fruits acquièrent la plénitude et la perfection de leurs saveurs aux dernières heures de la maturation, quand in extremis, sous les rayons du soleil, se forme la quintessence des aldéhydes et autres molécules aromatiques. Les fruits de la grande distribution, cueillis avant maturation complète et conservés dans le froid, ne peuvent être excellents. Aussi, si vous ne possédez pas d'arbres fruitiers, fournissez-vous, si possible, directement chez les arboriculteurs, soit en leurs vergers, soit sur les marchés où ils descendent.

« Que votre aliment soit votre médicament »

Les aliments, en nous procurant tant de plaisir, contribuent déjà à notre santé, mais ils font plus encore : par leur composition, ils apportent des éléments qui peuvent améliorer sensiblement certaines affections. Il existe, du reste, une méthode dite « médecine naturelle » qui prétend guérir la plupart des maladies exclusivement à l'aide du soleil, de l'eau et des aliments. Ce n'est pas précisément mon propos, je veux ici simplement illustrer le fait que l'on peut, en choisissant judicieusement ses aliments, joindre l'utile à l'agréable.

Prenons le cas de l'obésité. En attendant que la science ait découvert le médicament efficace contre ce qui est, selon moi, une « injustice métabolique », le seul traitement que connaissent les médecins est la restriction alimentaire. Alors, ils imposent, trop souvent, aux malheureux surpesants des régimes tristes, monotones, quand ce n'est pas une quasi-famine. Les patients n'éprouvent plus de plaisir à manger ; d'ailleurs, c'est prouvé, leur taux d'endomorphines baisse ; ils deviennent moroses, irritables ; encore un peu et les voilà dépressifs. Ils abandonnent alors leur régime, regrossissent et même au-delà du poids d'origine, d'autant qu'on leur prescrit des antidépresseurs qui stimulent la lipogénèse (synthèse des graisses).

Proposons donc aux surpesants une diététique à la fois efficace et agréable. Gastronomie et surpoids ne sont pas antinomiques, on peut maigrir de plaisir ! Il suffit de mettre un peu d'imagination dans la cuisine et de s'inspirer de la « nouvelle cuisine » française. D'excellents ouvrages, tel celui de Michel Montignac, expliquent comment bien manger en mangeant bien[1] !

Êtes-vous spasmophile ? Au lieu d'ingurgiter des ampoules et des comprimés de magnésium industriel, régalez-vous plutôt des aliments riches en magnésium, naturel celui-là (voir tableau 10). Et, ce qui est aussi important, évitez autant que possible les causes de stress et les émotions fortes. Fuyez les personnes éreintantes, évitez les situations pénibles, bannissez les émissions de télé éprouvantes. Et pratiquez un peu d'exercice physique, ce qui équilibre bien le système nerveux : jardinez, pédalez, nagez, que sais-je, mais pour le plaisir !

Aimez-vous le chocolat ? Tant mieux, c'est un excellent aliment et un vrai remède. Il est à la fois plaisant, psychotonique, antidépresseur et anti-fatigue. Linné, le génial naturaliste suédois, appela le cacao : « *cacao théobrome* », autrement dit « *la boisson des dieux* ». Sa composition explique les vertus thérapeutiques du chocolat : il contient du sucre, du magnésium, du potassium, du phosphore, de la caféine, de la phényléthylamine (une sorte d'amphétamine qui stimule le psychisme et la libido) et du

1. Michel Montignac, *Comment maigrir en faisant des repas d'affaires*. Flammarion et éd. J'ai lu, n° 7090.

Tableau 10
Les aliments riches en magnésium

Aliments	Mg pour 100 g
Fruits secs	
Noix de cajou	267
Amande	254
Cacahuète grillée	175
Noisette	150
Noix	132
Banane séchée	105
Figue sèche	72
Datte	63
Abricot sec	60
Châtaigne	40
Raisin sec	40
Coquillages-crustacés	
Buccin	400
Escargot	250
Conque	246
Palourde	89
Crevette	80
Coque	51
Huître	45
Céréales	
Farine de soja	250
Grain de soja	240
Grain d'orge	160
Grain de blé	140
Grain d'avoine	140
Grain de maïs	120
Pain complet	90
Légumes	
Bette	113
Oignon jaune ou vert	110
Carde	53
Épinard	50
Oignon	45
Légumineuses	
Fève	160
Haricot sec	150
Pois sec	130
Lentille	80
Pois vert, avocat	40

tryptophane (un précurseur de la sérotonine, un neurotransmetteur qui joue un rôle dans la bonne humeur). Sa dégustation, des plus voluptueuses en raison de son goût *sui generis* et de son onctuosité, déclenche une rapide élévation du taux d'endomorphines, ce qui renforce son action euphorisante.

Tout cela, les gens le savent d'instinct et sans doute se comportent-ils comme cette patiente qui me disait : « Quand je déprime, je préfère manger une barre de chocolat ou même une plaque que de prendre un antidépresseur. » Notons que le budget de l'Assurance maladie en est d'autant soulagé.

La tradition n'avait pas non plus attendu les recherches modernes pour utiliser le chocolat dans un but thérapeutique. Dès le XVIIIe siècle, on utilisa des « *chocolats de santé* », pour combattre nombre de maladies. Au début du XIXe siècle, monsieur Debauve, « *pharmacien très distingué et chocolatier du roi* », se rendit célèbre pour ses chocolats médicinaux : « *Ainsi aux personnes qui manquent d'embonpoint, il offre le chocolat analeptique au salep ; à celles qui ont les nerfs délicats, le chocolat antispasmodique à la fleur d'oranger ; aux tempéraments susceptibles d'irritation, le chocolat au lait d'amande*[1]. »

Sachez encore que si vous êtes diabétique ou si vous avez un excès de poids, il vous est possible d'utiliser des chocolats sans sucre. À moins que vous ne préfériez fabriquer vous-même des truffes avec de la poudre de cacao amer et des blancs d'œufs. Une mise en garde cependant, le chocolat, en fermentant dans l'intestin, peut élever le taux d'alcoolémie… Si vous voulez en savoir plus sur *Les Vertus thérapeutiques du chocolat*, consultez le livre du docteur Hervé Robert.

1. Brillat-Savarin, *ibid.*

Pour une nouvelle diététique

La diététique c'est triste. Il y a des relents de moralisme sous cette science. Au fait, la gourmandise n'est-elle pas un péché ? De là à penser que ce qui est mauvais pour l'âme est nuisible pour le corps… Aussi, trop longtemps, la diététique ne s'est occupée que de la composition des aliments, c'est-à-dire de leur teneur en glucides, lipides, protides, vitamines et minéraux ; l'odeur et la saveur ne comptaient pas. Le plaisir moins encore.

« *À force de tout vouloir considérer par le biais du microscope et au travers d'une éprouvette, certains de nos distingués nutritionnistes l'oublient quelque peu* [la saveur]. *Tout ne peut se quantifier scientifiquement* », écrit Georges Charles[1]. L'aspect qualitatif du mets importe aussi. Déjà Trémolières, médecin humaniste s'il en fut, s'insurgeait : « *L'uniformité alimentaire qui impose un type de nourriture, toujours le même, comme dans les cantines, les restaurants universitaires, les hôpitaux, les snacks, conduit tout simplement à la déshumanisation, à l'ennui et à l'affaiblissement.* » Georges Charles renchérit : « *La seule composition chimique d'un aliment ne suffit plus à déterminer sa qualité nutritionnelle ; de nombreux autres facteurs estimés, jusqu'ici, subjectifs, rentrent en ligne de compte. Entre un aliment industriel, pourtant considéré comme équilibré, mal préparé et absorbé dans le cadre d'un réfectoire bruyant et le même aliment produit plus naturellement, traité avec respect et consommé dans de meilleures conditions, il existe une différence non négligeable. Or, cette différence se répercute directement sur la santé et le bien-être de l'individu*[2]. »

1. Georges Charles, *in La Vie naturelle,* n° 64.
2. *Idem.*

Des chercheurs, comme le professeur Nègre de l'université d'Aix-Marseille ou le professeur Le Magnen du C.N.R.S., préconisent de s'intéresser autant à la saveur, à l'odeur, à la couleur et à la texture des aliments qu'à leur composition chimique. Ce faisant, ces savants ne font que confirmer un savoir empirique millénaire. Même les hommes du paléolithique prenaient soin d'aromatiser leur nourriture comme nous l'ont appris des découvertes récentes. Pour certains thérapeutes, les couleurs, les odeurs, les saveurs ont une telle importance qu'elles « *sont indispensables à l'équilibre général de l'organisme et du psychisme* », car elles apportent leur énergie propre, énergie vitale qui n'a rien à voir avec les calories. « *La saveur participe non seulement au plaisir des sens mais également à l'entretien de l'équilibre énergétique du corps et de l'esprit* », ajoute Georges Charles. Les effets des différentes saveurs se propageraient dans tout le tube digestif, leurs énergies se répartiraient dans tous les organes. La couleur des nappes, des assiettes et des verres intervient également ; nous en reparlerons.

Pour en tirer la quintessence

Pour obtenir la quintessence des vertus curatives et préventives des aliments, il faut en jouir le mieux possible en appliquant ici encore les principes du sensualisme. Affinant de ce fait notre goût, nous le sauverons de la décadence.

1) La virginité des sens : efforçons-nous d'aborder les mets avec un œil neuf, de les goûter comme une première fois. Nous en redécouvrirons la pleine saveur.

2) Vivre l'instant : décidons de faire d'un repas un « acte conscient ». Concentrons-nous sur le présent. Soyons à ce que nous mangeons. Mâchons, avalons en pleine connaissance. Nous constatons alors que nos sens nous offrent une richesse insoupçonnée de sensations. Au fond, pour ne pas grossir (sauf dérèglement métabolique), il suffirait d'être gourmet : tirer le maximum de sensations et de plaisirs d'un minimum d'aliments.

3) Être attentif : plus que présent, soyons attentif, toutes papilles, tous capteurs braqués sur l'aliment. Cette attitude majore les sensations.

4) S'abandonner : dès le message capté, laissons-nous faire, laissons-nous envahir par l'arôme, devenons arôme, devenons plaisir, sans retenue. Le chocolat, par exemple, ne le croquons pas, caressons-le de la langue, laissons-le fondre entre langue et palais jusqu'à devenir une pâte imprégnant chaque papille, embaumant toute la gorge, envahissant tout le corps. Faisons-nous chocolat.

5) Désirer : d'abord faisons durer le désir. Nous avons préparé le plat avec soin, présentons-le avec goût. Et dressons une belle table. Et vous, l'invité, admirez la table et le plat, humez les fumets et complimentez votre hôtesse, parlez des fleurs du jardin ou du couchant, avant d'entamer la dégustation. C'est bon pour les papilles qui se préparent, pour l'estomac qui sécrète ses sucs, pour le cerveau qui libère ses morphines internes.

6) Le temps pour jouir : peut-être vaudrait-il mieux ne pas manger ou simplement absorber une poignée de fruits secs, que de manger vite. C'est comme de faire l'amour vite. Les fast-foods sont à la bouche ce que les maisons de passe sont au sexe :

hygiéniques, mais pas humains. Prenez donc le temps de manger, le temps de vivre.

Si vous êtes un incorrigible tachyphage, bandez-vous les yeux en mangeant. Non seulement cela ralentira vos gestes, mais de plus, cela vous incitera à déguster ce que vous mettez dans la bouche. Essayez, vous serez étonné. Vous pourriez aussi manger devant un miroir : effrayé par votre attitude et votre visage, je suis sûr que vous renonceriez à manger avec un lance-pierres. Et méditez ce que Brillat-Savarin déclarait : « *Honnir à jamais ces mangeurs qui avalent avec une indifférence coupable les morceaux les plus distingués ou qui aspirent avec une distraction sacrilège un nectar odorant et limpide.* »

7) Une sensation à la fois : la coexistence d'une autre sensation plus puissante (visuelle, auditive, olfactive) détourne l'attention de la perception des saveurs. Jacques Puisais[1], directeur de l'Institut du goût, a déterminé, par des expériences, qu'au-delà de quarante décibels, le goût des aliments disparaissait (rappelons que le bruit d'une habitation tranquille est de trente décibels). Il a aussi établi que les enfants qui regardaient la télévision en mangeant étaient incapables d'analyser le contenu de leur repas. C'est, du reste, parce que les Américains, depuis des décennies, regardent systématiquement la télévision à tous les repas, qu'ils ne se rendent plus compte à quel point leur alimentation est insipide et uniforme. Donc, pour manger, enlevons nos baladeurs, réduisons les sources sonores et éteignons la télévision (s'il faut absolument regarder les informations ou quelques émissions intéressantes, faisons-le avant ou après le repas). Ensuite évitons les sujets délicats et sources de polémiques (les « mises au

1. Cité par Fabrice Guillermet dans *Vital*.

point », réservons-les à un autre moment). Souvenons-nous du sage : « *Quand je mange, je mange.* »

Pour ceux qui veulent perfectionner leur sens gustatif, le professeur Jacques Puisais organise des séminaires, des conférences et des cours d'initiation (voir annexe). Pour les enfants, Anne Pisante et Isabelle Lahire organisent des « cercles d'éveil et d'optimisation sensoriels », destinés à épanouir les cinq sens (voir annexe).

Une dernière fois, écoutons Brillat-Savarin :

« *Les animaux se repaissent, l'homme mange, l'homme d'esprit seul sait manger.* »

« *Ceux qui s'indigèrent ou qui s'enivrent ne savent ni boire ni manger.* »

« *La gourmandise est l'ennemi des excès.* »

Peut-on encore douter que le sensualisme soit une éthique ?

13

Le merveilleux pouvoir de vos mains

Guérir par l'imposition des mains, guérir en touchant simplement, n'est-ce pas le rêve de tout homme, de tout thérapeute *a fortiori* ? Est-ce un rêve réalisable ?

De nombreuses thérapies, que l'on peut regrouper sous le vocable « médecines manuelles », se proposent de soigner à l'aide des seules mains : le très officiel massage des kinésithérapeutes, les techniques dérivées de l'acupuncture (digitopuncture, shiat-su, do-in), les réflexothérapies (auriculothérapie, podoréflexologie), les manipulations osseuses (chiropraxie, ostéopathie), les méthodes du New Age (trager, rolfing, kinésiologie, massage métamorphique et autres reiki), etc. Ce n'est pas de ces méthodes que je veux parler.

Je veux parler de ce que vous, vous pouvez faire spontanément, naturellement avec vos mains. Car vous avez dans les mains un formidable pouvoir. Pour l'exercer, nul besoin de connaissances techniques ni anatomiques : vous savez toucher, caresser, masser, étreindre, mais vous vous retenez. Il vous suffirait pourtant d'écouter votre instinct, de suivre votre intuition, de laisser parler votre générosité.

Une sensibilité fabuleuse

Le plus fabuleux de nos organes des sens, c'est notre peau. C'est le plus étendu : 18 000 cm^2 chez l'adulte, 2 000 cm^2 chez le bébé. C'est le plus riche en récepteurs sensitifs : 5 à 135 capteurs au cm^2, selon les zones, 1 500 000 au total. Et, contrairement à ce que l'on croit, ce n'est pas le plus grossier. Son exquise sensibilité n'a rien à envier aux sens dits « nobles » – la vue, l'ouïe. La peau est capable d'apprécier des poids de 20 à 2 mg ou de discerner l'écartement de deux pointes de compas distantes de 10 à 2 mm. Soumise à une vibration de fréquence rapide, elle peut déceler des pauses de 1/1 000e de seconde. Helen Keller, sourde et aveugle de naissance, savait reconnaître diverses symphonies d'après les vibrations du plancher sous ses pieds[1].

Outre les récepteurs sensibles aux contacts, la peau contient des terminaisons sensibles au chaud, au froid et à la douleur. En ce qui concerne le plaisir, seules les muqueuses génitales possèdent des corpuscules générateurs de volupté (les corpuscules de Krauss). Sur toute la surface du corps, les récepteurs tactiles et thermiques sont susceptibles de faire naître le plaisir, pourvu que les stimulations aient certaines qualités d'intensité, de température, de rythme.

La peau des mains possède une sensibilité particulièrement riche et fine. La pulpe des doigts est bourrée de capteurs : 135 au cm^2 ; c'est elle qui apprécie des poids de 2 mg et qui discerne des pointes distantes de 2 mm. Le nombre de neurones sensitifs qui partent de la main est aussi grand que le total de ceux qui sont issus du reste du corps. La surface du cortex cérébral, qui correspond à la sen-

1. Gérard Leleu, *Le Traité des caresses*, éd. J'ai lu, n° 7004.

sibilité de la main, est aussi étendue que celle de la totalité des aires des autres parties du corps (bouche exceptée).

Le besoin de stimulation cutanée

Une bru se plaignait auprès de sa belle-mère que son mari n'était guère caressant. La dame de répondre : « Tu as une belle maison, tu manges à ta faim, qu'est-ce que tu veux de plus ? » Elle ne savait plus, la malheureuse, que le besoin de contacts cutanés (toucher, caresses, massages, frictions, pincements, serrements, étreintes, baisers et autres stimulations de la peau) est un besoin biologique fondamental, aussi impératif que le besoin d'air, d'eau et de nourriture. Cela est vrai pour les hommes comme pour les animaux.

Si les animaux lèchent leurs petits, ce n'est pas seulement pour les débarbouiller, c'est aussi pour stimuler leurs fonctions vitales. Faute d'être léchés, les petits mourront par blocage des éliminations urinaires et intestinales. Les éleveurs qui le savent chatouillent avec du coton le ventre des nouveau-nés dont la mère est morte, pour les faire survivre. Les fermiers qui le savent aussi couvrent de sel le poulain dont la jument s'avère mal léchante. Devenus adultes, les animaux pratiqueront sur eux-mêmes l'autoléchage et se livreront, seuls ou avec leurs congénères, à d'incessants jeux de peau – se rouler, se frotter, se nicher, se mordiller, s'épouiller, etc. – afin d'entretenir en bon état de marche leurs systèmes respiratoire, circulatoire, urinaire et d'équilibrer leur système nerveux[1].

1. Ashley Montagu, *La Peau et le toucher, premier langage.*

L'enfant a besoin, lui aussi, pour croître harmonieusement et épanouir son mental, d'un minimum de contacts. C'est pourquoi le corps à corps avec sa mère lui est indispensable. De nombreuses observations révèlent que les enfants frustrés de contacts ont une croissance ralentie, un développement psychomoteur retardé et des troubles du caractère. C'est le cas des bébés maintenus longtemps en couveuse, des bébés séjournant en orphelinat ou à l'hôpital. Ils sont, de plus, sujets à des gastro-entérites récidivantes, à des maladies de peau (eczéma par exemple) qui traînent, à de l'asthme. Devenus adultes, ces « ours mal léchés » demeureront « mal dans leur peau » : de caractère dur, froid, taciturne, anxieux, d'attitude raide, gauche, ils seront prédisposés aux maladies psychosomatiques.

Les adultes ont également besoin de contacts. Ceux qui en manquent sombrent dans la mélancolie ; et s'ils ne font pas de dépression, ils somatisent leur anxiété. Que de maladies de peau (eczéma, urticaire, psoriasis), que de douleurs de cou, de dos, que de spasmes de l'estomac, du côlon, que de migraines ne sont que l'expression d'un manque de caresses, de contacts.

Plaisir de peau

Le premier effet bénéfique de la stimulation cutanée, c'est de procurer du plaisir, du bien-être et même de l'euphorie. Lorsque la peau est stimulée par des contacts agréables, les centres hédoniques libèrent leurs fameux neurotransmetteurs et neuro-hormones, dont les précieuses endomorphines. Ce sont ces substances qui provoquent cet état de conscience particulier que l'on appelle plaisir. Comme elles sont aussi, vous le savez, anti-douleur, anti-angoisse, anti-stress, vous pressentez déjà certains effets positifs du toucher.

Effets physiques

Le toucher produit tant de bienfaits que l'on peut s'étonner qu'on ne l'utilise pas plus souvent. Il agit par les substances libérées par le cerveau, il agit par contact direct avec la peau et son contenu, il agit par réflexothérapie : des récepteurs cutanés (innombrables) stimulés par le contact, partent des impulsions qui vont solliciter des centres de contrôle situés dans la moelle et l'encéphale. En retour, ceux-ci émettent des ordres en direction de certains organes et régularisent leur fonctionnement. C'est le principe même de la réflexothérapie.

La stimulation cutanée contribue à régénérer la peau en activant la circulation locale ; la vasodilatation produite accroît l'apport d'oxygène et de substances nutritives et améliore l'élimination du CO_2 et des déchets. Par ailleurs en relâchant les muscles peauciers, la stimulation cutanée atténue les rides provoquées par la crispation des muscles.

D'une façon générale, le toucher détend les muscles contracturés, aussi bien les muscles striés du squelette que les fibres musculaires lisses des viscères. Il soulage donc les douleurs causées par la tension des muscles du cou et du dos, par exemple ; et celles liées aux spasmes de la vésicule, de l'estomac ou du côlon. Les mamans qui le savent bien massent le ventre de leur petit qui souffre de colique.

Les massages améliorent la circulation veineuse, celle qui ramène le sang au cœur ; à condition de masser des extrémités vers le thorax. Si, le soir, vous avez les jambes lourdes et les chevilles enflées, rien ne vaut un bon massage.

Le toucher favorise le fonctionnement du cœur en facilitant la circulation – en particulier la circulation cutanée et veineuse comme nous venons de le dire – et en relâchant la tension nerveuse ; ainsi sont amortis les effets du stress et de l'angoisse. C'est également par son action relaxante que le toucher contribue à réduire la tension artérielle.

Peau contre fatigue

La stimulation cutanée a un effet anti-fatigue remarquable. Après une séquence de caresses ou de massages, ne se sent-on pas aussi frais qu'après une bonne nuit ? Parfois même, il suffit d'un bref contact pour être revigoré : un serrement de main, une étreinte. Cet effet est certes psychique – le réconfort moral – mais il est aussi physique : le contact restaure notre potentiel énergétique.

La science occidentale officielle ne nous apprend rien quant à « l'énergie vitale » ; elle se borne à démontrer que la cellule et les organes – association de cellules – sont le siège de phénomènes électromagnétiques et que cette activité consiste en un transfert d'ions de part et d'autre des membranes cellulaires. Mais elle ne dit pas si la peau est le lieu de phénomènes énergétiques ou si le corps irradie des ondes. Toutefois une insolite expérience rapportée par J.-P. Changeux confirme l'effet « défatigant », sur le système nerveux, de l'excitation de la peau dans tout le monde animal : l'aplysie est une limace de mer au système nerveux très simple ; si on stimule de façon répétée par une micro-électrode l'une des synapses commandant un muscle branchial, elle finit par ne plus répondre, elle se « fatigue ». Si on gratte la tête de l'animal, la synapse répond à nouveau, elle est défatiguée. La stimulation cutanée réactive donc la libération des quanta de neurotransmetteurs de la synapse[1].

Il faut interroger un savoir moins officiel pour en apprendre un peu plus. Si l'on soumet un sujet à un certain voltage électrique en présence d'une plaque photographique, on découvre sur l'image que son corps est entouré d'un halo lumineux : c'est l'effet Kirlian. D'aucuns en déduisent que nous émettons des ondes. Ce n'est qu'une hypothèse. Ce même savoir prétend que la plupart de nos maux relèvent d'une surcharge de notre organisme en ions positifs et qu'il suffit de les rendre négatifs pour mieux nous porter. Si cela est vrai, on peut alors penser que lorsque deux peaux entrent en contact, il se produit des échanges d'ions et principalement une évacuation des « mauvais » ions positifs.

Les Orientaux, en revanche, accordent la plus grande importance au concept d'énergie vitale. Bien que d'essence métaphysique, leurs conceptions ont des incidences pratiques puisqu'elles sont le fondement de nombreuses techniques de soins, telle l'acupuncture. Or donc, le corps est pourvu d'une quantité d'énergie qui circule d'organe en organe, suivant des lignes à la surface de la peau : les « méridiens ». Si cette énergie s'amenuise ou si sa libre circulation est entravée, par exemple bloquée en certains points, apparaissent des troubles : une fatigue, une contracture, des spasmes, entre autres. La stimulation cutanée va alors induire une recharge énergétique et restaurer la libre circulation de l'énergie, comme le fait l'acupuncture. Bientôt les forces reviennent, les contractions se relâchent, etc.

1. Jean-Pierre Changeux (*ibid.*).

Les Orientaux nous apprennent aussi que l'énergie rayonne et crée autour du corps des enveloppes, les « auras ». La première se situe à la surface de la peau, les autres sont plus ou moins distantes. Lorsque deux sujets se touchent, les « auras » réciproques s'interpénètrent, le champ énergétique correspondant à la peau est alors particulièrement concerné. Ceci contribue également aux effets si complexes du toucher.

Le toucher comme tranquillisant

Le toucher est sédatif : il apaise la tension nerveuse des énervés et des stressés ; il peut même amener le sommeil chez l'adulte aussi bien que chez l'enfant.

Le toucher est également un anxiolytique remarquable : sous la main bienfaisante s'allège le poids qui oppressait le thorax, se dénoue le nœud qui serrait la gorge.

Le toucher fait mieux encore : c'est un thymoanaleptique, c'est-à-dire un stimulant de la bonne humeur. Il chasse la tristesse, il relance la joie de vivre, il restaure l'énergie psychique. Il est donc particulièrement indiqué dans la dépression, en particulier dans les états dépressifs réactionnels, dont il hâte la guérison. Ces heureuses actions s'expliquent par la libération d'endomorphines et la recharge énergétique produite par la stimulation cutanée. Il faut y ajouter l'impact psychologique qu'elle opère.

Car le toucher est un langage. Par la peau, le touchant communique sa sollicitude, au moins sa tendresse, et son amour au mieux. Aussitôt, la peur et la peine du touché s'apaisent. Le touchant le perçoit alors grâce à un subtil frémissement de la peau. Entre les peaux s'instaure un vrai dialogue : la peau caresse la main autant que la main caresse la peau, car celui qui caresse reçoit autant que celui qui est caressé. Celui qui donne du bien reçoit du bien. Le toucher rompt l'isolement des êtres, jette un pont entre les solitudes. En dépit de la concentration de la population, en dépit même de la présence de nombreuses personnes, trop souvent les gens se sentent seuls. C'est le cas plus spécialement des veufs et des veuves, des célibataires, des membres de certaines familles, des malades hospitalisés, des personnes âgées dans les maisons de retraite. Le toucher, parce que tangible et concret, est ce qui éradique le mieux la solitude.

L'anti-toucher

La civilisation occidentale a depuis trop longtemps sécrété de multiples tabous anti-toucher. La société industrielle à son tour s'ingénie à réduire l'usage des mains dans la communication.

La morale judéo-chrétienne, ayant condamné le plaisir, ne pouvait que jeter l'opprobre sur les mains, agents du péché. Le contact acquit donc une connotation érotique : toucher, se toucher, c'était déjà aborder les rives interdites de la concupiscence. On m'a rapporté que dans un pensionnat – cela se passait dans les années 40 – les garçons devaient, pour rentrer leur chemise dans leur pantalon, se servir d'une baguette ; et, deux sûretés valant mieux qu'une, les poches dudit pantalon devaient être cousues.

Par ailleurs, la culture occidentale, au nom d'une certaine virilité, a interdit aux hommes d'être tendres et d'exprimer leurs émotions tant par le verbe que par le geste. Toute l'éducation des mâles visait à étouffer leur sensibilité pour en faire des durs.

À la fin du XIXe siècle, les savants découvrent les microbes. Frappés par une véritable phobie de l'infection, les hygiénistes se déchaînent. Pour éviter de contaminer les bébés, ils recommandent instamment de ne plus les caresser, embrasser, bercer, ni même nourrir au sein ; bref de réduire au minimum les contacts. C'est l'époque des « nurses » en blouses blanches amidonnées, des biberons, des « lits-cages », etc. Ces préceptes séviront jusqu'à la dernière guerre et nombre de nos concitoyens en sont encore victimes.

Également à la fin du XIXe siècle, Sigmund Freud découvre la sexualité infantile et deux de ses éléments, le complexe d'Œdipe et le complexe d'Électre. Pour prévenir de tels complexes et éviter de créer des déviations homosexuelles, des psychanalystes abusifs interdirent aux mères et aux pères de cajoler leurs enfants, en particulier les garçons.

Dans le courant du XXe siècle, la famille se transforme et les contacts vont encore se raréfier. D'une part la famille, jusque-là élargie aux trois générations, se réduit à la famille nucléaire ; la disparition des grands-parents, le plus souvent relégués dans les maisons de retraite, frustre les enfants d'autant de câlins. D'autre part la mère quitte le foyer pour aller travailler à l'extérieur : les enfants, déposés dans des crèches, sont dépossédés de son affection.

Plus récemment nous sommes entrés dans une ère dite « audiovisuelle » qui aggrave la désaffection du toucher. Il n'y en a plus que pour les oreilles et les yeux tant à la maison qu'au travail ou que dans les loisirs. Le téléphone, la radio ou la télévision occupent notre ouïe ; les écrans d'ordinateur, de télévision et de cinéma, les images de la presse, des affiches et des catalogues, les photos et les films familiaux accaparent notre vue. Inversement, grâce à la mécanisation, à la robotisation du travail manuel et à la bureaucratisation des travailleurs, l'utilisation de nos mains se réduit sans cesse ; appuyer sur un bouton, tapoter sur un clavier deviendront leur seule fonction. S'il faut se réjouir de ce que la main, enfin libérée des durs travaux, puisse préserver sa sensibilité, on peut déplorer qu'elle perde parallèlement son rôle créateur, rôle où pouvaient s'exprimer son admirable habileté et l'intelligence.

Qui toucher ?

Si les conjoints apprécient de se toucher amoureusement – comme nous le verrons plus tard – il serait bon aussi qu'ils se touchent dans un but thérapeutique. Un soir, par exemple, madame rentre les jambes lourdes et enflées d'être demeurée debout toute la journée ; il lui faut maintenant assurer son deuxième métier qui est de tenir la maison ! Voyant son état, son mari la fait s'allonger sur le canapé, place deux coussins sous ses pieds et entreprend de lui masser les jambes de bas en haut, avec tendresse. Bientôt les jambes de madame s'allègent et elle se sent bien. Un autre soir, c'est monsieur qui rentre fourbu, anxieux ; sa femme le fait asseoir à califourchon sur une chaise, le front appuyé sur le haut du dossier ; et elle s'emploie à masser les fossettes de la nuque, le cou, les épaules, le dos, là où les muscles trapèzes ont encaissé toutes les agressions, toute la fatigue. Aussitôt monsieur se détend, soupire d'aise, tandis que s'envole son mal de tête.

Un bébé bien caressé fera un adulte bien dans sa peau. C'est dès les premières heures qu'il faut caresser bébé, pour l'aider à supporter le passage de la vie intra-utérine où tout était douceur, calme et volupté, à la vie terrestre où tout l'agresse : les durs contacts, la lumière, le bruit. La peau est, du reste, le seul sens qui fonctionne pleinement dès la naissance et donc le seul mode de communication. Embrassez, caressez, chatouillez, lavez, séchez, bercez bébé, multipliez toutes les occasions de stimuler sa peau. Mais ne vous contentez pas des jeux naturels de « la geste » maternelle, prodiguée au cours de l'allaitement et des bains ; offrez en plus à votre bébé des massages. Si ! Vous savez, vous la mère, vous le père ! Écoutez votre tendresse et vos mains inventeront les gestes. Vous préférez vous initier à une méthode ? Lisez donc *Shantala*, le très beau livre du docteur Frédérick Leboyer, ou prenez quelques leçons auprès d'une de ces merveilleuses femmes qui enseignent le massage des bébés (adresses en annexe).

Asseyez-vous sur le sol, recouvert d'un tapis ou d'une couverture. Vos jambes sont nues ; allongez bébé nu sur vos cuisses, en long ou en travers, tantôt sur le dos tantôt sur le ventre. Vous pouvez aussi poser bébé sur le tapis ou sur une table. Le massage durera 5 à 10 minutes pour le nouveau-né, 20 à 30 minutes pour le plus grand. Jusqu'à quel âge masser ? Il n'y a pas de limite... Seul le refus de l'enfant pourrait y mettre un terme. Les massages sont particulièrement indiqués chez les enfants nerveux ou insomniaques, chez les anorexiques ou les vomisseurs, chez les constipés ou les colitiques, chez ceux atteints d'eczéma ou d'urticaire.

« *Il faut parler à leur dos, il faut parler à leur peau, qui ont soif et faim, autant qu'à leur ventre. Être porté, bercé, caressé, massé, autant de nourriture pour les petits enfants, aussi indispensable sinon plus que vitamines, sels minéraux et protéines* », explique Frédérick Leboyer (*ibid.*).

Les enfants peuvent-ils caresser, masser les parents ? Pourquoi pas ? J'en connais qui massent le visage, le cou, les mains, les pieds de leur mère et de leur père. Les enfants aiment cajoler, soigner. Les encourager à le faire les responsabilise et les prépare à leur rôle de parents.

La peau vermeille

Il y a quelques années, je participais à un séminaire de massage californien. Parmi les stagiaires, jeunes pour la plupart, se trouvait une dame d'un certain âge. Le hasard voulut qu'elle fût ma partenaire quand on aborda le massage du visage. Avant que je ne la masse, elle me confia qu'âgée de 73 ans, veuve depuis vingt ans, elle avait économisé sur sa maigre retraite pour s'offrir cette session afin d'être touchée au moins une fois. Après le massage, déridée, radieuse, cette femme semblait rajeunie de dix ans[1].

On croit que la tendresse, la caresse, l'amour n'ont plus cours après 60 ans. Malfaisant préjugé ! Le cœur ne se ride pas. Si la peau se plisse, elle n'en reste pas moins éminemment sensible. C'est même le seul sens à ne pas décliner. Jusqu'à notre mort, notre épiderme demeure une source intarissable de joies et un mode de communication incomparable. Aussi le besoin d'être touché, cajolé, chéri ne s'émousse pas. Tant que dure la vie, continue de briller, en tout être, ce bel élan qui le pousse vers ses semblables pour leur donner ou en recevoir plaisir

1. Gérard Leleu, « L'amour à 60 ans », *in La Vie naturelle*, n° 31, septembre 1988.

et affection. Ce serait d'autant plus dommage d'y renoncer que la durée de vie s'accroît ; à 60 ans, on a encore vingt-cinq à trente ans à vivre. Doit-on se résigner à n'être plus un être humain à part entière le tiers de sa vie ?

On comprend donc que les personnes âgées ressentent tellement les bienfaits du toucher. Souffrant de rhumatismes, elles apprécient l'effet antalgique et anti-contracture des stimulations cutanées ; lasses, elles savourent pleinement l'effet anti-fatigue ; esseulées souvent, anxieuses, dépressives, elles profitent plus que d'autres de l'effet anti-solitude, anxiolytique et réconfortant.

L'art du toucher

Pour « guérir » avec les mains, il n'est nul besoin d'apprendre. Votre générosité, votre créativité vous inspireront les gestes simples et naturels qui ont pour noms caresses, massages, étreintes. Tous les degrés sont possibles : du simple effleurement du bout des doigts au pétrissage à pleines paumes. Toutes les amplitudes : de l'imposition des mains aux gestes larges enveloppant tout le dos ou tout un membre, en passant par de petites rotations des pulpes sur les tempes, par exemple. Tous les mouvements, mais toujours *moderato cantabile*, toutefois. Si vous êtes en panne d'imagination, faites comme le potier avec sa glaise, la mère avec son bébé ou participez à un ou deux séminaires de massage californien. Ces massages inventés à Esalen, en Californie, par Margaret Elke, constituent pour ceux qui les découvrent une expérience fabuleuse. De nombreuses méthodes dérivées du californien ont vu le jour ces dernières années : massage sensitif, massage psychosensoriel, sensitive-gestaltmassage, massage holistique. Tous apportent un optimum de relaxation, de recharge énergétique et de bien-être. Et ils épanouissent merveilleusement la stimulation cutanée. Pratiquez quelques séances et ensuite, votre imagination ensemencée, votre peau révélée, vous improviserez à l'infini avec vos proches.

Si cela est possible, pratiquez le massage dans une pièce à bonne température, calme, doucement éclairée. Le massé est nu si le massage porte sur tout le corps ; il se contentera de se dénuder partiellement si le massage ne concerne qu'une région. Le massé est allongé sur le sol ou sur une table. Couvertures et coussins lui rendront la position confortable. Il peut aussi s'asseoir à califourchon sur une chaise – dans le cas d'un massage de la tête et du cou. Le massé s'abandonne complètement, mettant en pratique les préceptes du sensualisme. Le massant, dont les mains sont impérativement réchauffées, est très attentif aux réactions du touché et applique les mêmes préceptes[1].

Pour faciliter le glissement vous pouvez utiliser un lubrifiant, à condition qu'il soit agréable aux doigts et aux narines : huile d'amande douce ou huiles de cuisine (de préférence huile de raisin). Vous pouvez aussi vous offrir des huiles spéciales massages – Weleda par exemple. Le fin du fin étant de disposer d'huiles auxquelles sont incorporées des essences aromatiques dont les vertus thérapeutiques s'ajouteront aux effets du toucher. (Voir tableau 11.)

De la tête aux pieds

Toutes les zones du corps peuvent bénéficier du toucher et délivrer d'agréables sensations.

1. Brigitte Stack, *La Santé par le massage.*

Tableau 11

Effets	Anti-douleur	Anti-rhumatismal	Anti-spasmodique	Sédatif hypnotique
Géranium	+	+	+	+
Marjolaine	+	+	+	+
Lavande	+	+	+	+
Camomille	+	+	+	+

Effets	Anti-rhuma.	Stimulant	Circulatoire
Thym	+	+	+
Romarin	+		
Sauge		+	
Eucalyptus	+	+	
Citron	+	+	
Pin		+	

Rien n'est plus « déprimant » qu'un mal de tête. Rien n'est plus prodigieux qu'un massage du cuir chevelu, en particulier des tempes, des oreilles, de la nuque. Les sensations sont exquises, le bien-être incroyable. La douleur s'envole, les « idées noires » aussi, l'esprit s'apaise. Essayez !

Le dos, c'est-à-dire la colonne vertébrale et ses haubans musculaires, supportant le poids du corps et des charges, soumis à d'importants mouvements, est fréquemment le siège de tensions douloureuses ; d'autant que les contrariétés et les stress ajoutent aux contractions. C'est dire le bienfait qu'entraîne le toucher quand il relâche tous les muscles noués.

Le visage est à toucher avec délicatesse : la peau est sensible, la zone pudique. Toucher le visage, c'est toucher l'être au plus profond de lui. Qui d'autre que votre mère ou peut-être votre aimé(e) vous a jamais touché la face avec douceur ? À force d'en maîtriser les expressions pour ne rien laisser paraître de nos émotions, nous crispons nos muscles faciaux : nous serrons les mâchoires, nous pinçons les lèvres, nous durcissons notre regard... Acceptez un jour de vous laisser toucher, masser le visage. Vous verrez comme c'est émouvant, comme les sensations sont étonnamment exquises. Le bien-être confine à la béatitude de l'enfance, la détente vous arrachera des larmes de joie. Regardez-vous ensuite dans un miroir : dix ans de moins, vous avez dix ans de moins ! Les muscles décrispés, la circulation stimulée, vos traits sont reposés, votre teint vif. Et si vous aviez de la sinusite, elle est soulagée.

J'aurais voulu vous parler aussi des pieds – massage fantastique – et des mains. Mais il faut bien abréger.

Trop souvent, trop facilement nous avalons un tranquillisant ou un anti-inflammatoire, remèdes dont nous connaissons pourtant la toxicité, alors qu'un geste simple suffirait à apaiser nos angoisses et nos douleurs...

LA CARESSE AMOUREUSE

Toucher particulièrement riche, raffiné, sans limites dans l'espace, sans restriction dans la pudeur, animé par la plus grande tendresse, inspiré par le plus ardent désir, la caresse amoureuse apporte le maximum de bienfaits. Hélas, elle se pratique trop peu. Pourtant, consciemment ou non, les humains y aspirent de tout leur être ; les femmes principalement.

Madame M. fut victime d'une infection vaginale. Pendant quelques semaines les relations sexuelles lui furent interdites : « Mon mari, alors, s'est mis à me caresser le dos, le cou, les mains, toutes les parties de mon corps. C'était délicieux. Aussi bon que l'amour. Mais quand je fus guérie, il oublia à nouveau ma peau. Je regrette le temps de ma vaginite. »

Madame T. dont le mari devint impuissant à la suite d'une grave maladie : « Je me passerais bien des relations sexuelles, si au moins il me prenait dans ses bras… Mais il ne m'a pas touchée depuis trois ans. »

Mademoiselle L. avait une mastose : « J'ai connu un ami très tendre ; il me caressait si bien que mes seins ont guéri. Puis il est parti et ma mastose est revenue. »

Le mari de madame B., entrepreneur en difficulté, n'a plus la tête à l'amour. Accablé de soucis, il ne pense plus à cajoler sa femme. Les mois passent. « Viens, lui dit-elle souvent, laisse-toi faire, je vais te détendre. » Il n'entend rien. « Je vais acheter un chien, me lança-t-elle à la dernière consultation, quelqu'un qui se laisse caresser et vous fasse des "câlins". » Or, j'appris le jour même, par une radio, qu'il y avait en France huit millions de chiens et autant de chats. Y aurait-il autant de frustrés ?

Cette pénurie de caresses amoureuses a les mêmes origines que les restrictions du toucher dans notre société occidentale et industrielle. S'y ajoute le rôle anti-toucher d'une certaine sexologie. En médicalisant l'amour, la sexologie a rétréci l'échange amoureux aux quelques centimètres carrés des sexes, à la façon de les ajuster par diverses positions, aux moyens d'en tirer à tout prix un orgasme. Elle a créé l'obsession du coït, le terrorisme de l'orgasme et des obligations de fréquence et de performances. Certes le sexe est rassasié, mais la peau crie famine. Car l'amour c'est autre chose que la friction des organes génitaux. À la surface de nos 18 000 cm^2 de peau, 1 500 000 récepteurs attendent des caresses.

Par ailleurs la sexologie a mécanisé l'amour, l'a aseptisé de sa composante affective. Or, les plaintes les plus souvent entendues ne révèlent pas tant de la balistique sexuelle que de l'absence de tendresse. Qu'importe que le sexe fonctionne bien, si le cœur crie famine. Or, ce qui témoigne le mieux la tendresse, ce n'est pas tant la pénétration du pénis que les caresses de la peau.

La relation physique entre la femme et l'homme ne peut se restreindre aux contacts entre les organes génitaux. La femme et l'homme ont aussi un visage, un dos, des pieds. Toute la surface du corps doit participer à l'échange amoureux. La caresse agrandit la sexualité en sensualité – qui est l'art de multiplier à l'infini les émotions hédoniques – et lui confère une dimension affective. « *L'amour humain ne se distingue du rut stupide des animaux que par deux fonctions divines : la caresse et le baiser.* » (Louÿs, *Aphrodite*.)

Caresse gratuite et géographie sensuelle

La caresse peut être un prélude aux relations sexuelles, ou les accompagner ou les suivre. Mais elle peut aussi se dispenser « gratuitement », c'est-à-dire sans intention de coïter. L'échange physique ne doit pas obligatoirement comporter un coït. Un tel échange libère la créativité au profit des gestes, des regards, des mots ; il incite à aimer autrement. Ce qui n'empêche pas d'atteindre pleinement le but de toute relation : le plaisir, la détente et l'union.

Il faut le dire : trop souvent la peau est un pays sous-exploré, sous-développé. Eh bien ! Il vous faudra la parcourir, la découvrir, l'épanouir. Il vous faudra quitter l'autoroute du coït pour emprunter les chemins buissonniers de la caresse à travers la peau et vous inventer des itinéraires touristiques toujours nouveaux.

Si vous étiez à court d'idées, il vous suffirait de vous rappeler vos souvenirs les plus archaïques, d'écouter vos aspirations les plus profondes et de regarder les mères et leurs enfants. Car le prototype des relations amoureuses est la relation mère-enfant, c'est la plus dense, la plus intense, la plus intime des relations humaines, et la plus satisfaisante. Ce comportement de la mère est un modèle de tendresse et de sollicitude, la geste maternelle est admirable. Pour bébé, complètement abandonné, ce corps à corps merveilleux, c'est le bonheur absolu, la béatitude.

Ce premier amour sera donc inscrit à vie dans notre peau, dans notre corps. Toute la vie, nous garderons la nostalgie de ce paradis perdu. Et nous tenterons, auprès de nos aimants, de réactualiser une relation semblable. L'homme, par exemple, rêvant de faire de l'amante une mère, comme il avait fantasmé de faire de la mère une amante. Mais, au fond, pourquoi pas tour à tour redevenir de petits enfants ? ou être pour l'autre une mère ? Débarrassons-nous une bonne fois des tabous et des complexes : renvoyons Œdipe à la mythologie et accrochons au vestiaire, entre gants de boxe et battes de base-ball, la fausse virilité.

L'angoisse de l'homme face à la femme, sa maladresse, sa raideur viennent de ce qu'il souhaite aussi aimer et être aimé maternellement, mais n'ose le reconnaître et encore moins le demander. Prendre ce souhait à bras-le-corps, l'assumer, ce serait sans doute accomplir un progrès immense dans les rapports entre femme et homme. Car la femme aussi souhaite retrouver une relation semblable.

Pratiquement, il s'agit tant pour la femme que pour l'homme d'avoir pour son partenaire la même tendresse, la même sollicitude et la même abnégation que la mère pour son enfant. Que la geste amoureuse soit aussi spontanée, candide, inventive, passionnée que la geste maternelle. Que les amants s'abandonnent aux soins de l'autre, s'ouvrent à sa tendresse. Que chacun soit, tour à tour, l'enfant et la mère. C'est cela le paradis retrouvé.

Caresse langage

La caresse est un langage. La main qui donne la caresse dit sa tendresse, sa prévenance, sa sensualité. Et elle écoute les réactions de la peau qu'elle touche, de tout l'être qu'elle aborde. Elle ressent son abandon, son émotion, son plaisir. La peau qui reçoit la caresse perçoit ce que la main dit et y répond. C'est un vrai dialogue car si le verbe peut tromper et le plaisir des sens aveugler, la peau, elle, ne peut mentir. Le donneur et le receveur de caresses perçoivent bien le degré de tendresse et de sensualité l'un de l'autre. La caresse traduit ce que l'on est. Et si vous êtes sensuel et généreux, votre caresse sera authentique ; sinon ce ne sera qu'un banal tour de main.

Dans le rapport sexuel, on peut se sentir seul à deux. Il peut être une recherche égoïste du plaisir, l'un des deux partenaires peut se sentir exploité. Et la violence du plaisir peut rendre solitaire. À la limite, le plaisir sexuel peut s'obtenir sans partenaire. Dans la caresse, on est forcément deux ; la caresse est plus oblative, plus gratuite. Échange authentique, elle balaie la solitude et satisfait le besoin profond de communion auquel tout être aspire.

Vers une égale sensibilité

L'homme a naturellement une peau aussi sensible que la femme et un besoin égal de contacts. Mais, chez lui, la pression culturelle et le mode de travail ont abouti à étouffer cette sensibilité et ce besoin. Une certaine mythologie de la masculinité le persuade que tendresse rime avec faiblesse... Par ailleurs le travail physique qui lui incombe, plus dur, ne prédispose pas aux gestes raffinés et altère la sensibilité et le grain de sa peau, surtout celle de ses mains. Enfin la charge érotique du pénis, souvent impérieuse, rend plus difficile la caresse gratuite, contraignant l'homme à brûler les étapes.

Chez la femme, la pression culturelle n'est pas aussi forte ; au contraire certains éléments la prédisposent et l'encouragent à toucher. La maternité l'autorise à vivre et à exprimer sa sensibilité et son affectivité et lui permet la joie des contacts intenses, ce qui aiguise sa sensualité. Ce corps à corps avec l'enfant érotise sa peau autant qu'il érotise la peau de l'enfant. La maternité est une admirable école de tendresse et de caresses. Par ailleurs, traditionnellement, les travaux confiés aux femmes – sauf exception – sont plus fins et les mettent en contact avec des matériaux plus doux ; ce qui épargne la peau de leurs mains et même aiguise leur tact.

L'évolution des mentalités et des techniques devrait permettre à tous les hommes de récupérer leur sensibilité, fondamentalement aussi riche que celle de leurs compagnes.

Sensualisme et caresse

Pour tirer de la caresse (et de toutes les sensations amoureuses) tous les bienfaits possibles, il faut lui appliquer les principes du sensualisme.

Soyez infiniment présent à la caresse. Oubliez le passé et le futur. Chassez les pensées parasites. *« Toujours vous courez. Arrêtez-vous, suspendez votre folle fuite en avant. Posez-vous. Écoutez-vous. Ouvrez vos sens à deux battants. Sortez toutes vos antennes. Oubliez vos soucis. Laissez derrière la porte : patron, chef de service, factures, U.R.S.S.A.F.F., formulaires. La vie c'est plus sérieux que ces tracasseries. Plus vrai. Plus dense. Plus chaud. Existez ici et maintenant. Laissez le passé au passé, le futur au futur. Vivez dans l'instant. Plus rien ne compte que les palpitations de votre cœur-corps. C'est votre vrai "vous". Ce n'est pas le pantin social qui s'agite tout le jour. Soyez vous. Rentrez chez vous*[1]. »

Soyez pleinement conscient de ce que vous faites et recevez. Soyez précieusement attentif, réceptif. Ouvrez vos récepteurs cutanés. Tendez la peau comme on tend l'oreille. La peau qui reçoit doit recueillir tous les messages des doigts. La main qui donne doit écouter tout ce qui vient de la surface cutanée.

« Celui (celle) qui reçoit la caresse doit se concentrer sur son propre ressenti, être à l'écoute de son corps. Il ne doit pas hésiter à indiquer clairement ses désirs : préciser ses zones érogènes préférées, guider le (la) partenaire dans ses recherches. Si la main n'est pas tout à fait où il faut ou si elle s'écarte, si le rythme et le mouvement ne sont pas satisfaisants, il faut le dire ou prendre la main et montrer ce qu'il faut faire. Et faire savoir s'il faut continuer et recommencer. Il faut parler

1. Gérard Leleu, *Le Traité des caresses,* éd. J'ai lu, n° 7004.

tendrement, encourager et même faire des éloges: "C'est bien, mais ce serait mieux ainsi; tu deviens orfèvre[1]*."* »

Ralentissez vos gestes pour démultiplier chaque sensation et n'en pas perdre une miette. Concentrez-vous sur une sensation à la fois pour en jouir au maximum.

Abandonnez-vous. Groddeck, provocateur génial, écrit dans *Le Livre du ça* : « *J'ai l'impression que le plus difficile dans la vie, c'est de se laisser aller, de guetter et de suivre les voix du "ça", tant pour le prochain que pour soi-même. Mais l'enjeu en vaut la chandelle. Peu à peu, on redevient enfant et vous savez : ceux d'entre vous qui ne deviendront pas des petits enfants n'entreront jamais dans le royaume. On devrait renoncer à "faire les grands" dès l'âge de vingt-cinq ans. Jusque-là on a besoin de cela pour grandir, mais ensuite, ce n'est plus utile que pour les rares cas d'érection. Ne luttez pas contre l'amollissement, ne pas plus se dissimuler à soi-même qu'aux autres, ce relâchement, cette flaccidité, cet état d'avachissement, c'est cela qu'il faudrait.* »

Caresser « *procure du plaisir à soi-même et au partenaire. Le plaisir de l'autre vous revient sous forme de manifestations à peine perceptibles ou au contraire extrêmement vives ; ce plaisir réfléchi vous atteignant amplifie le vôtre et il repart vers le (la) partenaire en caresses encore plus chargées d'éroticité. Le plaisir entre les deux acteurs se décuple par un jeu de miroirs ; son plaisir récompense et stimule votre plaisir; en retour vous le (la) gratifiez d'une caresse meilleure*[2] ».

1. *Idem* note page précédente.
2. *Idem* note page précédente.

Le rendez-vous de la femme et de l'homme

La caresse pourrait être le geste qui fonde la relation nouvelle entre la femme et l'homme. Elle pourrait être le rendez-vous d'une femme nouvelle avec un homme nouveau. Le rapprochement extrême de ces deux êtres est le corps à corps. Le coït peut n'être qu'un télescopage, une épreuve de force qui tourne à la domination de l'un ou de l'autre. La caresse, elle, implique l'égalité des rôles, des initiatives et des plaisirs ; elle exclut toute appropriation et exploitation ; elle est anti-sexiste.

Établir entre la femme et l'homme une nouvelle relation est une entreprise difficile mais non impossible. Il suffirait que les êtres deviennent ce qu'ils sont ou plutôt redeviennent ce qu'ils étaient avant la répression patriarcale. La femme réprimée était supposée inférieure, soumise, sensible, sentimentale, tendre, fragile et interdite de plaisir. La femme libérée joue au mec : elle court après l'argent, gonfle ses muscles, drague et fornique cyniquement, fait la guerre. L'homme classique se voulait supérieur, autoritaire, insensible, solide et jouisseur. L'homme actuel, dont le pouvoir et la sexualité sont mis en question, se blinde dans son autoritarisme ou sombre dans l'impuissance physique et psychique. Dans la vie, dans le lit, la femme libérée et l'homme actuel se heurtent. Nous vivons une période de transition dont les conflits risquent de fendre l'humanité en deux moitiés inconciliables. L'homosexualité pourrait apparaître le seul refuge[1].

Redevenir ce que l'on est, c'est accepter les deux pôles de notre personnalité : l'*animus* ou pôle masculin et l'*anima* ou pôle féminin. Que les femmes pré-

1. Gérard Leleu, *La Mâle Peur*, éd. J'ai lu, n° 7026.

servent leur tendresse et leur sensualité tout en affirmant leur autorité. Que les hommes laissent éclore leur sensibilité et leur sensualité et renoncent à la domination. Que les unes et les autres sortent des rôles qui leur sont assignés depuis des millénaires. Qu'ils deviennent authentiques. C'est l'homme qui aura le plus de mal à changer : il n'est pas facile de réanimer une *anima* étouffée depuis si longtemps, d'autant que notre société industrielle est une jungle impitoyable.

J'avais proposé comme modèle pour les jeux de l'amour la relation mère-enfant. En ce qui concerne l'affectivité, c'est encore le modèle qu'il faut suivre : il faudrait refuser la domination comme la passion et se situer dans la tendresse.

Déjà Ferenczi avait comparé la position des amants après l'orgasme, faite toute d'abandon, de tendresse, de confiance, de gratitude, à la relation mère-enfant. Il serait souhaitable que cet état d'esprit s'étende à l'ensemble des rapports de la femme et de l'homme.

« *On peut penser*, dit Frédérique Gruyer, *que sortir du rapport de force équivaudrait à ce que s'établisse entre l'homme et la femme une relation mère-enfant réciproque. Imaginer l'amour physique à la fois comme le prolongement et le dépassement de la relation d'amour qui lie l'enfant à la mère.* [...] *Cette tendresse, que pour l'heure je continuerai d'appeler "maternelle", me semble être le signe précurseur de la fin des rapports de pouvoir*[1]. »

La caresse, création de l'*anima* de l'un et de l'autre, concrétise cette relation nouvelle entre les sexes. C'est l'ultime bienfait de ce plaisir.

1. Frédérique Gruyer, *Ce paradis trop violent*.

Le plaisir suprême

Sans doute est-il étonnant, dans un ouvrage consacré au plaisir, de ne pas parler du plaisir suprême : celui procuré par l'union des sexes. L'ayant largement développé dans d'autres ouvrages, je me contenterai de dire qu'il faut absolument lui appliquer les préceptes du sensualisme, si l'on veut en tirer la quintessence. Il est bon de pratiquer, en particulier, l'interpénétration comme une longue, une très longue caresse intérieure qui ne se terminera pas automatiquement par une éjaculation. Cela est bon pour la femme qui, de la sorte, a le temps de s'élever vers les sommets orgasmiques. Cela est bon pour la femme et l'homme, car le contact prolongé de deux muqueuses pourvues de corpuscules de volupté provoque une euphorie inouïe.

Les bienfaits de ce plaisir sont ceux de tout plaisir porté à un degré extrême. En particulier, la détente est telle que l'on peut affirmer que l'union sexuelle est le meilleur des tranquillisants. De plus, la caresse intérieure sans éjaculation automatique apporte un bénéfice considérable : elle permet à la femme, dont le partenaire a acquis la parfaite maîtrise de l'art d'aimer, de se passer de la pilule contraceptive dont nous verrons plus loin l'extrême nocivité.

14

Sentez-vous mieux

A-t-on assez répété que notre odorat était, de nos cinq sens, le plus dégénéré ? Comparé au flair des animaux ses performances sont dérisoires ! Mais qu'importe, n'est-ce pas, puisque c'est un sens « bestial », dont les êtres supérieurs n'ont que faire ; surtout lorsqu'ils se tiennent debout sur leurs membres inférieurs.

Déjà le flair de nos ancêtres les singes, après qu'ils eurent quitté le sol pour élire domicile dans les arbres, avait périclité, tandis que leur vision prenait de l'importance ; et déjà, dans leur cerveau, les structures olfactives s'étaient réduites alors que les visuelles se développaient. Plus tard, quand dans la Rift Valley ravagée par la sécheresse, les forêts se raréfièrent avant de disparaître pour faire place à la savane, les primates durent se dresser sur leurs pattes arrière pour voir au loin, par-dessus les herbes. Loin du sol, loin des odeurs ; décidément, de plus en plus, il valait mieux croire ses yeux que son nez ; d'autant que de nocturnes nos lointains ancêtres étaient devenus diurnes. Érigés, la vision renforcée, l'odorat diminué, leurs membres antérieurs libérés, les singes s'étaient faits Australopithèques, les premiers des hominiens. Évolution qu'abordait déjà Freud dans *Malaise dans la civilisation*.

Pour l'homme accompli, quelle fierté de dominer tous ces mammifères qui vivent au ras du sol, penchés sur celui-ci, asservis à lui, qu'ils reniflent et fouinent à longueur de temps. Quel bonheur de s'être détaché de toutes les viles odeurs qui y traînent. Il en arrive même à ne plus pouvoir sentir ses congénères ou, pire encore, lui-même. Il y a des odeurs qui rappellent trop le fauve et d'autres qui respirent le péché et qui pour un peu l'inspireraient. *Vade retro Satanas !* Vite l'eau, la brosse, le savon, et trois ou quatre pulvérisations de déodorant.

Ce mépris pour notre odorat ne nous empêche pas d'admirer le flair des animaux : celui du chien qui chasse le gibier ou déniche la drogue cachée nous fascine, et celui du bombyx mâle, qui détecte l'odeur d'une femelle éloignée de quinze kilomètres, nous éberlue. Mais il faut bien que les bêtes aient quelques avantages sur nous, d'autant que chez elles l'olfaction a une importance vitale : elle leur permet de repérer la nourriture, de déceler l'ennemi et d'assurer la reproduction.

Plus riche qu'on ne le croit

En réalité notre odorat est plus puissant et plus efficace qu'on ne veut le croire.

Notre organe olfactif est situé dans la voûte du rhinopharynx, qu'on appelle encore « fosses nasales », bien triste nom pour ce qui est un second palais. La muqueuse sensible n'est guère plus grande qu'une pièce de cinq francs (un mouchoir chez le chien) et comprend au total 50 millions de cellules réceptrices (220 millions chez les canins). Plus qu'un « beau reste », c'est un sens encore très riche. Les filets nerveux n'ont que quelques centimètres à parcourir pour pénétrer dans le crâne à travers une mince lame, criblée de trous comme un tamis, et atteindre la partie la plus proche du cerveau, le rhinencéphale, siège de l'olfaction. Comme il est court le chemin entre les odeurs qui baignent la muqueuse et l'encéphale ! Cette proximité témoigne déjà de l'importance persistante de ce sens et de la profondeur de son impact.

La sensibilité de nos narines est telle qu'elle nous permet, par exemple, de détecter l'odeur de putois diluée à 0,000 000 003 g ou, ce qui est plus intéressant, la présence de gaz de ville à proportion de un pour cinquante millions. C'est pourquoi les services de sécurité aux États-Unis utilisent, pour détecter les fuites de gaz, des « renifleurs » dont la sensibilité est infiniment plus grande que celle des détecteurs techniques. Et la F.D.A. elle-même emploie des « supernez » pour dépister les aliments et les boissons avariés, impropres à la consommation[1]. Nous verrons également que les « nez » de notre industrie du parfum sont capables de distinguer six mille nuances. Enfin, nous savons que la gustation s'effectue pour les 4/5es par la muqueuse olfactive, dont l'acuité est dix mille fois plus forte que celle de la langue ; c'est donc à leur olfaction que les dégustateurs professionnels (les goûteurs d'eau, les taste-vin, etc.) doivent leurs prouesses.

Cependant, au-delà de ses capacités physiques, ce qui fait l'importance de l'odorat, c'est son retentissement affectif : les odeurs entrent de plain-pied dans l'univers émotionnel. Il n'y a pas d'odeurs neutres, toutes se révèlent d'emblée, avant même qu'on ne les ait identifiées, agréables ou désagréables et nous

1. Ruth Winter, *Le Livre des odeurs.*

rendent aussitôt heureux ou malheureux. Souvent elles nous atteignent, profondément, nous écœurant de dégoût, nous transportant de joie ou nous bouleversant de chagrin.

C'est que le rhinencéphale, cerveau de l'olfaction, fait partie du système limbique qui, vous le savez, est le siège des émotions et du plaisir. De plus, ce rhinencéphale est mitoyen de l'hypothalamus, centre des pulsions fondamentales (instinct sexuel, instinct agressif, faim, soif, etc.). C'est pourquoi toute odeur met immédiatement en branle les désirs correspondants. Enfin, le centre olfactif est également voisin de l'amygdale limbique, cette zone de la constellation du plaisir spécialement chargée de mémoriser les émotions et le plaisir. Rien ne vous rappelle aussi promptement et précisément un souvenir qu'une odeur. Et cette odeur-souvenir évoquant un événement plus ou moins lointain, remontant souvent à l'enfance, vous procure instantanément un état de bien-être ou de malaise. Et sans doute l'avez-vous remarqué, il y a des odeurs qui vous remuent l'âme sans que vous puissiez expliquer ce sentiment étrange : c'est que si vous, vous avez perdu le souvenir de l'événement, votre amygdale limbique, elle, a conservé la trace de l'odeur et du sentiment qui l'accompagnait. La mémoire olfactive est plus résistante que la mémoire visuelle et auditive.

Il est encore une explication à l'impact affectif des odeurs, c'est l'association qui, dans la petite enfance, s'est établie des milliers de fois entre les perceptions olfactives et les émotions heureuses ou malheureuses du moment. Ce conditionnement est gravé à vie dans notre cerveau. Prenons les moments heureux : nous savons quel bonheur le contact du corps maternel procure à l'enfant – c'est la fin de la solitude, de l'angoisse, de la faim et de bien d'autres impressions désagréables ; mieux, c'est un apport de câlins, de chaleur, de nourriture et d'autres sensations agréables. Or, tandis que bébé flotte dans ce bien-être, il baigne aussi dans une mosaïque d'odeurs : celles de la peau de sa mère, de ses seins, de son creux axillaire, de sa bouche, de ses cheveux et de son sexe aussi. Et cela durera longtemps, car le petit vivra jusqu'à l'âge de sept à neuf ans dans l'intimité de sa mère, c'est-à-dire dans ses bras ou accroché à ses jambes, les narines à hauteur du pubis. Comment voulez-vous qu'il oublie tout cela ? Alors ne vous étonnez pas si à vingt ans ou à quatre-vingts ans l'odeur du corps de l'autre, les odeurs de son sexe entre autres, vous bouleversent tant et vous insufflent des bouffées de bonheur. Comme si les portes du paradis, soudain, s'entrouvraient, paradis perdu de l'enfance, dans l'amour retrouvé, sans limites cette fois et qu'on espère sans fin, à la mesure de nos fantasmes, à l'échelle de nos aspirations.

Les odeurs du corps

Comme tous les animaux, nous émettons des odeurs. Elles proviennent principalement de la peau et de ses replis. Ces molécules odoriférantes ou phéromones sont définies comme « *des substances sécrétées par un individu et qui, reçues par un autre individu, y déterminent des réactions biologiques et comportementales*[1] ». C'est par l'intermédiaire de l'hypothalamus, mitoyen du rhinencéphale, nous le savons, que se déclenchent les réactions biologiques : modification de la sécrétion des stimulines endocriniennes (en particulier des gonadotrophines)

1. Michel Barbier, *Les Phéromones, aspects biochimiques et biologiques.*

et par conséquent de l'état hormonal ; modification des sécrétions de la peau, dont les effluves vont en retour agir à nouveau sur le rhinencéphale et l'hypothalamus. Quant aux réactions comportementales, elles sont liées à la proximité du centre des pulsions. À noter que toutes les réactions, biologiques et comportementales, sont le plus souvent inconscientes et se développent à l'insu du sujet.

Les phéromones sont sécrétées par les glandes sudoripares ou eccrines (la sueur n'est vraiment désagréable que négligée, car alors des bactéries la rendent âcre), par les glandes sébacées et par les glandes apocrines qui sont des glandes sébacées modifiées. Les plus odoriférantes et efficaces se trouvent dans les creux axillaires, dans la région génitale et dans la zone anale. En ces sites, la chaleur et la pilosité se combinent pour diffuser les odeurs. Des arômes plus subtils sont émis par l'aréole des seins.

Émises, ces molécules-signaux constituent un moyen de communication entre les individus. Chez les animaux (et il en était ainsi chez les hommes primitifs), elles ont un rôle primordial, certains messages odorants par exemple visant à attirer le partenaire sexuel et à lui indiquer l'emplacement du sexe. D'autres informent le petit, dont la vue et l'ouïe ne sont pas encore fonctionnelles, de la position de la mère et de la situation des mamelles. D'autres encore marquent les limites du territoire.

Chez l'homme contemporain les odeurs gardent un rôle important. Chez le nouveau-né, dont la vision et l'audition sont encore floues, les phéromones du sein maternel l'aident à « s'y retrouver ». Chez l'enfant les odeurs de sa mère lui permettent de l'identifier – et donc de s'apaiser – aussi bien que le fait sa vue. À tous les âges les odeurs que nous émettons établissent à notre insu une communication avec les autres ; elles plaisent ou déplaisent, elles attirent ou repoussent. Et sans doute, ce langage silencieux participe à nos affinités et à nos répulsions. N'est-ce pas ce que nous sous-entendons quand nous déclarons : « Je ne peux pas le sentir, celui-là » ou « Je l'ai dans le nez » ou « Elle m'attire, c'est physique » ?

Nous voyons encore une fois que l'odorat est indissociable de l'affectivité. Nous ne pouvons sentir et identifier sans « ressentir ». Helen Keller, sourde et aveugle de naissance, reconnaissait et jaugeait ses visiteurs à leurs odeurs – c'est d'ailleurs le cas de tous les aveugles.

Des travaux récents ont confirmé l'existence et le rôle social et sexuel des phéromones chez l'humain. Ils ont montré, par exemple, que les odeurs corporelles variaient selon l'humeur, le mode de vie, le régime, la maladie (mais cela, les médecins d'antan le savaient bien et en faisaient un élément de leur diagnostic). Ils ont surtout précisé le rôle des phéromones sexuelles. Rappelons que chez les animaux, en particulier chez les singes supérieurs, ce sont les sécrétions vaginales émises par les femelles au moment de l'œstrus (la phase d'ovulation et donc de fécondité) qui déclenchent le rut du mâle et la sécrétion par celui-ci de phéromones qui, en retour, exaspèrent les chaleurs de la femelle. Or, les chercheurs ont pu déceler dans le vagin de la guenon la substance qui déclenche l'ardeur du mâle : c'est un acide volatil, la copuline. Mieux, ils ont constaté que cette copuline de guenon provoquait le désir sexuel chez l'homme. Enfin, ils ont trouvé dans les sécrétions de la femme des composés voisins. À noter que la pilule et l'ovariectomie diminuent les sécrétions des substances aphrodisiaques de la femme, précise Ruth Winter.

D'autres chercheurs ont découvert qu'une substance, l'androstérone 124, qu'on trouve dans les sécrétions sexuelles du porc, se retrouvait aussi dans la sueur axillaire et dans les urines de l'homme. Or, cette substance est plus perçue par la femme que par l'homme. Et plus encore si la femme est en phase d'ovulation. À noter que la femme sous pilule ne peut plus la percevoir ; non plus que l'homme à qui l'on injecte des œstrogènes.

Enfin, il est une substance à odeur de poisson, la triméthylamine, qui a la faculté d'exciter le désir sexuel des mammifères, y compris de l'homme. Sans doute existe-t-elle dans les sécrétions vaginales féminines – qui ont une si bonne odeur de marée. En tout cas on la trouve dans le sang menstruel qui, on le sait, a le pouvoir d'attirer les animaux mâles ; on la trouve également dans une plante dite « vulvaire » ou « bonne dame » *(Chenopodium vulvaria)* qui attire le chien. Un dernier mot sur les recherches récentes : la sensibilité olfactive de la femme varie avec son cycle ; à l'ovulation, elle est de 100 à 100 000 fois plus aiguë qu'à la menstruation.

Paradoxalement, l'homme qui dénigre ses propres odeurs – en particulier ses odeurs sexuelles – n'hésite pas à emprunter aux animaux leurs fumets pour se faire attirant : le musc est tiré d'une glande proche du sexe du chevrotin, la civette du chat musqué, le castoréum du castor…

Quoi qu'il en soit et quel que soit notre mépris pour nos odeurs corporelles, la nature toujours l'emporte : l'impact de ces odeurs, comme de beaucoup d'autres du reste, est tel, qu'à notre insu, comme Ruth Winter l'affirme : « *Les hommes sont manipulés par elles exactement comme un papillon.* »

Sentir pour guérir

Un sens aussi puissant peut-il jouer un rôle dans le maintien d'une bonne santé, voire jouer un rôle curatif ? Les médecines orientales accordent un pouvoir thérapeutique aux odeurs, en particulier aux parfums des fleurs. Par exemple les médecins indiens prétendaient que les essences *sattviques* (mot sanscrit qui signifierait « harmonisante ») de la rose rechargeaient « l'énergie subtile ». Quant aux Chinois, ils étaient persuadés que la rose non seulement stimulait l'énergie, mais qu'en plus elle favorisait la vision, accroissait l'élimination des toxines et calmait le cœur.

L'Occident a cru longtemps au pouvoir des odeurs. Les magistrats, pour se protéger des odeurs et des miasmes propagés par les accusés, plaçaient un bouquet à portée de leurs narines. Quant aux médecins traditionnels, ils firent la part belle aux remèdes odoriférants : les baumes, les élixirs et autres préparations aromatiques guérissaient autant par les odeurs qu'ils dégageaient que par les principes actifs qu'ils contenaient. De nos jours encore, l'odeur d'un médicament ou d'une pommade participe à l'amélioration : combien de fois ai-je constaté qu'un remède qui fleurait bon se révélait plus efficace, jusqu'à être réclamé par les patients ? Un psychiatre américain, le docteur Ralph Graushow, écrivait que c'était l'odeur du médicament plus que le médicament lui-même qui aidait le malade à se sentir mieux. Il était fermement convaincu que certaines odeurs le guérissaient !

Il n'y a pas de sorcellerie là-dessous : simplement une odeur agréable remplit son office qui est de procurer de l'agrément, c'est-à-dire un peu de mieux-être. De plus les essences volatiles, tels le camphre, l'eucalyptus, le géranium, etc. ont une action physiologique incontestable par l'intermédiaire de la muqueuse nasale, soit qu'elles y soient absorbées et passent alors dans le sang, soit qu'elles y excitent les terminaisons nerveuses et déclenchent un réflexe bénéfique. C'est pourquoi les applications, les inhalations et les évaporations de plantes aromatiques ont encore de beaux jours devant elles.

Elles vont même connaître, dans un avenir proche, un nouvel essor car des chercheurs, en particulier le professeur américain Robert Henkin, poursuivent des travaux concernant l'action des odeurs sur notre santé et notre comportement. Déjà, ils sont persuadés que certains arômes ont un effet thérapeutique sur les maladies respiratoires, les affections mentales, la dépression et la fatigue. En attendant d'en savoir plus, il est souhaitable que nous utilisions mieux les odeurs et notre odorat.

Servons-nous des odeurs de la mère pour apaiser les petits. Nous avons vu le rôle sécurisant et bienfaisant de ces odeurs pour l'enfant. Alors, à l'enfant que l'on doit séparer de sa mère pour le mettre à l'école ou en nourrice, donnons un vêtement que maman a porté ; l'odeur dont il est imprégné tranquillisera le malheureux et adoucira la séparation.

Servons-nous des odeurs agréables pour nous détendre et nous revigorer. Comme tous les plaisirs chantés ici, le plaisir que procurent les parfums et autres arômes est un bon moyen d'amortir l'anxiété. Pour en obtenir le meilleur profit, appliquons aux odeurs les principes du sensualisme et entourons-nous de bonnes odeurs naturelles. Disposons de-ci de-là, dans notre intérieur, des fruits, des fleurs, des plantes : melons, pêches, poires ou mandarines d'une part, lilas, roses ou mimosas d'autre part, embaument la maison au gré des saisons. Plantons dans notre jardin, à proximité des fenêtres ou sur notre balcon, des plantes grimpantes odoriférantes : glycine, jasmin, chèvrefeuille, etc. Plantons un peu plus loin lilas, seringats, tilleuls, ou d'autres arbres et arbustes parfumés. Brûlons dans notre âtre des bois aux exquises senteurs : sarments de vigne, pommier, pin, etc. Allumons dans des vases des bâtons de cèdre de l'Himalaya. Utilisons pour la cuisine des herbes de Provence et des épices d'Orient. Plaçons dans nos armoires à linge des fleurs de lavande ou de l'essence de rose…

Puisque nous parlons fleurs, évoquons celle dont la robe somptueuse est multiple, le parfum d'une infinie diversité, qui fleurit du printemps aux premières gelées, qui tient le vase dix bonnes journées, parlons de cette merveille : la rose. Je n'ai pu recueillir d'informations scientifiques sur son pouvoir curatif, mais, homme de terrain, je crois mes oreilles et voici ce qu'elles ont entendu : une patiente digne de foi m'a assuré qu'au cours d'une dépression sévère et durable qu'elle fit, elle recouvra quelque énergie physique et mentale en s'entourant de roses et en les respirant.

Quoi qu'il en soit, le parfum suave de la fleur suffirait déjà à notre bonheur. Et la richesse de son bouquet se prête joliment à un exercice de sensualisme. Selon Monique Schlienger, créatrice de parfums, interrogée par Georges Delbard, le fameux rosiériste, l'odeur de chaque variété est si complexe qu'elle peut s'analyser comme un parfum : « *Toutes les roses ont en commun leur note florale de rose, caractéristique de l'ensemble de la famille "rosée". Notes fraîches, poudrées, douces, fleuries, délicates… Cependant elles sont toutes différentes. Chacune étant une composition particulière de notes olfactives… Le parfum d'une rose est organisé en une succession de notes olfactives complémentaires les unes des autres… Les plus volatiles sont les notes de tête. Elles nous arrivent les premières, mais fugaces s'évanouissent aussitôt. C'est l'esprit, la sublimation, le regard du parfum... Apparaissent alors les notes de cœur. Elles constituent le sillage du parfum. C'est la séduction, la féminité, les caresses. Elles laissent bientôt la place aux notes de fond. Ce sont elles qui font la personnalité des parfums, le corps, l'humus, le plaisir, la réalité*[1]*...* »

Chaque note appartient à une famille d'odeurs naturelles :

1) les hespérides : citron, orange, mandarine, bergamote ;
2) les aromates : anis, fenouil, lavande, basilic, citronnelle ;
3) les fleurs : jasmin, muguet, œillet, lilas, rose ;
4) les fruits : fraise, framboise, pêche, pomme ;
5) les épices : girofle, muscade, cannelle, poivre, gingembre ;
6) les bois : cèdre, vétiver, santal, patchouli ;
7) les balsamiques : vanille, fève tongo, héliotrope.

Les familles 1 et 2 se trouvent plutôt dans les notes de tête, les 3, 4, 5 dans les notes de cœur et les 6, 7 dans celles de fond.

« *Le parfum d'une rose est un vrai bouquet d'odeurs... Sentir nécessite beaucoup de calme et de concentration ; une inspiration de quelques secondes sur une rose, une deuxième sur une autre. Ainsi la qualité olfactive de l'une va sublimer celle de l'autre et ainsi de suite. Pour en saisir toutes les nuances, il est recommandé de commencer par la plus délicate pour terminer par la plus puissante* », dit encore Monique Schlienger.

Servons-nous aussi et régalons-nous sans réserve des délicieuses et souvent capiteuses odeurs natu-

1. Monique Schlienger, texte de publicité pour les roses Georges Delbard.

relles de l'être aimé. « *L'interaction de ces odeurs constitue l'essence de l'amour* [...] *Renifler est essentiel à toute vie amoureuse* », écrit Ruth Winter. Faites de véritables inhalations conscientes, prolongées, redoublées des fragrances et autres arômes que vous offre l'aimé(e), elles vous procurent plaisir, détente, voire euphorie. Et une vie sexuelle tellement plus riche, car les odeurs décuplent le désir et l'imagination.

Servons-nous, enfin, des parfums. N'hésitons pas à nous parfumer – discrètement – mais choisissons de bons parfums ou de bonnes eaux de toilette, extraits de produits naturels. Plus de cinq mille substances de base, naturelles ou synthétiques, constituent les notes à partir desquelles un « nez » va composer un parfum, comme un musicien une symphonie. Parmi les substances naturelles nous trouvons :

1) les huiles essentielles volatiles dérivées de feuilles, de fleurs, tiges, bois et racines ;

2) les produits d'origine animale : l'ambre gris extrait de l'intestin du cachalot et, nous l'avons vu, le musc tiré du chevrotin, la civette du chat musqué, le castoréum du castor.

Les parfums ont des « vertus ». Selon leur composition, ils peuvent stimuler, calmer, attirer, égayer. Regardez comme se détend celui ou celle qui hume une odeur agréable. Ses traits se relâchent, il sourit, sa voix s'adoucit, il respire profondément. Il serait intéressant que les créateurs de parfums indiquent sur une notice jointe au flacon la composition de leurs œuvres. On pourrait ainsi, à titre d'exercice de sensualisme, s'amuser à retrouver chaque note de la symphonie, comme nous l'avons fait pour la rose.

Il est un moyen fabuleux d'associer la dégustation olfactive des parfums et des fleurs. C'est, à l'occasion de vos vacances, d'emprunter « la route des parfums ». À travers le Var, les Alpes-Maritimes et les Alpes-de-Haute-Provence, elle vous promène de champs de fleurs en distilleries, de distilleries en fabriques de parfums. À Valensole, à Riez-la-Romaine, à Moustiers-Sainte-Marie, vous admirerez et vous vous laisserez envoûter par les plantations de lavande et de tubéreuses. Autour de Grasse, à flanc de coteau, fleurissent la violette, l'œillet, la rose, le romarin. Du côté de Nice, le jasmin, le mimosa, l'oranger et le ciste prolifèrent. À Verdon, à Seillans, à Vence, à La Turbie flottent, autour des distilleries, de sublimes effluves. Là, dans des alambics de cuivre, les fleurs expriment leur quintessence. Pour faire 500 g d'extrait de rose, il faut 375 kg de fleurs, pour 500 g d'extrait de jasmin, il faut 6 000 fleurs. Enfin, vous arriverez à Grasse, capitale du parfum où la visite de la Maison Fragonard et de son musée vous laissera le meilleur souvenir.

Éliminez les mauvaises odeurs

Rééduquer notre odorat, raffiner nos sensations, cela ne suffit pas. Il faudrait aussi supprimer les mauvaises odeurs qui agressent nos narines : celles que dégagent les usines, les entrepôts, les véhicules, les matériaux de synthèse, les matières chimiques. Et celles que l'on incorpore à la plupart des produits d'usage courant, celles dont on abreuve les locaux ou dont on asperge les citoyens : aromatisants, désodorisants et autres déodorants de synthèse. Une dépollution parfaite des fabriques et machines, une propreté rigoureuse des locaux et une hygiène exemplaire des individus nous épargneraient ces écœurantes odeurs surajoutées. Il est également souhaitable qu'on utilise, pour la construction et la décoration, des matériaux naturels qui en eux-mêmes sentent bon. Et pour les soins corporels, rien n'est aussi agréable que les savons naturels aux essences végétales.

15

Des couleurs et des sons

Guérir par les couleurs

Guérir de plaisir, quand il s'agit des sensations visuelles, est une réalité bien établie : deux méthodes – la chromothérapie et la luxthérapie – utilisent la vision pour amender certains troubles.

La chromothérapie vise à rétablir la santé en utilisant les couleurs[1]. C'est une pratique vieille comme la médecine. Égyptiens, Chinois et Hindous de l'Antiquité, alchimistes des temps médiévaux l'ont exercée. La lumière du soleil étant à l'origine de toute vie sur terre, les couleurs qui en sont les filles devraient receler beaucoup d'énergie ; il suffirait à l'homme d'y puiser pour restaurer ses forces vitales et même modifier son physique et son mental. Je suis persuadé que les vitraux des églises et leurs projections colorées dans les nefs participent à la joie des fidèles et à l'apaisement de leur âme.

Des savants contemporains, les Russes Lazareg, Sokolof, Dantsig, et surtout l'Américain Ott ont étudié les effets biologiques des couleurs. En soumettant des cellules végétales et animales ou des plantes ou des animaux à différentes couleurs, ils ont

1. Gérard Edde, *Les Couleurs pour votre santé.*

observé des modifications de leur métabolisme, de leur croissance, de leur reproduction et de leur durée de vie. Par exemple, chez une souris éclairée par une lampe bleu sombre, on note une augmentation du cholestérol sanguin ; en revanche, si la lumière est rouge, le cholestérol baisse.

Chez l'homme, ces savants ont montré que les couleurs agissaient essentiellement par l'intermédiaire de l'œil et quasiment pas par la peau. De la rétine, les stimuli gagnent l'aire corticale occipitale, siège de la vision, d'où ils se diffusent vers la constellation limbique, siège des émotions et du plaisir, et l'hypothalamus, centre régulateur du système hormonal.

Ott, ayant cassé ses lunettes, constata que son arthrite chronique ne le faisait plus tant souffrir. Il en conclut que les verres de lunettes constituent un obstacle à certains rayons colorés bénéfiques pour la santé. À son avis les lunettes de soleil sont encore plus nocives. Et d'une façon générale, il avance que tout ce qui fait obstacle à la lumière naturelle (les vitres des maisons et des bureaux et les glaces des véhicules), nous prive de rayons bienfaisants. Quant aux lumières artificielles, en particulier les tubes au néon, les écrans de télévision, les écrans informatiques, non seulement elles seraient dépourvues de « bons » rayons, mais elles diffuseraient des longueurs d'onde défavorables.

C'est pourquoi il est heureux que les Allemands et les Japonais aient inventé, et soient sur le point de commercialiser, des « puits de lumière » : sur les toits des immeubles, un dispositif de miroirs capte la lumière du soleil et la renvoie par l'intermédiaire de fibres de verre à l'intérieur ; de cette façon les locaux sont éclairés par la lumière du soleil et non plus par une lumière artificielle. Pour en terminer avec les travaux de Ott, signalons qu'il avait constaté que la longévité des malades atteints de cancer était plus grande chez ceux qui jouissaient de plus d'ensoleillement.

De quelques bienfaits

Voici, selon la tradition, les effets essentiels des couleurs :

– le rouge est un stimulant universel : il stimule le système nerveux, le psychisme et les métabolismes, il combat le froid. Il est donc indiqué dans l'asthénie, la « neurasthénie », l'anémie, les rhumatismes aggravés par le froid. Il est conseillé aux sujets se préparant à passer des examens ou à livrer une compétition. Il est au contraire contre-indiqué aux excités mentaux, aux coléreux, aux hystériques, aux sanguins, aux hypertendus, aux fiévreux ;

– l'orange (3/4 de rouge, 1/4 de vert) est également un stimulant, mais plus doux que le rouge. Plutôt qu'exciter, il tonifie, procure un état de bien-être, un certain optimisme. Il est aussi antispasmodique. C'est donc la couleur anti-fatigue – qu'elle soit physique, psychique ou sexuelle – et la couleur anti-dépression par excellence. De plus, elle est indiquée dans l'asthme et la bronchite. Enfin, elle induit le retour des règles chez les aménorrhéiques et augmente la sécrétion de lait chez les femmes allaitant ;

– le jaune (1/2 de rouge, 1/2 de vert) stimule le système nerveux central et plus spécialement l'intellect ; il renforce le péristaltisme du tube digestif, en particulier celui de la vésicule biliaire et de l'intestin et augmente la sécrétion des sucs digestifs (salive, suc gastrique, bile) ; enfin, il accroît le tonus musculaire. Il est donc indiqué dans la fatigue mentale, la préparation aux examens, les états dépressifs d'une part, et dans l'insuffisance biliaire, les ballonnements, la constipation d'autre part. En revanche, il est contre-indiqué dans les états d'excitation mentale, chez les coléreux ou en cas de palpitations. Il peut enfin donner des nausées.

– la couleur jaune citron défatigue, excite le désir sexuel et favorise la fonction hépato-biliaire ;

– le vert calme le système nerveux, harmonise les énergies subtiles, abaisse la tension artérielle. Il est indiqué dans l'énervement, l'irritabilité, les désordres affectifs, l'insomnie et l'hypertension artérielle. Il faut limiter son usage à quelques heures par jour ; il ne faut donc pas colorer en vert un intérieur ;

– le bleu (1/2 vert, 1/2 jaune) est sédatif pour le système nerveux, il aiguise l'intuition et porte à la compassion. Bref, il ouvre le mental aux problèmes des autres et de l'univers et met en harmonie avec autrui et le monde. Par ailleurs, il augmenterait les moyens de défense de l'organisme et se révélerait anti-infectieux, anti-inflammatoire, anti-fiévreux. Il est donc indiqué pour l'énervement et l'insomnie ; il est conseillé dans les échanges entre individus. Il est bon dans les infections, surtout celles du nez, de la gorge, des oreilles et des yeux ; il soulage les maux de tête, les maux de dents, les douleurs gastriques, les douleurs articulaires et les règles douloureuses ;

– le bleu turquoise calme l'esprit après le travail intellectuel ;

– l'indigo est une couleur très active. Elle calme les nerfs, elle stimule l'intellect supérieur. Elle tend à effacer la pesanteur du corps tout en aiguisant les sens ; elle permet d'accéder à un niveau de conscience élevé. Elle anesthésie les douleurs. Elle est indiquée dans le travail intellectuel et spirituel.

Elle est conseillée dans les douleurs aiguës: névralgies faciales, sciatiques, rages de dents, rhumatismes;

– le violet apaise le système nerveux et le cœur; il est surtout anxiolytique; mais il favorise l'intellect supérieur. Il est indiqué dans l'angoisse, la haine, la jalousie, la peur, les désordres émotionnels, la nervosité. Il est conseillé pour les palpitations et les douleurs dues au froid humide;

– le pourpre (bleu prédominant et rouge) calme le système nerveux jusqu'à être hypnotique; apaise le désir sexuel; favorise la circulation veineuse;

– l'écarlate (rouge prédominant et bleu) stimule le système nerveux, l'activité sexuelle et le cœur.

À l'hôpital Ambroise Paré, de Boulogne-sur-Seine, une étude analytique sur le retentissement des couleurs sur la physiologie de notre corps se poursuit depuis plusieurs années. Ont été plus spécialement observés les impacts sur le psychisme et le cœur. Les conclusions recoupent les connaissances empiriques: le rouge excite le psychisme et accélère le cœur; le vert apaise le système nerveux et ralentit la fréquence cardiaque; le bleu, après une phase de détente, induit une certaine angoisse.

Les couleurs de l'âme

Comment profiter au mieux des bienfaits des couleurs ? D'abord vous choisissez la couleur qui correspond à votre état présent: stimulante si vous êtes fatigué, égayante si vous êtes triste, apaisante si vous êtes nerveux, transcendante si vous voulez méditer. Puis vous vous arrangez pour que vos yeux la rencontrent le plus possible du matin au soir: utilisez un peignoir et des serviettes de toilette de cette couleur, habillez-vous avec cette couleur, portez une bague avec une pierre de cette couleur, sortez la nappe et les serviettes de table de cette couleur, mangez de la confiture, des fruits et des légumes de cette couleur, disposez des vases et des fleurs de cette couleur, allumez des lampes de cette couleur (ampoules colorées ou abat-jour colorés).

Si besoin est, accordez-vous une heure de chromothérapie intense : dans une pièce dont les murs, les menuiseries et le sol sont blancs et dont vous aurez fermé les volets, allumez votre lampe de chromothérapie. Ce peut être une lampe spéciale (marque Hygiéa, de fabrication anglaise) ; ce peut être un spot coloré (300 watts) ou un spot blanc inclus dans une boîte dont une des faces est transparente et colorée ; ce peut être, enfin, un projecteur de diapositives monté d'un diapo monocoloré. Allongez-vous sur un divan ou un lit. Écoutez une musique correspondant à votre état d'âme et à la couleur choisie, c'est-à-dire dynamisante ou gaie, relaxante ou transcendantale. Pulvérisez le parfum ou brûlez le bâton d'encens qui s'harmonise avec tout cela.

Quant aux revêtements de vos murs et de vos sols, choisissez du blanc cassé. Il est plus aisé de créer l'ambiance monochrome souhaitable lorsque aucune autre couleur n'interfère. De toute façon, quand vos surfaces sont colorées d'un ton permanent, il y a forcément des jours ou des heures où cette couleur ne convient pas à votre état d'âme ; vous subissez alors une influence néfaste, dysharmonieuse. En outre, le blanc cassé met en valeur meubles, vases, bibelots et luminaires.

Si vous voulez en savoir davantage sur la chromothérapie – et vous auriez raison – consultez les traités écrits par les spécialistes (voir Bibliographie).

La luxthérapie ou thérapie par la lumière

Pour trop de personnes (30 % disent les statistiques), l'automne et l'hiver sont vraiment pénibles à vivre. Fatigués et moroses, ils n'ont de cesse qu'ils ne dorment. Pour un peu, ils hiberneraient pour ne se réveiller qu'au printemps. La cause de leur méforme : le manque de soleil. Du reste ils s'en plaignent précisément. Quand ils le peuvent, ils partent chercher l'astre sous d'autres latitudes, au cours de vacances d'hiver ; à moins qu'ils ne s'offrent quelques séances de rayons ultra-violets. Et quand viendra l'été, ils s'exposeront le plus possible au soleil, comme s'ils voulaient en faire provision[1].

Il est des sujets, surtout des jeunes femmes, qui dès octobre sombrent dans une véritable dépression. Ces « *Seasonal Affectives Disorders* », S.A.D. (Troubles affectifs saisonniers, T.A.S.), décrits à l'origine par les Américains, s'accompagnent d'hypersomnie (ces sujets peuvent dormir 14 heures et plus) et d'hyperphagie (leur poids s'accroît alors de 4 à 5 kilos). Si au cours de l'hiver, ces dépressifs séjournent dans un pays ensoleillé, ils récupèrent, le temps du séjour, leur joie de vivre ; et dès que les jours rallongent, fin février, ils retrouvent leur tonus psychique et physique. Chez eux, seul le soleil est efficace, les antidépresseurs sont sans effet. Aussi des médecins ont préconisé d'exposer ces sujets à d'intenses lumières électriques, recréant une luminosité proche de celle d'un plein soleil d'été.

La luxthérapie se pratique dans certains hôpitaux : dans une salle spécialement aménagée, des batteries de puissants projecteurs diffusent leurs lux bienfaisants. Il existe aussi des projecteurs individuels que

1. F. Rouillon : « Le traitement par la lumière », *in Le Généraliste*, n° 12.

l'on peut utiliser à domicile. La luxthérapie est réellement bénéfique : rapidement le sujet sort de sa morosité et retrouve son dynamisme. La lumière possède donc un incontestable effet psychotonique. On n'en connaît pas encore l'explication biologique.

D'une façon générale, le soleil a une action bénéfique sur la santé. Les Romains, qui le savaient déjà, pratiquèrent les premiers bains de soleil thérapeutiques. Et jusqu'à une époque récente, l'héliothérapie, pratiquée dans des centres spécialisés, en bord de mer ou à la montagne, était l'essentiel du traitement de la tuberculose et de certaines maladies osseuses. On ne connaît pas mieux le mécanisme d'action du soleil ; on sait seulement que ses rayons induisent la synthèse de la vitamine D dans la peau.

Abuser n'est pas jouer

Comme pour le tabac et le vin, l'abus de soleil est nocif. Depuis que sévit la mode du bronzage outrancier, la fréquence des cancers de la peau a quintuplé. Mais ici encore le plaisir est un bon guide : ces séances pénibles et prolongées qu'on s'impose par snobisme n'ont rien à voir avec le bonheur de se faire caresser, pour le plaisir, par l'astre diurne.

Quant à nos pauvres yeux, l'humanité paiera dans quelques générations les agressions excessives auxquelles nous les livrons. Trop artificielles, trop vives, trop violentes et contrastées, les lumières de ces temps sans mesure ne peuvent qu'altérer un organe aussi admirable que délicat.

Musique et voix

Depuis des temps immémoriaux, les mères endorment leurs enfants en chantant des berceuses, les amoureux ensorcellent leur belle en fredonnant des ritournelles, les chefs entraînent leurs troupes au son du tambour ou du clairon. D'instinct les hommes ont toujours su le pouvoir de la voix, des rythmes et de la musique sur les esprits et sur les corps.

Actuellement la musicothérapie est une science à part entière[1]. Grâce à elle on peut vraiment guérir de plaisir. Certaines musiques sont sédatives, on les utilise dans les états d'agitation ou dans l'insomnie. D'autres sont anxiolytiques, on les utilise dans les situations anxiogènes (au cours des soins dentaires ou dans les accouchements) ou *a fortiori* dans les affections où l'angoisse domine (dépression, névrose d'angoisse, psychose). D'autres encore sont dynamisantes, on les emploie dans les états de fatigue (surmenage, dépression, sénescence) ou pour stimuler la créativité. En outre, la musique lève les inhibitions (simple trac ou névrose réelle) et favorise ainsi l'expression des sentiments et la communication avec les autres. Enfin parce qu'elle passe par le corps, la musique aide les sujets à s'accepter, les incite à se mouvoir, les pousse à s'exprimer à travers lui[2].

La musicothérapie utilise soit des œuvres du répertoire normal (classique ou moderne), c'est-à-dire écrit sans but thérapeutique, soit des compositions spécialement conçues pour la thérapie. Vous trouverez dans la Bibliographie la liste des ouvrages qui développent la musicothérapie et en annexe les lieux où elle s'enseigne. Toutefois, en attendant de

1. Sophie Humeau : *Les Musiques qui guérissent.*
2. Pauline Osuski : « La musique qui soulage », in *Impact Médecin*, 18 novembre 1989.

vous plonger dans les ouvrages spécialisés, je vous propose quelques titres susceptibles de vous apaiser ou au contraire de vous dynamiser.

1) Musique apaisante

a) Œuvres classiques :

- Vivaldi : *Quatre concertos pour guitare – Concerti pour flûte* ;
- Corelli : *Douze concerti grossi opus 6* ;
- Bach : *Variations Goldberg – Concerto en la – Symphonie en si bémol – Concertos Brandebourgeois* – Aria de la *Suite n° 3* en ré majeur ;
- Beethoven : *Sonate au clair de lune – Adagio* du *Concerto n° 5* ;
- Brahms : *Intermezzo* ;
- Schumann : *Arabesque – Rêveries* ;
- Haydn : *Symphonie 99* (deuxième mouvement) ;
- Tchaïkovski : *Sixième symphonie* – Prologue de *La Belle au bois dormant* ;
- Debussy : *Clair de lune – Sonate pour flûte* ;
- Saint-Saëns : *Carnaval des animaux* (Aquarium) – *Le Cygne* ;
- Franck : *Psyché et Éros* ;
- Dvorak : Adagio de *La Symphonie du Nouveau Monde* ;
- Fauré : introït du *Requiem* opus 48 ;
- Lasry : *Plain-chant* ;
- Les largos et les adagios de la musique baroque.

Si vous êtes énervé, administrez-vous plus particulièrement le *Cinquième nocturne* de Chopin ou *Parsifal* de Wagner. Si vous êtes en colère, *Le chœur des pèlerins* de ce même Wagner vous tempérera. Si vous ne trouvez pas le sommeil, laissez-vous bercer par les *Rêveries* de Schumann, le *Largo* de Haendel, l'*Ave Maria* de Schubert ou le *Printemps* de Sinding.

b) Œuvres traditionnelles :

- Tony Scott : *Music for zen médiation* ;
- Jan Prinz : *The magic flute* (face 1) ;
- Paul Horn : *Inside the Taj Mahâl* ;
- Frank Perry : *Deep Peace.*

c) Œuvres modernes :

- Denter : *Célébration – Cicada* ;
- Kitaro : *Silk Road – Oasis – Ki* ;
- Peter Michael Hamel : *Colours of time* ;

d) Œuvres spécialement créées pour la musicothérapie :

- Steven Halpern : *Hear of eternity – Easter peace – Prelude – Confort zone – Lulla – Lubis and sweat dreams* ;
- Peter Davidson : *Star Gazer* ;
- Gervais Briot : *Bleu de Chine* ;
- Vangelis : *La Détente subliminale.*

2) Musique de méditation

- Paul Sauvanet : *Le Songe du temps* (éd. Les Voiles d'or) ;
- Haridas Greiff et le groupe « Sri Chinmay Song Waves » : *For giveness ocean – The call of the Skies – Infinite gratitude* (éd. Sri Chinmay).

3) Musique dynamisante

À utiliser en cas de dépression ou de fatigue.

Par exemple si vous accusez un « coup de pompe » vers 11 heures ou vers 15 heures ou au retour chez vous, offrez-vous quinze minutes de l'un des morceaux suivants :

a) Œuvres classiques :

- Beethoven : *L'Hymne à la joie* ;

- Verdi : le chœur des esclaves de *Nabucco* ;
- Wagner : la grande marche de *Tannhäuser* ;
- Mascagni : *Cavalleria Rusticana.*

b) Œuvres modernes :

- Jan Prinz : *The magic flute* (face 2) ;
- Geinoh Ya Mashirogumi : *Symphonie suite Akira* (éd. Invitation) ;
- Robert Fripp : *Kneeling at the shine,* avec le groupe « Sunday all over the world » – *Show of hands,* avec le groupe « The leauge of crafty guitariste » (éd. E.G. Record) ;
- Elka Atanasova : *Winds of the rhodopes* (éd. Erdenklang).

4) Musique créatrice

- Gervais Briot : *Nadanta.*

Si votre état psychique est très perturbé – vous êtes très nerveux ou au contraire très abattu – commencez par une musique correspondant à votre état. Par exemple si vous êtes très tendu, commencez par une musique rapide et forte ; si vous utilisiez d'emblée une musique trop calme, donc trop éloignée de votre état, vous n'y seriez pas réceptif et même elle vous irriterait. Il faut donc, dans un premier temps, rapprocher la musique de votre état avant que de rapprocher votre état de la musique. Passez ensuite à une musique intermédiaire, plus lente, plus douce. Enfin placez le morceau apaisant. Constituez-vous une batterie d'extraits musicaux sélectionnés et classés selon leurs effets psychiques. Il vous suffira, le moment venu, de tendre la main pour choisir le morceau correspondant à votre besoin.

Pour en finir avec la musicothérapie, je voudrais vous communiquer l'expérience, tellement instructive, d'un responsable de centre de désintoxication.

Il avait décidé d'utiliser la musique pour sortir ses patients de la drogue ; il fournit donc au drogué l'instrument de son choix. Dans un premier temps, le sujet improvise. Ensuite, pris au jeu, il demande à suivre des cours d'initiation puis de perfectionnement. Le plus souvent il « se défonce » sur des musiques « hard » ; retrouvant dans cette activité des sensations fortes, il en oublie peu à peu la drogue. Les responsables concluent et c'est cela qui est frappant : « *On passe alors à une toxicomanie musicale, moins nocive, plus sociable et légale*[1]. »

Cette obligation de remplacer le plaisir intense auquel on renonce par un autre aussi intense confirme que le plaisir est bien un moyen universel et incontournable de survie. Ce qui importe, c'est de choisir le moins nocif, pour soi-même et pour la société.

Mort à grands bruits

Pire que les fast-foods, ce qui menace notre civilisation humaniste, ce sont les amplis et autres sources de décibels. Pire que l'abus du tabac, ce qui altère notre santé physique et mentale, c'est l'excès de bruit.

Rappelons qu'à 55 décibels, un son est gênant, à 80 décibels fatigant, à 85 décibels dangereux et à partir de 120 décibels physiquement douloureux. À titre de comparaison voici les degrés sonores de quelques situations :

– 30 dB = habitation tranquille ;

– 60 dB = conversation courante ou radio en fonctionnement normal ;

1. Michel Satonnet et Pierre Bastide, Centre Joyeuse, Fontenay-sous-Bois.

– 70 dB = train en marche pour le passager, orchestre classique, téléviseur à son maximum ;

– 110 dB = avion à quelques mètres, orchestre pop ;

– 120 dB = coup de tonnerre – explosion de plastic ;

– 130 dB = avion au décollage à vingt-cinq mètres, moto à échappement libre, orchestre pop en pointe ;

– 140 dB = réacteur au banc d'essai ;

Selon les normes I.S.O. de la médecine du travail, une intensité de 90 décibels est le plafond sonore autorisé 8 heures par jour ; celui de 100 décibels ne peut être toléré plus de 45 minutes par jour ; celui de 110 décibels plus de 5 minutes. C'est dans le cadre du travail que les contemporains reçoivent le plus de bruit. Cependant, sous la pression de la législation européenne, cette source se réduira progressivement. Reste la source incontrôlable, celle des « loisirs ».

Inventé par un riche Américain qui souhaitait écouter des concertos en faisant son parcours de golf, le « walkman » ou « baladeur », s'est répandu dans le monde plus vite qu'aucune épidémie, tandis que son usage se développait : trop de décibels, trop de musique hard. Sachez que les utilisateurs de baladeurs se jettent dans les oreilles des intensités de 100 décibels. Depuis 1980, les spécialistes O.R.L. et les médecins du travail ont constaté un accroissement du déficit auditif chez les jeunes allant jusqu'à une véritable surdité. Des recherches ont révélé que les corpuscules sensibles aux sons – « les cellules ciliées » – sont tout simplement tués ! Les baladeurs devraient être bridés à 80 décibels comme le préconise Vincent Bargoin[1].

Quant aux « amplis », de plus en plus puissants, de plus en plus géants, ils crachent de 110 à 130 déci-

1. *Le Quotidien du Médecin*, 2 avril 1990.

bels. Un concert de Madona, par exemple, éjecte 90 décibels à 500 mètres. « *Quand on terminait un show,* déclare à un journaliste de *TV Hebdo* un ancien musicien de Johnny Hallyday, *on avait des bourdonnements dans les oreilles jusqu'au lendemain matin. Sur une tournée d'un mois, vous ne sortez pas la tête de l'eau.* » Nicolas Peyrac confirme : « *À partir d'un certain seuil tout son, toute parole ne devient plus qu'une agression auditive.* » Herbert Léonard explique : « *Le public est de plus en plus exigeant quant au son. On veut restituer sur scène la qualité du disque. C'est impossible, on compense en balançant des décibels.* » La solution ne serait-elle pas de donner au texte plus d'importance, comme semble le suggérer un musicien de rock : « *Sardou est plus porté sur la mélodie, l'impact du texte. Donc il n'y a aucun problème de bruit avec lui.* » Ce que n'a vraiment pas compris Christophe : « *Je garde profondément en mémoire cette fois où un spectateur s'est bouché les oreilles pendant qu'on jouait : c'était comme une impolitesse*[1]*...* »

La spirale des décibels a gagné les spectacles d'art eux-mêmes. L'an dernier, à l'Opéra de Lille, un « grand trompettiste » donnait un concert. La scène et la moitié de la salle étaient couvertes d'amplis hauts d'un demi-étage. Le bruit était si intense que même en criant à ses oreilles, on ne pouvait se faire entendre de sa voisine. J'ai résisté le plus longtemps possible, le critique d'art d'un quotidien ayant parlé de « *sommet de la musique contemporaine qu'il ne fallait absolument pas manquer* ». Mais c'était insupportable ; j'ai dû me boucher les oreilles. Finalement la fuite a mis un terme à ce déplaisir. Il y a des agressions qu'il ne faut pas accepter de subir.

1. François Cardinali, *La Voix du Nord (TV Hebdo)*, octobre 1990.

Il n'y a pas que l'ouïe que le bruit tue. Vraisemblablement les agressions auditives contribuent à la genèse des « maladies de civilisation » : la nervosité, l'irritabilité, la mauvaise humeur, la morosité, l'angoisse, la dépression, les perturbations morales, la fatigue chronique, l'infarctus, l'ulcère de l'estomac et le cancer. À ce sujet, une expérience est révélatrice : si l'on impose 110 décibels une demi-heure par jour à des souris leucémiques, on avance leur mort de deux jours ; mais si l'on administre à ces animaux un anxiolytique, leur mort se produit au terme habituel ! Nous savons bien que le stress, par ses répercussions endocriniennes et immunologiques, influe sur l'évolution, voire sur la genèse des cancers[1].

Une fois de plus, ce qui est plaisir bienfaisant à dose juste devient désagrément et méfait à dose excessive.

Pour terminer sur un bon goût ou plutôt un bon son, apprenez qu'il existe un moyen simple et agréable de faire passer le mal de tête. Il suffit, m'a conseillé un réputé professeur de chant de Paris, d'émettre le son *mmm* à bouche fermée, en le prolongeant dans le temps, en le faisant monter dans le palais et le crâne, en le modulant : *ma, me, mi, mo, mu.* Vous sentirez votre palais, votre crâne, votre cerveau vibrer. Elle appelait cela « le massage du cerveau ». En plus le son est agréable et apaisant : « maman », dit bébé, « hum, c'est bon », dit le gourmet !

1. Tran Ba Loc, *in Tonus*, n° 953.

16

La santé par la sensation

La plupart des troubles que présentent les hommes de ce siècle sont dus à un déséquilibre entre leur intellect et leur affectivité d'une part et leur sensualité, c'est-à-dire la perception pleine et souvent agréable de leur corps, d'autre part. L'expression « être à côté de ses pompes » exprime bien cet état.

Selon le docteur Vittoz, un médecin suisse qui a exercé à Lyon, le cerveau a schématiquement deux fonctions : la réceptivité, c'est-à-dire la faculté de recevoir les sensations venues du corps et l'émissivité, c'est-à-dire la possibilité d'émettre des idées et de générer des émotions[1]. Normalement le cerveau conscient a le pouvoir de contrôler ces deux fonctions et de maintenir en équilibre harmonieux réceptivité et émissivité, assurant ainsi l'unité de la personne et sa santé. Si, par surmenage, surcroît d'agressions, excès d'émotion, le cerveau perd le contrôle de l'une ou de l'autre de ses activités – le plus souvent c'est l'émissivité qui lui échappe – le système

1. Roger Vittoz, *Traitement des psychonévroses par la rééducation psychosensorielle en psychothérapie.*

psychique se dérègle : les idées s'emballent, les émotions se déchaînent, la raison s'égare, la volonté s'amollit. Cet « homme incontrôlé », nous le rencontrons sans cesse, peut-être est-ce nous : nerveux, irritable, hyperémotif, impulsif, anxieux, angoissé, dépressif, en proie à toutes les maladies psychosomatiques.

Pour restaurer le contrôle cérébral, reconstruire l'unité de la personne et donc rétablir la santé, Vittoz préconisait une technique « psychosensorielle » qui utilisait l'interaction des sensations et du psychisme.

L'épanouissement de la réceptivité

Il s'agit de faire prendre conscience de la plénitude des sensations issues du corps. En rendant au corps sa place, en ancrant l'individu dans sa réalité corporelle, on restaure l'équilibre réceptivité-émissivité, en faveur de la réceptivité, et l'on permet à l'être de s'affirmer. Les exercices ont pour but d'apprendre à recevoir, en pleine conscience, toutes les perceptions issues de nos organes sensoriels et de la profondeur de notre soma. Choisissez l'un de vos sens et soyez vigilant à toutes les sollicitations qu'il capte. Vous avez choisi l'ouïe, alors recevez bien consciemment et en totalité les bruits lointains, distinguez-les, analysez-les posément et sensuellement. Puis accueillez les bruits proches, disséquez-les, discernez-les. Vous avez choisi la vue, alors regardez avec attention les objets lointains, ensuite les proches. Exercez-vous également à palper avec plus d'acuité les objets. Ne limitez pas vos entraînements à la sensibilité externe, prenez conscience de votre sensibilité cénesthésique.

Soyez attentif aux sensations qui montent de la profondeur de votre corps, prenez conscience de chacune de ses parties, des pieds à la tête. Qu'il ne soit plus une carcasse que l'on habite par obligation et habitude et dont on subit les handicaps ; qu'il soit un vrai « chez nous ».

Le contrôle de l'émissivité

Apprenez à votre cerveau à être attentif à une seule et pure sensation, que vous aurez sélectionnée, à l'exclusion de toute autre et de toute idée. Parcourez toutes les parties de votre corps et arrêtez-vous sur une sensation ; maintenez sur elle votre attention ; elle va s'amplifier et emplir le champ de votre conscience. Il vous sera alors possible d'écarter toute autre stimulation et toute association d'idées. Ainsi vous fermez la porte à vos soucis. Pour faciliter la pleine réception de la sensation : respirez calmement, décontractez vos muscles, abandonnez-vous, sentez votre corps se faire lourd.

L'acte conscient

Choisissez des actes simples de la vie courante : ouvrir une porte, un tiroir, allumer une lampe, couper du pain, manger, marcher. Au lieu de les exécuter machinalement, l'esprit ailleurs, faites-les de façon pleinement consciente. Par exemple : « J'empoigne la poignée de la porte, je vois sa blancheur, je sens sa fraîcheur, son arrondi, je la tourne, etc. » Pratiquez aussi des « marches conscientes » : « J'avance un pied, la jambe suit, puis le côté correspondant de mon corps, tandis que le bras part en sens inverse, je pose le pied, je sens la solidité du sol, je m'y assure, il me rassure, j'avance l'autre pied. » Faites également des « repas conscients », des « lectures conscientes » à voix haute, etc.

En écartant les automatismes, en vous obligeant à être présent à ce que vous faites, l'acte conscient donne un coup de frein à la rumination mentale, à l'obsession d'une idée et au désordre émotionnel.

Vittoz propose bien d'autres exercices, parfois plus élaborés, mais toujours pratiques. À force d'être répétées, chaque jour, comme on fait des gammes, les attitudes apprises deviennent une seconde nature. En cas d'agression, de perturbations affectives, les réflexes acquis nous permettent de rétablir aussitôt l'équilibre.

La sensation plénière et consciente, en ramenant la pensée à l'ici et maintenant, s'oppose au vagabondage des idées et à l'inflation des sentiments ; or, c'est cette dérive cérébrale, cette hypertrophie émotionnelle (ressentir plus que sentir), qui épuise le cerveau, déforme le jugement et altère la sensation elle-même. En étant totalement présent à sa conscience, on repose son cerveau, on retrouve une vision naturelle et juste des choses. Ainsi la sensation équilibre la pensée qui, à son tour, contrôle la sensation. Ainsi s'harmonisent l'esprit et le corps. Au total les exercices apaisent les tensions plus facilement que toutes les autres méthodes de relaxation. Et ils rechargent le potentiel énergétique.

Cette méthode permet donc de nous guérir nous-mêmes. Efficace, éprouvée depuis cinquante ans, si elle n'est pas mieux connue, c'est qu'il est plus facile pour un médecin d'écrire le nom d'un comprimé et pour un patient de l'absorber que de se remettre en cause et de pratiquer avec constance des exercices (cf. Bibliographie).

L'importance accordée par Vittoz à la sensation, l'utilisation thérapeutique qu'il en fait rejoignent tout à fait le sensualisme. Et confirme que si, en soi, la sensation est un facteur d'équilibre, le plaisir, sensation agréable, peut être un moyen de guérir.

La porte de l'univers

Durant l'interminable nuit judéo-chrétienne, le corps était ce par quoi le scandale arrivait : le désir et la faute. En attendant que soit damné le diabolique animal, on le condamnait à la sueur et aux larmes ; il était notre esclave et un objet d'expiation.

De nos jours, le corps est exploité, idolâtré, mais toujours pas aimé. Il est resté un objet, un objet de travail car, à peine déchargé des lourds travaux manuels, il est livré aux pénibles astreintes de la mécanisation et de l'informatique. Objet des marchands qui s'ingénient à lui fourguer vêtements, aliments et cosmétiques. Objet des médecins qui n'ont qu'un but : en modifier les humeurs et le fonctionnement. Et plus récemment, objet du lobby du sport et de la gym qui prétend servir son nouveau culte, mais qui le traite avec plus de mépris que les clercs et les négriers : sur les stades, il le force et le dope jusqu'à ce que record ou mort s'ensuive. Dans les gymnases, aux appareils terrifiants, il le soumet à la question – aérobic et body-building sont bien les dernières tortures inventées.

La sensualité est le seul lieu où le corps puisse encore exister dans une dimension humaine, être vénéré, chéri. Si, dans notre monde industriel, il s'inscrit dans un environnement artificiel, en soi le corps est aujourd'hui comme il y a 100 000 ans : nu, libre, sensible. Ce corps, c'est notre point de repère au cours de notre folle équipée à travers la révolution technologique. C'est le seul espace où il n'y a pas de progrès à faire, où même il faudrait régresser : remonter au-delà de la civilisation industrielle, au-delà de la répression religieuse. Oui, il nous faudrait revenir à l'enfance du corps, retrouver sa plénitude, sa béatitude.

Pour apaiser l'être, en proie à l'anxiété et à la souffrance, pour racheter le corps, organe de l'expiation, de la production et de la consommation, il faut réinventer un corps nouveau. Qu'il soit le lieu géométrique de toutes les sensations naturelles, la source unique du bien-être. Qu'il soit un espace de liberté, un point de rencontre avec soi, les autres et le monde. Qu'il redevienne une partie de la nature et la porte de l'univers. Car le respect de notre nature humaine est indissociable de la protection de la nature environnante. Sauver notre demeure (*ecos* = demeure) intérieure et sauvegarder la demeure ambiante relèvent de la même morale écologique. Le sensualisme en est l'application.

Vous l'avez compris : le corps du plaisir est un corps épanoui, bienheureux, fraternel, glorieux. C'est la première pierre de « *l'éco-société* » qu'évoquait Joël de Rosnay, ou de « *la cité de l'être* », chère à Erich Fromm.

TEST : ÊTES-VOUS ANXIEUX OU ANXIEUSE ?

Il existe de nombreux tests officiels. J'ai préféré vous proposer un test inspiré de ma pratique. Mettez une croix dans la colonne correspondant à votre réponse.

	OUI	NON
1. Quand vos enfants sortent le soir, il vous est impossible de vous endormir avant leur retour ?		
2. Les sirènes des ambulances ou des pompiers vous donnent-elles une bouffée d'angoisse ?		
3. Avant de vous coucher, retournez-vous vérifier une ou deux fois si la porte d'entrée ou le gaz sont bien fermés ?		
4. Arrivez-vous un quart d'heure à l'avance à vos rendez-vous ?		
5. Votre patron vous a convoqué(e) ; avant d'entrer dans son bureau, sentez-vous votre cœur battre la chamade ?		
6. En voiture, avez-vous peur si c'est un tiers qui conduit ?		
7. Quand vous êtes inquiet(e) ou contrarié(e), ressentez-vous un malaise dans votre corps (migraine, maux d'estomac, etc.) ?		
8. Avez-vous peur de subir une anesthésie générale ?		
9. Si un proche est en retard à un rendez-vous ou le soir au retour – craignez-vous aussitôt qu'il ait pu être victime d'un accident ou d'un malaise ?		

10. Avant un examen votre appétit est-il modifié (coupé ou au contraire boulimique) ?
11. Quand vous ressentez une douleur, pensez-vous tout de suite que cela peut être grave ?
12. Avant un événement que vous estimez important (examen, rendez-vous, rencontre, etc.) avez-vous la colique ?
13. La nuit qui précède un événement que vous estimez important, votre sommeil est-il perturbé ?
14. Si, exceptionnellement, vous devez vous lever tôt pour prendre un train, passez-vous une nuit blanche de peur de ne pas vous réveiller à temps ?
15. Êtes-vous très inquiet(e) dès que la température de votre enfant dépasse 38°C ?
16. Pensez-vous souvent, alors que rien ne le laisse présager, que votre partenaire pourrait vous quitter un jour ?
17. Avez-vous peur dans les ascenseurs ?

TOTAL DES QUESTIONS = 17

oui > =	15	Trop anxieux – anxieuse
oui entre	10 et 15	Très anxieux – anxieuse
oui entre	5 et 10	Anxieux – anxieuse
oui <	5	Anxiété normale
oui =	0	Quelle sérénité !

TEST : ÊTES-VOUS SENSUEL(LE) ?

Mettez une croix en face de la question dans la colonne correspondante.

	Toujours	Souvent	Parfois	Jamais
Le goût	**A**	**B**	**C**	**D**
1. Choisissez-vous avec un soin extrême vos fromages, votre pain, vos fruits ?				
2. Faites-vous un long parcours, un grand détour, pour vous fournir chez le fromager, le boulanger, le pâtissier le meilleur ?				
3. Le chocolat, le laissez-vous fondre dans la bouche, malaxant voluptueusement la pâte entre langue et palais ?				
4. Mangez-vous dans les fast-foods ?				
5. Aimez-vous garder quelques bonnes bouteilles dans votre cave ?				
6. Votre vin, le buvez-vous par petites gorgées, avec recueillement ?				
7. Au restaurant, êtes-vous chagriné(e), si le vin n'est pas chambré ou s'il est bouchonné ?				
8. Au petit matin, une goutte de rosée vous tente-t-elle au point de la goûter ?				

	A	B	C	D
L'odorat				
9. Devant une fleur, éprouvez-vous le besoin irrésistible de vous pencher sur elle pour la sentir ?				
10. Quand, dans la campagne, vous percevez des effluves de fleurs, faites-vous un détour pour aller renifler les corolles ?				
11. L'odeur du seringat ou du chèvrefeuille vous rend-elle euphorique ?				
12. Devant un fruit, éprouvez-vous l'irrésistible envie de le porter à vos narines pour le sentir ?				
13. Avant de manger un fruit, le sentez-vous avec délices ?				
14. Aimez-vous, jusqu'à la guetter, l'odeur qui monte de la terre sèche aux premières gouttes d'une pluie d'orage ?				
15. En automne, humez-vous les odeurs des sous-bois avec ferveur comme si vous les dégustiez ?				
16. Dans la rue, avez-vous été interpellé(e) par le parfum d'une passante, d'un passant ?				
17. Humez-vous avec délices et fièvre les odeurs corporelles de votre aimé(e) ?				
La vue				
18. Vous arrive-t-il de stopper votre voiture pour admirer les couleurs du couchant ?				
19. Votre maison est-elle fleurie ?				

	A	B	C	D
20. Vos fenêtres, votre balcon sont-ils fleuris ?				
L'ouïe				
21. Le chant de la grive au petit matin, vous met-il de bonne humeur ?				
22. Quand vous vous promenez dans la campagne, vous exercez-vous à identifier le chant des oiseaux ?				
Le toucher				
23. Les cheveux des enfants attirent-ils irrésistiblement votre main caressante ?				
24. Le pelage des animaux ?				
25. Avez-vous envie de caresser, de la pulpe d'un doigt, les pétales des fleurs ?				
26. Aimez-vous porter à vos joues les pêches pour jouir de leur velouté ?				
27. Portez-vous les tissus à vos joues pour en tâter la douceur ?				
28. Préférez-vous les tissus naturels aux synthétiques ?				
29. Aimeriez-vous dormir dans des draps de satin ?				
30. Aimericz-vous porter des sous-vêtements de soie ?				
31. Exigez-vous des serviettes de toilette très moelleuses, très douces ?				

	A	B	C	D
32. Aimez-vous passer la main sur la mousse des troncs et des pierres ?				
33. Aimez-vous vous promener pieds nus ?				
34. Aimez-vous marcher pieds nus dans votre maison ?				
35. Aimez-vous passer vos mains à plat sur le gazon fraîchement tondu ?				
36. Vos baisers sur les joues se font-ils les lèvres pleines et appliquées ?				
37. Êtes-vous capable de caresser la peau de votre aimé(e), avec ou sans rapport sexuel, plus de deux heures ?				
38. Aimez-vous caresser la peau de votre aimé(e) après avoir fait l'amour ?				

Additionnez vos croix dans chaque colonne :

A = B = C = D =

Additionnez A + B = et C + D =

Découvrez votre niveau de sensualité, coté de 10 à 0

A	=	38	10	Admirable sensualité
A	>	35	9	Quel bonheur est le vôtre !
A + B	=	38	8	
A + B	>	35	7	Un degré de plus et ce serait parfait !
A + B	>	30	6	
A + B	>	25	5	Vous pourriez mieux profiter de la vie
A + B	>	20	4	
C + D	>	25	3	
C + D	>	30	2	Il est urgent de vous éveiller au bonheur
C	>	30	1	
D	=	38	0	

Vous pouvez améliorer votre niveau en mettant en pratique les conseils et exercices de ce livre. Refaites tous les mois le test pour suivre vos progrès :

1er mois : niveau =
2e mois : niveau =
3e mois : niveau =
4e mois : niveau =
5e mois : niveau =
6e mois : niveau =
etc.

Les bonnes adresses

Éveils sensoriels

« Cercle d'éveil et d'optimisation sensoriels »
– Anne Pisante
45, rue Cardinet
75017 Paris
– Isabelle Lahire
71, rue Porche-Fontaine
94370 Sucy-en-Brie

Arômes et parfums

– Parfums et arômes alimentaires : stages de formation continue – matières premières et composition en parfumerie – initiation olfactive aux arômes alimentaires
I.S.I.P.C.A. :
12, rue Mansart
78000 Versailles

– Routes des parfums : voir Syndicats d'initiative de Grasse, Nice, Menton, Toulon, Èze, Antibes.
Grasse : usine et musée de la parfumerie Fragonard, 20, boulevard Fragonard.
Èze-Village : usine de parfum.
Vence : château-restaurant Notre-Dame-des-Fleurs. Plats aux arômes naturels. Musées du parfum.

Paris : Musée du parfum
9, rue Scribe
75009 Paris
– Musée des arômes
Graveson-la-Chevèche 13690

Goût

– Institut du goût. Professeur Jacques Puisais. Stages, conférences, cours dans les écoles.
12, rue Étienne-Pallu
37033 Tours

Vin

– Académie du vin
Patricia Gastaud-Gallacher (directrice)
25, rue Royale (cité Berryer)
75008 Paris
– Musée du vin
Jocelyne Pevrier (directrice)
« Les caves de la Tour Eiffel »
Rue des Eaux
75016 Paris
– La Boutique du vin
Françoise Dupuy (directrice)
33, rue de l'Arcade
75008 Paris
– Le Savour Club
3, rue Eugène-et-Armand-Peugeot
92500 Rueil-Malmaison

Toucher - Massage sensitif et relationnel

– Nade Thierry
88, rue de la Folie-Méricourt
75011 Paris

- Jacques Grimbert
  1, rue Four-des-Flammes
  34024 Montpellier
- Geneviève Makowiak
  62, Grand-Place
  62410 Wingles
- Marilyse Mongiello
  19, route d'Allschcall
  68220 Hegenheim

Musicothérapie

- Universités de Paris V et Paris X (Edith Lecourt)
- Association Française de Musicothérapie
  40, rue de Provence
  75009 Paris
- Centre International de Musicothérapie
  73, rue Ourial
  75019 Paris

Méthode Vittoz

- Institut de Recherches et de Développement du Contrôle cérébral (I.R.D.C.)
  29, rue de Gergovie
  75014 Paris

Revues

- « Gault et Millau »
  210, boulevard Saint-Antoine
  75529 Paris Cedex 12
- « Saveurs »
  20, rue de Billancourt
  B.P. 406
  92103 Boulogne-Billancourt

Aide aux buveurs

- Vie libre
  8, impasse du Mur
  92110 Clichy
- La Croix d'Or
  10, rue des Messageries
  75010 Paris
- La Croix bleue
  47, rue de Clichy
  75009 Paris
- Les Alcooliques Anonymes
  65, quai d'Orsay
  75007 Paris

Ces associations ont des antennes dans tous les départements.

Bibliographie

ADES Jean : *Alcoolisme, états névrotiques et troubles de la personnalité*. Éd. Riom.

– *Les Conduites alcooliques*. Éd. Doin.

ARROUYE Jean : *Fonction symbolique du vin en Provence.*

BARBIER Michel : *Les Phéromones, aspects biochimiques et biologiques*. Éd. Masson.

BEAUMONT Lucien de : *Repeignez votre intérieur*. Éd. Encre.

BOURRE Jean-Marie : *Les Bonnes Graisses*. Éd. Odile Jacob.

BRILLAT-SAVARIN : *Physiologie du goût*. Éd. Champs-Flammarion.

BRON-VELAY Louise : *Pratiques de la méthode Vittoz*. Éd. du Levain, 1971.

BRUSTON Rosie : *Petit manuel de rééducation psychosensorielle en psychothérapie Vittoz*. Éd. Epi, 1981.

– *De la méthode du docteur Vittoz à la psychologie des profondeurs*. Éd. Epi.

CHANGEUX Jean-Pierre : *L'Homme neuronal*. Éd. Fayard.

CHAUCHARD Paul : *Les Messages de nos sens*. Que sais-je ? Éd. P.U.F.

– *Le Savoir-vivre humain*. Éd. du Levain, 1986.

CLAUDIAN J. : *Le Vin dans la pensée et le comportement des hommes*. Cahier de nutrition et de diététique, vol. VIII. Éd. P.U.F., 1978.

COSTAGLIOLA : *L'Angoisse.* Prix du Cénacle, 1973 (confrontation).
COSTE-FORCADE Annie : *Oser la vie.* Éd. Delachaux-Niestlé, 1991.
DANILO Albert, STÉVENIN Philippe : *Le Corps dans la vie quotidienne.* Éd. Epi.
EDDE Gérard : *Les Couleurs pour votre santé.* Éd. Dangles.
ESPINOY Pierre d' : *La Psychothérapie du docteur Vittoz.* Éd. Téqui.
FERENCZI Sandor : *Thalassa.* Éd. Payot.
FERGUSON Marilyn : *Les Enfants du Verseau.* Éd. Calmann-Lévy et éd. J'ai lu, n° 4029.
FROMM Erich : *Avoir ou être.* Éd. Robert Laffont.
GIDE André : *Les Nourritures terrestres.* Éd. Folio-Gallimard.
GIONO Jean : *Jean le Bleu.*
GRODDECK: *Le Livre du ça.* Éd. Gallimard.
GRUYER Frédérique : *Ce paradis trop violent.* Éd. Robert Laffont.
GUILHOT J., JOST M.-A., LECOURT E. : *La Musicothérapie et les Méthodes nouvelles.* Éd. ESF, 1973.
HUMEAU Sophie : *Les Musiques qui guérissent.* Éd. Retz.
Institut I.R.E.B. : *Contribution à une nouvelle alcoologie,* 1983.
JOYEUX Henri : *Changer d'alimentation.* Éd. Œil.
KOESTLER Arthur : *Janus.* Éd. Calmann-Lévy, 1979.
LABORIT Henri : *L'Inhibition de l'action.* Éd. Masson, 1979.
LALLE A., *in Cahier de nutrition et de diététique.* Vol. VIII. P.U.F., 1978.
LAMARCK: *Philosophie zoologique.*
LEBOYER Frédérick : *Shantala.* Éd. Le Seuil.
LECOURT E. : *La Pratique de la musicothérapie.* Éd. ESF, 1980.

LEJEUNE Germaine : *Les Couleurs, sources de vie.* Éd. Bussière.
LELEU Gérard : *Laissez-nous manger.* Éd. Encre.
– *Le Traité des caresses.* Éd. Encre et éd. J'ai lu, n° 7004.
– *La Mâle Peur.* Éd. Encre et éd. J'ai lu, n° 7026.
LE PRINCE Albert : *Les Couleurs et Métaux qui guérissent.* Éd. Dangles.
LOBSENZ Norman M. : *Is anybody happy ?* Éd. Garden City Doubleday, 1960.
LOUŸS Pierre : *Aphrodite.*
LOWEN *Alexander : Le Plaisir.* Éd. Tchou.
MAGNAN Jacques : *Le Goût et les Saveurs.* Que sais-je ? Éd. P.U.F.
MASQUELIER Jean : « Place de l'alcool dans l'alimentation de l'homme normal ». *Annales Hygiène langue française,* n° 4, tome 7, 1971.
MAURY E. : *La Médecine par le vin.* Éd. Universitaires – Votre Santé et éd. J'ai lu, n° 7016.
MILNER Max : *L'Imaginaire du vin.* Éd. Jeanne Lafitte, Dijon.
MONTAGU Ashley : *La Peau et le toucher, premier langage.* Éd. Le Seuil.
MONTIGNAC Michel : *Comment maigrir en faisant des repas d'affaires.* Flammarion et éd. J'ai lu, n° 7090.
MORIN Edgar : *Le Paradigme perdu : la nature humaine.* Éd. Le Seuil, 1973.
MUNGER – CHU de Lausanne – aux Entretiens de Bichat 1990.
NAREFF Arthur : *Therapeutic values of cognac,* 1957.
PIÉRON : *La Sensation, guide de vie.* Éd. Gallimard.
– *La Sensation.* Que sais-je ? n° 555. Éd. P.U.F.
PUISAIS J. et QUITTANSON C., *in Cahier de nutrition et de diététique.* Vol. VIII. Éd. P.U.F., 1973.
PUISAIS Jacques et Catherine : *Le Goût et l'Enfant.* Éd. Flammarion.

ROBERT Hervé : *Les Vertus thérapeutiques du chocolat.* Éd. Artulen, 1990.
ROUSSEAU René Lucien : *Les Couleurs, symboles de vie.* Éd. Flammarion.
SCHLIENGER Monique : texte de publicité pour les roses Georges Delbard.
SCIPION Marcel : *Le Clos du roi.*
SCHWEITZER Albert : *Décadence et restauration de la civilisation.* Buch Club Ex-Libris, Zurich.
SCHWOB Marc : *De l'amour plein la tête.* Éd. Hachette.
STACK Brigitte : *La Santé par le massage.* Éd. M.A.
TRAN KY, F. DROUARD, J.-M. GUILBERT: *Les Vertus thérapeutiques du bordeaux.* Éd. Artulen, 1991.
TRÉMOLIÈRES Jean : « Du bon usage du vin », *Cahiers de nutrition et de diététique.* Vol. VIII. Éd. P.U.F., 1973.
VANEIGEM Raoul : *Le Livre des plaisirs.* Éd. Encre.
VERDEAU-PAILLES J. : *Le Bilan psychomusical et la personnalité.* Éd. Fuseau-Courlay, 1981.
VERDEAU-PAILLES J., GUIRAUD-CALADOU J.-M. : *Les Techniques psychomusicales actives de groupe et leur application en psychiatrie.* Éd. Doin. Paris, 1976.
VITTOZ Roger : *Traitement des psychonévroses par la rééducation du controle cérébral.* Éd. Baillère.
WHITE Paul Dudley : *Heart Disease.* Éd. MacMillau.
WINTER Ruth : *Le Livre des odeurs.* Éd. Le Seuil.

REVUES

British Journal Psychiatry, n° 154, 1989, article de Sahakian.
British Medical Journal, du 3 mars 1990.
50 Millions de consommateurs, n° 178, novembre 1985.
Le Concours médical, n° 101, 3 novembre 1979.
Le Généraliste :
6 janvier 1984, article de Marion Apfelbaum.

19 octobre 1984, n° 681, article de Madeleine Tréguier.
25 mai 1984.
13 août 1984, n° 661, article de Madeleine Tréguier.
Avril 1985, n° 729, Robert Bosse cité dans l'article de Madeleine Tréguier.
7 mai 1985, n° 734, Claude Béraud cité par P. Courtial.
7 février 1986, n° 798, Goldbourt cité par Martine Transcarroz.
27 mai 1986, n° 829, Cloarec cité par Évelyne Gogien.
27 juillet 1989, n° 1101, article de P. Driol et de Madeleine Tréguier.
6 octobre 1989, n° 1113, article de Jean Le Houezec.
2 novembre 1190, « Le traitement par la lumière », article de F. Rouillon.

Gynéco-obstétrique, n° 211, article de Crouse.

Impact Médecin :
18 novembre 1989, « La musique qui soulage », article de Pauline Osusky.
6 avril 1990, articles de Loïc Capron, de Skrabanck et de Brigitte Martin.

Médec 1991, Basdevant cité par E. Soufflet.

L'Impatient, n° 47, 1978, « Dans les vignes du soigneur », article de Régis Pluget.

J.I.M., n° 151, article de Meyrignac.

La Journée vinicole :
18 janvier 1980, article de Jean Masquelier, « Vin et santé ».
9 août 1980, article de Jean Trémolières, « Le médecin et le vin ».
25 juin 1982, article de José Luis Pinillos, « La Santé et le Vin », et article de M.-A. Comeynas, « La Santé et le Vin ».

Journal of the American Medical Association, 10 novembre 1958, article d'Edward Luongo.
The Lancet :
n° 1046, 28 octobre 1989, article d'E.J. Devoz et K.E. Isemberg.
« Factors associated with cardiac mortality in developed countries with particular reference to the consumption of wine », article de A.S. Saint Léger et Al Cochran, 12 mai 1979.
Médecine cardio-vasculaire, n° 49, 20 décembre 1984, article de Jacques Richard, « Athérosclérose, alcool et épidémiologie », et article de Claude Millau.
The New England Journal Medecine :
n° 310, 29 mars 1984, « The effects of cessation and resumption of moderate alcool », article de W.L. Haskell.
n° 324, 1991, « Smoking cessation and severity of weight gain in a national cohorte », article de D.F. Williamson.
Pharmacie thérapeutique, n° 21, 1983.
Le Quotidien du Médecin :
n° 3089, 6 janvier 1984, « Pharmacologie à doses filées ».
n° 3365, 20 février 1985.
n° 3178, 15 mai 1984, entretien d'Odile Le Sourme.
n° 3365, 20 février 1985.
2 avril 1990, article de Vincent Bargoin.
n° 4513, 23 avril 1990, article de Marine Joras, propos d'Oliver, de Crouse, de Forette.
Santé de l'homme, n° 260 (mensuel).
Tempo, décembre 1984, « Alcool : faut-il boire plus pour se porter mieux », article de Ximenes.
Tonus :
n° 827, 6 avril 1984, entretien avec Henri Laborit.
n° 929, mai 1985, article d'Évelyne Gogien.
n° 939, juillet 1985, conférence de François Jacob.

n° 953, 27 septembre 1985, article de Tran Ba Loc.
La Vie naturelle :
n° 31, septembre 1988, « L'amour à 60 ans », article de Gérard Leleu.
n° 64, septembre 1991, article de Charles Georges.
n° 67, décembre 1991, Charles Georges citant les travaux du professeur Nègre.
La Voix du Nord (*T.V. Hebdo*) : octobre 1990, article de François Cardinali.

Table

Docteur LELEU

Le traité des caresses

Mieux connaître la géographie
sensuelle du corps.

Vivre une parfaite communication
amoureuse.

Comme le boire ou le manger,
la caresse est nécessaire à notre équilibre :
la caresse est un besoin.

Mais connaissons-nous réellement notre corps
et celui de l'autre ? Quelles sont les différences
érotiques entre l'homme et la femme ?
Qu'est-ce que "bien faire l'amour" ?
Les hommes en ont-ils davantage besoin ?
Peut-on éviter les pièges de la routine ?
D'où viennent les tabous,
les blocages et que faire pour les surmonter ?

Pour tous ceux qui désirent
une véritable communication amoureuse,
un guide complet, documenté et chaleureux,
une géographie sensuelle du corps.

A partager, un voyage au pays des caresses,
du plaisir : **une invitation à l'amour...**

Docteur Gérard Leleu

Avec Le traité des caresses, *déjà vendu à plus de 200 000 exemplaires, le Dr Gérard Leleu, médecin et sexologue, auteur de nombreux livres, s'adresse à nous avec délicatesse, comme un proche et un conseiller.*

Collection J'ai lu Bien-être, 7004/J

Dr CATHERINE KOUSMINE

Sauvez votre corps !

La médecine actuelle fait des prouesses. Ses progrès nous permettent de vivre plus longtemps, de surmonter bien des maladies. Paradoxalement, le nombre des malades ne cesse de croître.

On le sait aujourd'hui, notre alimentation est responsable d'un nombre considérable de maux. **Nous mangeons mal, nous vivons mal.** Notre organisme est fragilisé. Et pourtant... Est-il si difficile d'écouter son corps ?

Pour être résistants et équilibrés, pour vaincre la maladie, il suffit de mieux s'alimenter !

Dans ce livre, véritable **bible de la diététique moderne,** le docteur Kousmine lance un cri d'alarme. **Avec elle, pour nous et pour nos enfants, apprenons la santé, apprenons... à vivre !**

Dr Catherine Kousmine
Médecin nutritionniste, elle a exercé pendant plus de 50 ans, tout en poursuivant ses travaux de recherche.
Soyez bien dans votre assiette jusqu'à 80 ans et plus *fut un succès mondial. Née en 1904 en Russie, elle est décédée en Suisse.*

Collection J'ai lu Bien-être, 7029/M

Dr ERICK DIETRICH et Dr PATRICE CUDICIO

Harmonie et sexualité du couple

Être heureux à deux, vivre en couple : voilà l'aventure la plus importante de notre existence, celle dont on attend le plus de bonheur et de plaisir. Mais, au fil du temps, l'harmonie du couple est souvent difficile à préserver.

On le sait, une sexualité épanouie est un facteur déterminant d'équilibre. Or, dans ce domaine, nos connaissances sont approximatives, parfois même fausses. **Comment comprendre la sexualité de notre partenaire et satisfaire ses désirs ? Comment déjouer les pièges de la routine ?**

Les docteurs Dietrich et Cudicio répondent avec précision à ces questions et à bien d'autres.

Une approche humaine et nouvelle de la sexualité du couple qui sera utile à tous ceux qui croient au bonheur d'être deux.

Dr Erick Dietrich et Dr Patrice Cudicio
Erick Dietrich, sexologue et analyste somatothérapiste, est secrétaire général du Syndicat national des médecins sexologues.
Patrice Cudicio, attaché au CHU de Rennes, est président du Syndicat national des médecins sexologues.

Collection J'ai lu Bien-être, 7061/J

DEBORAH TANNEN

Décidément, tu ne me comprends pas !

– Dis, tu m'aimes ? – Mais tu le sais bien...
Pour les hommes et les femmes, les mots n'ont pas le même usage. Ils parlent objectif et efficace, elles établissent une relation. Ils discourent, elles "parlent pour ne rien dire". Autant de clichés, qui témoignent d'une véritable différence.

Deborah Tannen analyse les manières de s'exprimer et de communiquer des hommes et des femmes : ces styles différents de conversation qui débouchent si souvent sur le malentendu, la critique, le reproche et la blessure.

Un livre qui tente de mettre fin à la "guerre des sexes", nous propose de comprendre nos différences et de les accepter, **pour trouver un langage commun et nouer avec les êtres que nous aimons un lien plus profond.**

Deborah Tannen

Professeur de linguistique à l'université de Georgetown, elle a déjà publié un ouvrage : That's not what I meant *(*Ça n'est pas ce que je voulais dire*). Elle donne des conférences et a publié de nombreux articles dans le* Washington Post, *le* New York Times Magazine, *etc.* Décidément, tu ne me comprends pas ! *a rencontré un succès mondial exceptionnel.*

Collection J'ai lu Bien-être, 7083/K

MICHEL MONTIGNAC
PIERRE FLUCHAIRE

Plus jamais fatigué !

Retrouvez toute votre vitalité.
Une méthode globale et naturelle.

Coup de pompe passager ? Épuisement chronique ? **Comment briser le cycle infernal cafés-somnifères?**

La fatigue est le fléau de notre époque : civilisation industrielle, pollution, stress de la vie moderne agressent sans relâche l'individu.

Aider son organisme à **retrouver un équilibre naturel,** réapprendre à dormir, à manger, à respirer, à **mieux gérer son énergie** et son habitat : mises au point par cinq spécialistes du sommeil, de la diététique, de la sophrologie et de la géobiologie, **des solutions claires, concrètes, efficaces.**

Plus jamais fatigué ! un livre actuel, à la pointe de la connaissance, **pour retrouver et conserver toute sa vitalité.**

Les auteurs

On ne présente plus Michel Montignac, diététicien mondialement connu dont la méthode exposée dans son livre Je mange donc je maigris *a fait des milliers d'adeptes. Pierre Fluchaire est l'expert incontesté du bien dormir. Avec d'autres experts, chacun dans son domaine, il vous révèle l'essentiel de ce que vous devez savoir pour apporter une réponse globale au problème de la fatigue.*

Collection J'ai lu Bien-être, 7015/J

Bien-être

7093

R.I.D. Composition – 91400 Gometz-La-Ville
Achevé d'imprimer en Europe (France)
par Maury-Eurolivres – 45300 Manchecourt
le 5 juillet 2001.
Dépôt légal juillet 2001. ISBN 2-290-30151-5
1er dépot légal dans la collection : juillet 1995

Éditions J'ai lu
84, rue de Grenelle, 75007 Paris
Diffusion France et étranger : Flammarion